VOLKER ELIS PILGRIM

Dressur des Bösen

VOLKER ELIS PILGRIM

Dressur des Bösen

Zur Kultur der Gewalt

Desch

Druck: E. C. Baumann KG, Kulmbach
Einband: Buchbinderei Thomas GmbH, Augsburg
Schutzumschlagentwurf: Peter Schimmel, München
Schutzumschlagdruck: Poerschke & Weiner, München
Printed in Germany 1975
ISBN 3-420-04713-4

In memoriam Basini

»Ich wünsche keinem Menschen
etwas Böses. Ich kann das nicht,
ich weiß nicht, wie man das macht ...«
Janusz Korczak
*(eine seiner letzten Tagebuch-
eintragungen im Warschauer Getto,
bevor er 1942 mit seinen Schützlingen
in Treblinka umgebracht wurde)*

Inhalt

Teil A: Inzucht

Teil B: Eltern

Teil C: Kinder

Teil A: Inzucht

1. Das Doppelgesicht des Bösen

Am 19. Januar 1974 nahm ein siebzehnjähriger Lehrling einen Revolver und fünfzig Schuß Munition aus dem Schrank seines Vaters. Danach traf er sich mit seinem sechzehnjährigen Freund, Schüler des Gymnasiums des Ortes, in dem beide in der Obhut guter, ordentlicher Eltern aufgewachsen waren und bis zu diesem Tage lebten. Die von klein auf befreundeten Jungen fuhren auf dem Moped des Lehrlings zu einer Autobahnbrücke. Sie hatten beschlossen, ein Auto zu kapern. Sie täuschten eine Panne vor und winkten fremden Fahrern entgegen. Ein Mann mit einem BMW hielt an. Die Jungen baten den ungefähr Fünfunddreißigjährigen um Benzin. Er stieg bereitwillig aus, ging an seinen Kofferraum, um seinen Reservetank herauszuholen. Der Lehrling schoß dem ihm völlig Fremden von hinten drei Kugeln in den Kopf. Der Mann brach tot zusammen. Die Freunde verstauten ihn im Kofferraum des BMW, fuhren mit dem Wagen zum Hause der Eltern des Lehrlings und tranken dort zwei Flaschen Coca-Cola. Danach vergruben sie den Leichnam in einem Waldstück.

Sie ließen sich durch dieses Ereignis in dem Ablauf ihres geordneten Lebens weiter nicht stören, gingen am darauffolgenden Sonntag in die Kirche und am Montag jeder an seinen Arbeitsplatz, der Lehrling in das väterliche Geschäft, der Schüler in das Gymnasium. Am Abend wurden sie verhaftet, gaben alles zu und teilten genau den Hergang des Geschehens mit.

»Als sie verhaftet waren, breitete sich Fassungslosigkeit aus im Dorf. Sie, die einzigen Kinder aus wohlhabenden Häusern und ein Mord?!« schrieb der »Stern« Nr. 7 von 1974.

Auf die Frage nach dem Motiv seines Tuns antwortete der Lehrling, er habe zwei Tage zuvor das ZDF-Fernsehspiel »Gewalt« gesehen, in dem ebenfalls ein junger Mann ein Auto haben wollte und deshalb ebenfalls einen ihm fremden Mann umbrachte. Ansonsten wußte der Lehrling nicht, »was ihn dazu trieb, ein Leben auszulöschen und sein eigenes und das seines Freundes zu zerstören: ›Ich weiß nicht, warum ich es getan habe‹, sagte er, ›es war alles im Nebel‹« (»Stern«). Lehrer, Eltern und ein Psychiater werden gefragt.

Sie rätseln, entschuldigen und erklären. Der Pfarrer summiert zum Schluß das Geschehen und bündelt Tatfakten, Motive und Vorgeschichte in dem Satz: »Es war die Macht des Bösen.«

»Der Mensch ist böse«, sagt oft der Mensch zu seinen Artgenossen und schreibt es in religiösen und moralischen Fingerzeig-Schriften und neuerdings in wissenschaftlichen Büchern auf. Zerstörungsdrang, Geltungssucht, Machtwille, Profitgier, Besitzstreben, Vorteilsabsicht, Verantwortungslosigkeit, Brutalität, Feindseligkeit, Gefühllosigkeit, Trägheit, Eifersucht, Rivalität und so fort seien Kennzeichen dafür.
Die Menschen streiten sich darüber, woher das Böse kommt. Bis heute hat sich die Vorstellung erhalten, das Böse wäre Schicksal, käme über den Menschen gleich einem Überfall von außen oder von oben, von fremden Mächten, Göttern oder Sternenstellungen im Weltenraum. Die christliche Religion schlägt es dem Teufel zu, dem vom absolut Guten Gottes Abgefallenen und behauptet, es käme von unten.
Verhaltensforscher wie Lorenz[32] und Eibl-Eibesfeldt[12] sagen dagegen, das Böse käme von hinten. Der Mensch schleppe es aus seinen unlösbaren Instinktbindungen an seine tierischen Vorfahren in seinen Genen von Geschlecht zu Geschlecht mit sich herum.
Psychologen nennen das Böse im Menschen nicht Instinkt, sondern Trieb und konstruieren es in seine Seele von Geburt an hinein. Biologen durchforschten die Chromosomenzusammenstellung des Menschen, weil man bei männlichen Verbrechern Schwankungen entdeckte und statt XY- wie bei normalen Männern bei ihnen XYY- oder XXY-Einheiten vorfand. Die Menschheit hoffte, das Böse endlich fassen zu können und wollte denken, es käme von innen. Jedoch die Hoffnungen sind schwach, daß das Böse wirklich aus der Chromosomenanordnung entsteht. Es gibt genug Verbrecher mit normalen XY-Werten, und wie groß der Anteil der veränderten Zusammensetzung bei normalen Menschen ist, hat bisher noch niemand festgestellt.
Ob das Böse aus den Sternen, vom Teufel, von den Tieren oder aus der biologisch-seelischen Zusammensetzung des Menschen herrührt, allen Vorstellungen ist gemeinsam, daß es schon da ist, daß es sich über den Menchen hinabschüttet oder aus ihm hervorquillt, auf daß er alle seine guten Geister zusammenrufen und alle seine guten

Kräfte zusammennehmen muß, um es zu bekämpfen, um es einzudämmen oder um es unschädlich abzuleiten.
Das Böse dem Schicksal oder dem Teufel zuzugruppieren, betrifft den Glauben. Die Chromosomenforschung hat keine allgemeine Erklärung abgegeben, das Böse hätte etwas mit der XY-Zusammensetzung zu tun, sondern durch ihre bisherigen Ergebnisse alle derartigen Vermutungen in Frage gestellt. Die Verhaltensforschung und die Psychoanalyse haben Erklärungen abgegeben – Konrad Lorenz unter allen die bisher populärste.
Wenn Wissenschaftler sich nicht darauf beschränken, zu entdecken und zu erforschen, sondern Erklärungen abgeben, überschreiten sie die Grenze zwischen Wissenschaft und Glauben, zwischen den Gebieten, die auch im 20. Jahrhundert immer noch dicht beieinanderliegen. In der Regel weiß auch der Wissenschaftler nur das, was er wissen will, wie er schon von vorneherein nichts anderes erforscht, er nach nichts anderem fragt, als nach dem, was ihn interessiert. Am Anfang aller Wissenschaft steht ein Glaube, eine Vermutung, die sich in Wissen verwandeln muß und nicht im Glauben steckenbleiben darf, will der Forscher den Namen »Wissenschaftler« verdienen.
Arno Plack hat zusammen mit Wissenschaftlern aller Gebiete, die dafür in Frage kommen, nicht nur Gegenerklärungen, sondern vor allem Gegenforschungen zu Lorenz' Vorstellungen vom Bösen unternommen und sie in seinem Buch »Der Mythos vom Aggressionstrieb« herausgegeben[48]. Verhaltensforscher, Völkerkundler, Genetiker, Biologen, Chemiker, Pädagogen, Psychologen und Soziologen haben die Vorstellung Lorenz' vom angeborenen Aggressionsinstinkt oder -trieb als Glauben entlarvt, den dieser eine Mann und seine Anhänger haben. Es ist ein Glauben, der sich von dem religiösen Glauben nur dadurch unterscheidet, daß man nicht beweisen kann, daß es Götter nicht gibt, aber beweisen kann, daß dem Menschen kein böser Trieb von Natur her eingewachsen ist. Es ist also falsch, daß der Mensch von unbestimmbaren Mächten oder bestimmten Veranlagungen her zum Bösesein verpflichtet oder geboren wurde.
Ganz klar ist aber, daß der Mensch fortlaufend Böses tut. Der Mensch hat den Mutwillen, sich gegen andere Menschen und gegen sich selbst zu verhalten. Im Beispiel des Lehrlings, der zusammen mit seinem Freund den ihm wildfremden jungen Mann erschießt, werden beide Seiten des Bösen deutlich: die Zerstörung des fremden Lebens

und die äußerste Beschädigung des eigenen Lebens (viele Jahre Zuchthaus, jede sinnvolle Existenzgestaltung ausgeschlossen, alles weitere Leben nach der Anstaltszeit nur noch als gebrochener Mann denkbar). Diese beiden Seiten kommen hier deutlich in einer einzigen Handlung zum Ausdruck. Der Lehrling hatte keine Vorkehrungen getroffen zu fliehen, nichts getan, um die Tat zu vertuschen, die Schüsse auf offener Autobahn abgegeben, so daß die unverzügliche Entdeckung der Tat wahrscheinlich war. Er ist auch nicht mit dem Auto und noch danach mit vielleicht gestohlenen Geldern durchgebrannt. Er ließ die Leiche im Kofferraum liegen, als er zu Hause sich erfrischte. Und er leugnete vor der Polizei nichts.

Nicht immer tritt das Böse in einer Handlung so deutlich als Fremd- und als Selbstschädigung zutage. Meist erscheinen beide Seiten in Verhaltensweisen verschiedener Personen getrennt. Das Böse selbst ist aber immer von dieser Doppelwirkung begleitet. Der Mensch schadet anderen und damit auch immer auf verschlungenen Wegen rückwirkend sich selbst, oder der Mensch schadet sich, was in Wirklichkeit anderen gilt oder sich schädlich auf andere auswirkt. Jeder kennt die übertragene Bedeutung des Bumerangs in dem Sinne, daß die anderen Personen zugedachten Schlechtigkeiten auf einen selbst zurückkommen. Noch treffender verbildlicht es der Volksmund: »Wer anderen eine Grube gräbt, fällt selbst hinein.«

Zu dieser Selbstschädigung und zu der Verknüpfung zwischen Fremd- und Selbstschädigung ist im allgemeinen nur der Mensch fähig. Weder Tiere noch Pflanzen verhalten sich in der Natur gegen sich selbst. Lorenz vermischt schon in seinen Voraussetzungen des Bösen Mensch und Tier, die sich im Verhalten der Schädigung voneinander unterscheiden. Lorenz kann das Böse nicht anders beschreiben als »artspezifische Aggression«. Wie er selber in seinem Buch »Das sogenannte Böse«[32] beweist, wirkt sich Aggression längst nicht immer schädlich aus und ist auch oft zwischen den Exemplaren nicht so gemeint.

Es wird die Anhänger des Glaubens vom angeborenen Bösesein des Menschen nach der Lektüre von Arno Placks Buch am meisten bestürzen, daß sogar die Tiere von Natur aus gar nicht böse sind, daß sie nur in bestimmten Situationen böse *werden*, und daß das fremd- und selbstschädigende Verhalten als Prinzip nur beim Menschen anzutreffen ist.

Der berühmte Roman »Törleß« von Robert Musil wurde oft dazu benutzt, wenn es galt, das angeborene Böse von Menschen zu beweisen. Jugendliche, fast noch Kinder, verhalten sich im Roman grausam, ohne daß Motive oder Ursachen deutlich werden. Musil beschreibt ein k.-u.-k.-Internat im Österreich-Ungarn um 1900. Vier Jungen geraten miteinander in Konflikt: Basini, Reiting, Beineberg und Törleß.

Basini hat überall Schulden, so auch bei Reiting, der ihn immer mehr bedrängt, sie zurückzuzahlen. Eines Tages erpreßt Reiting Basini, wenn er das Geld nicht bald zurückerhalte, müsse Basini alles tun, was Reiting will. Basini verspricht, ihm das Geld zurückzugeben. Da Basini nicht so bald und außerdem längst nicht genug Geld von seinen Erziehungspersonen geschickt bekommt, stiehlt er es nachts aus dem Schrank Beinebergs. Er gibt am nächsten Tag Reiting die Summe zurück und prahlt auch noch mit seinen Reserven, lädt Reiting ein und provoziert dessen Mißtrauen. Reiting entlockt schließlich Basini das Geständnis, daß das Geld gestohlen ist. Basini fleht Reiting an, den Diebstahl nicht anzuzeigen. Reiting benutzt seine Macht, die er nun über Basini hat, und bringt ihn unter seine Verfügungsgewalt. Er zwingt Basini dazu, sich mit ihm sexuell einzulassen. Er schleppt ihn in eine Bodenkammer, die er sich zusammen mit Beineberg und Törleß heimlich eingerichtet hat. Dort mißbraucht er ihn und schlägt ihn anschließend. Beineberg und Törleß nehmen bald an den Folterungen Basinis teil. Beineberg hypnotisiert Basini, will die Macht seines Willens über ihn prüfen, sticht Nadeln in ihn und läßt ihn auf Balken schweben, bis er herunterknallt. Anschließend prügeln er und Reiting auf Basini ein. Törleß übernimmt die seelisch-intellektuelle Folter. Er peinigt Basini mit Fragen, die das Maß menschlicher Selbsterniedrigungsfähigkeit enthüllen sollen. Die Folterungen verschärfen sich und gehen bis an die Grenze des körperlich Ertragbaren. An ihnen nimmt schließlich das ganze Internat teil, bis es die Aufseher bemerken und eingreifen.

In Reiting, Beineberg und Törleß äußert sich das Böse als Fremdschädigung. Der Anlaß ihrer Gewalttätigkeiten gegen Basini ist eine Lappalie. Das gestohlene Geld ist nicht verlorengegangen, sondern in Reitings Hände gelangt, der es Beineberg hätte zurückgeben können. Der Ärger Reitings, das geborgte Geld nicht rechtzeitig zurückzuerhalten, hätte unkompliziert beseitigt werden können. Reiting hätte sich an die Erzieher wenden können mit der Bitte, von der nächsten

elterlichen Geldsendung an Basini den Betrag, den der ihm schuldete, zurückzubehalten. Törleß hat überhaupt keinen Anlaß, verfeinert grausam gegen Basini vorzugehen.
Beineberg sagt es ganz ausdrücklich, das fehlende Geld, die Taten der Unzuverlässigkeit und des Diebstahls seien ganz unwichtig, man wolle sie nur zum Anlaß nehmen, einiges Böse an Basini auszuprobieren. Er wolle wissen, was mit Basinis Seele geschieht, wie sie sich zeigt, wenn sie ständig gedemütigt wird, der Körper zur Lust benutzt und an ihm Grausamkeiten vollzogen werden.
In Basini äußert sich das Böse als Selbstschädigung. Basini läuft seinen Peinigern ins offene Messer. Er hätte sich anderen Menschen nicht so ausliefern müssen, wie er es tat. Er bekam von seiner Mutter regelmäßig Geldbeträge, mit denen er sich gut nebenher außerhalb der Anstalt hätte vergnügen können. Aber er prahlte, brachte das Geld zu reichlich zur Dorfhure, nur weil er vor den anderen Jungen angeben wollte, dort gewesen zu sein. Er übernahm oft großspurig die Zeche für Kameraden, wenn sie zusammen in Kneipen waren, und er verspielte das Geld. Er mußte borgen, um mit diesen Aufschneidereien fortfahren zu können. So geriet er immer mehr von anderen in eine Abhängigkeit, die ganz überflüssig war. Er kam an den sadistischen Reiting, der ihn für seine eigenen Lüste ausnützte und ihn den anderen beiden Jungen auslieferte. Der Zerstörungskreislauf war geschlossen. Basini konnte nicht mehr ausbrechen. Wollte er die Folterungen seiner Peiniger der Internatsleitung anzeigen, so wußte er, daß zugleich sein eigenes Vergehen mit aufgedeckt werden würde, er die Schule hätte verlassen müssen und seine weitere Ausbildung in Frage gestellt worden wäre.
Die vier Jungen, die in den Schädigungsprozeß verfangen sind, kommen aus den besten Kreisen, haben ehrbare Eltern in guten Verhältnissen. Sie sind zwischen fünfzehn und sechzehn, haben von der Welt nichts außer ihrem Elternhaus und dem Internat gesehen. Das Böse bricht aus ihnen heraus, als wäre es doch schon immer da, gleich Lorenz' Überzeugung harrend auf seine Stunde der Auslösung. Es scheint, als hätte es nur auf den Anlaß einer solchen, zunächst harmlosen Verstrickung gewartet, um pestwütend um sich zu greifen. Basini – das Opfer des Bösen – wird im Roman in letzter Minute von einem freundlichen Lehrerkollegium befreit. Die Wirklichkeit hat für Basini keine solchen netten Übermänner bereit. Das Böse wütet in der Regel bis zum Tode der Opfer. Wer schon nicht glauben

will, das Böse begleitet den Menschen von Anfang an, der setzt das verheerende Tun der Jungen Beineberg, Reiting und Törleß zu ihrem Anstaltsaufenthalt in Beziehung. Die fremde, böse Umwelt des Internats könnte die drei gewalttätig gemacht haben. Im konkreten Fall des Romans »Törleß« ist es nicht so. Das Erziehungsklima ist milde, selbstverständlich nicht außer Verhältnis zu den allgemeinen gesellschaftlichen Moralvorstellungen: Keuschheit in jugendlichem Alter, Zucht des Körpers, Eingrenzung der Seele auf das Ziel des Militärs waren die allgemeinen Beschränkungsprogramme für heranwachsende Männer, die auch in dieser Erziehungsanstalt lebendig gehalten wurden. Aber sie wüteten nicht personifiziert in unerträglichen Erziehern. Musil beschreibt keine besonders bösartigen Aufsichtstypen, zeigt keine körperlichen und seelischen Folterungen an Schülern, die auch Beineberg, Reiting und Törleß zu erleiden gehabt hätten, um sie direkt an Basini wieder abreagieren zu müssen. Die Drei bringen das Böse schon mit.

2. Das Böse braucht den Mitmenschen

Der große Erziehungsprophet und -praktiker Alexander Neill berichtete aus seinen Erfahrungen mit seinem modernen Internat Summerhill[44], daß die Kinder zu ihm auch schon böse kamen, nach längerem Aufenthalt bei ihm gut wurden, jedenfalls die Chance dazu erhielten. Sein ganzes Wirken läßt sich zusammenfassen als Theorie und Praxis vom Gut-*Werden* des Menschen.

Der amerikanische Sozial- und Psychoanalytiker Bruno Bettelheim untersuchte die Erziehung des Menschen in den israelischen Kibbuzim[2]. Das sind ländliche Bevölkerungsgemeinschaften, die ihre Kinder vom ersten Tag ihres Lebens in der Gemeinschaft für die Gemeinschaft erziehen. Die Mütter säugen ihre Kinder zwar unterschiedlich in den einzelnen Kibbuzim sechs bis zwölf Monate hindurch, aber sie pflegen sie nicht, schlafen nicht bei ihnen in der Nacht und haben sie außer zu den ersten Mahlzeiten auch am Tage nicht bei sich. Die Kinder sind von klein auf eingebettet in die Gemeinschaft Gleichaltriger, nur beaufsichtigt von Pflegepersonen, genannt Metapelets. Es passiert höchstens im Krabbelalter, daß sie einander weh tun, wenn sie übereinander fallen, weil sie noch nicht stehen und gehen können. Aggressionen zeigen sich bei ihnen nicht. Die Kinder

schädigen einander nicht, auch die Jungen raufen später nicht miteinander. Die Männer verabscheuen das Töten und geraten in schwere Krisen, wenn sie es doch tun müssen, um Israel zu verteidigen. Sie tun es aus echter Verteidigungsnot und nicht, weil es ihnen im geheimen Spaß macht, auf Menschen einzuschlagen oder zu schießen. Bettelheim stellte in seinem Buch »Die Kinder der Zukunft« fest, wie Menschen nicht dazu getrieben werden, böse zu *werden*.
Das dritte Beispiel vom Gutwerden des Menschen brachte die nach Australien ausgewanderte englische Familie des Ehepaares Jean und Paul Ritter. Was Alexander Neill mit den Kindern seines Internates erreichte, wollten die Ritters auch in einer ganz normalen Familie mit ihren eigenen Kindern probieren. Es gelang ihnen, sechs friedliche, gute, gut-willige, hilfsbereite und starke Menschen aufwachsen zu lassen. Durch ihre »freie Kindererziehung in der Familie«, wie sie auch ihr Buch nannten[60], verhalfen sie sechs Menschen zu einer Struktur, die von keinen Erschütterungen des Bösen heimgesucht wird. Sie ließen in dem allen bekannten Erziehungsrahmen Menschen ohne Verlangen aufwachsen, anderen Menschen zu schaden, Menschen, die ihre Persönlichkeit entwickeln konnten und nicht dazu getrieben wurden, sich selbst zu schädigen.

Alle Wissensgebiete, die sich mit den Erforschungen der Bedingungen des Menschen befassen, haben festgestellt, daß der Mensch – ebensowenig wie jedes andere Lebewesen der Natur – keinen eingeborenen Trieb hat, sich selbst oder anderen Menschen blindlings als Abreaktion eines Bedürfnisses Schaden zuzufügen.
Nach drei Erziehungspraktiken – der Ritterschen Großfamilie, der Neillschen freien Schule und den israelischen Kibbuzim – hat sich auch erwiesen, daß der Mensch nicht notwendig böse werden muß.
Da die meisten Menschen sich aber böse im Sinne der Doppelwirkung der Fremd- und Selbstschädigung verhalten, muß es einen normalen Werdegang zum Bösen geben, der sich in den zivilisierten Gesellschaften von Generation zu Generation wiederholt. Böse kann der Mensch nicht sein, sondern er kann es nur – und er muß es sogar – *werden*.
Das Böse entsteht über eine Entwicklungsgeschichte, die bei den meisten Menschen nach einem festen Schema abläuft.
Sogar Lorenz nennt sein Buch »Das sogenannte Böse« im Untertitel »Zur Natur*geschichte* der Aggression«, spricht also nicht von der

Naturgegenwärtigkeit oder von der Naturexistenz der Aggression. Über einen langen stammesgeschichtlichen Prozeß habe sich nach seiner Auffassung das Böse mit Hilfe der Anpassung – Lorenz spricht immerhin von Fehlanpassung – im Menschen festgesetzt, das nun wie die Nase oder das Kopfhaar nicht von heute auf morgen wieder wegentwickelt werden könne.

Erst mit dieser Behauptung, das Böse sei wie ein im Körper festverwachsenes Organ, das sich ausgebildet habe und wie der Blinddarm dem Menschen lästig geworden sei, erhebt Lorenz seine Vermutungen vom angeborenen Zerstörungsdrang zur Religion empor.

Das Böse ist kein Zustand, sondern ein Tun, ein Verhalten, eine Aktion, und es setzt mehrere Exemplare voraus, zwischen denen sich eine Aktion abspielen kann.

Als Robinson allein auf der Insel war, übermannte ihn nicht plötzlich ein »sogenannter Aggressionstrieb«, den er – weil kein Mensch da war – eilig auf den nächsten Strauch oder über einen vorbeihuschenden Hasen hinabwüten mußte. Und sogar die Selbstschädigung blieb aus. Robinson unterließ es nicht, zu essen oder sich einen Unterschlupf zu suchen, er tat sofort und gründlich, was für sein Überleben in der Wildnis notwendig war.

Es gibt Verhaltensformen, die ohne Bezug zu anderen Exemplaren der Art ablaufen, wie die Nahrungsaufnahme und die Ausscheidung. Auch jedes Beutemachen eines Raubtieres – die Vernichtung eines artfremden Lebewesens – hebt sogar Lorenz vom Verhalten des Bösen ab. Das Böse ereignet sich auch nach seiner Überzeugung nur zwischen Exemplaren der gleichen Art. Lorenz hatte mit dieser Feststellung sagen wollen, das Tier ist nicht böse, wenn es ein artfremdes Tier zur Nahrung benutzt und deshalb zerstört. Er formulierte damit etwas, das eine Gültigkeit erhielt, die er selbst in ihrer Konsequenz nicht durchschaute. Er hatte sein Augenmerk nur auf die Worte »Exemplare der gleichen Art« gerichtet. Viel wichtiger sind aber die Worte »nur zwischen«.

Das Böse setzt eine Beziehung zwischen Angehörigen der gleichen Art voraus. Es tritt noch nicht bei einem zwanglosen Nebeneinander von Lebewesen auf. Je dichter und je spezieller die Beziehungen werden, um so mehr zeigt sich aggressives Verhalten, bis es die Formen des Bösen annimmt. Auch aus allen Beispielen von Lorenz ergibt sich die Entstehung des Bösen als Resultat von bestimmten Beziehungen. Aber Lorenz interpretiert sie so nicht, überdeckt die erforschten Ereignisse mit seinem Glauben vom angeborenen Aggressionstrieb, bis er die Fakten so mit seinen privaten Meinungen umwölkt hat, daß der Eindruck entsteht, die Fakten selbst belegten seine Mutmaßungen.

Die anonyme Schar verbindet die Exemplare noch so locker, ohne daß sie sich mit Aggressionen aneinander reiben. Die Gruppe bringt die Exemplare näher. Sie grenzen sich mit dem Verhalten der Revierbehauptung voneinander ab, wozu sie erste Formen aggressiven Verhaltens ausüben müssen. Wenn die Exemplare in Großfamilien fest organisiert sind und dicht beieinander existieren, können sie gegen beliebige Mitglieder anderer Großfamilien radikal bösartig werden, wie es die Verhaltensweisen von Ratten zeigen. Die Aggression richtet sich gezielt gegen bestimmte einzelne Exemplare der Art, wenn diese in der Form der Ehe und Kleinfamilie zusammenleben (so nach Lorenz' eigenen Unterteilungen[32], Seite XIII, XIV).

Je enger die sozialen Formationen sind, um so häufiger und prinzipieller treten Aggressionen auf. Ganz deutlich wird das in Lorenz' Aquarium-Beispiel der gefangengehaltenen Buntbarsche. Je enger der umgrenzte Raum, das Lebensterrain ist, in dem die Fische existieren müssen, um so mehr verfeinden sie sich untereinander. Aber auch je enger der Sozialbezug wird, um so mehr erhöht sich die Spannung unter den Lebewesen. Als nur noch das Ehepaar im Becken gelassen wird, tötet der männliche Fisch seinen weiblichen Genossen[32] (Seite 83/84).

Lorenz schließt daran an das sehr gut passende Beispiel einer ähnlichen sozialen Streßlage unter Männern in Kriegsgefangenschaft oder auf einer Expedition, während der die »Polarkrankheit« oder der »Expeditionskoller« unter den Mitgliedern ausbricht. Das Böse »befällt bevorzugt kleine Gruppen von Männern, wenn diese in ... Situationen ganz aufeinander angewiesen und damit verhindert sind, sich mit fremden, nicht zum Freundeskreis gehörenden Personen auseinanderzusetzen«[32] (Seite 85).

Erst aus diesen zugespitzten Situationen heraus foltern Menschen und sogar Tiere einander, bringen sich gegenseitig um oder reagieren sich an Sachen ab.

»Unter den unnatürlichen Bedingungen der Gefangenschaft, in der ein Besiegter dem Sieger nicht in schneller Flucht entkommen kann, kommt es immer wieder vor, daß dieser ihn in mühevoller Kleinarbeit langsam und grausam umbringt. Ich habe in meinem Buch:

›Er redete mit dem Vieh, den Vögeln und den Fischen‹ im Kapitel ›Moral und Waffen‹ geschildert, wie das Sinnbild alles Friedlichen, das Turteltäubchen, ohne jede Hemmung seinesgleichen zu Tode schinden kann[32] (Seite 349).« Lorenz bringt jedesmal eindeutige Beispiele, aber seine Interpretationen passen nicht dazu. Nicht eine natürlich angelegte Stauung macht sich bei den Kreaturen Luft, sondern ein durch bestimmte Formen des Beieinanderseins erzeugter Druck wirkt so auf die Exemplare, daß sie sich durch Explosionen von ihm befreien müssen.

Fast alle Forschungen, die Lorenz selber unternahm, oder die er zitierte, wurden in solchen verengten Territorien durchgeführt, in denen zugespitzte soziale Beziehungen herrschten. Das Gatter, das Aquarium, das Zimmer und der Gartenteich sind Lorenz' bevorzugte Erfahrungsplätze, aus denen er eine Natur konstruiert, die Forscher der originalen Wildnis, die wie Jane van Lawick-Goodall[30] und Sally Carrighar[8] jahrelang dort gelebt haben, nach Lorenz' Beschreibungen nicht wiedererkennen können. So berichtet Carrighar: »Die meisten der verschiedenen, mir bekannten Arten verbringen mehr als die Hälfte ihrer Zeit in einträchtiger Gemeinschaft mit ihren Artgenossen[8] (Seite 43).«

Lorenz kündigte an, daß er sich vom Gelde seines Nobelpreises einen noch besseren Swimmingpool für seine Forschungen bauen wollte. Sein »sogenanntes Böses« müßte er exakt im Untertitel »zur *Labor*geschichte der Aggression« nennen. In diesen eng begrenzten Räumen sind seine Forschungen an einigen Tieren für die Entstehung des Bösen durch besonderen räumlichen und sozialen Streß bedeutungsvoll. Aber schon seine Übertragung auf die allgemeine tierische Natur wird von Kollegen seiner eigenen Disziplin der Verhaltensforschung in Frage gestellt.

»Für einen seriösen Forscher tierischen Verhaltens scheint Dr. Lorenz außergewöhnlich schlecht informiert zu sein über das Temperament prähumaner Primaten ... Sowohl die Feldstudien von Schaller über den Gorilla, von Goodall über den Schimpansen, von Harrisson über den Orang-Utan, wie auch eine Reihe weiterer Untersuchungen ergeben von diesen Wesen alles andere als ein Bild jähzorniger Tiere. All diese Feldbeobachter stimmen darin überein, daß die genannten Kreaturen freundlich, liebenswürdig und ganz unaggressiv sind, und es bestehen nicht die geringsten Gründe für die Annahme, daß die Vorfahren des Menschen unter den Primaten sich darin in irgend-

einer Weise unterscheiden. Gefangene Affen und Menschenaffen in zoologischen Gärten und Zirkussen sind eben nicht die besten Exemplare, um davon das Verhalten derjenigen Wesen abzuleiten, die unter natürlichen Bedingungen leben«, zitiert Hans-Ulrich Wintsch Ashley Montagus und schreibt selbst dazu, daß »das Maß an auftretender Aggressivität in der Gefangenschaftssituation erheblich größer sei als in der Freilandsituation . . .[48]« (Seite 294, 295).
Lorenz' Übertragung seiner Ergebnisse auf die Menschen entbehrt oftmals der vergleichenden Logik, regelmäßig jedoch der Forschung. Lorenz hielt sich unter Tieren in besonderen Situationen auf, kaum in der Natur und überhaupt nicht unter Menschen, als er forschte. Seine menschlichen Erfahrungen verwässern sich sofort in eine Gemeinplätzigkeit, sowie er anhebt, ein Beispiel zu geben. Seine literarischen Beispiele konzentrieren sich auf Goethes »Faust«, und seine persönlichen bricht er ab, wenn sie interessant werden könnten.
Wie auch immer seine Untersuchungen beurteilt werden und wie sie verallgemeinerungsfähig sind, es lassen sich von ihnen möglicherweise Rückschlüsse auf die Tierwelt ziehen. Lorenz' Buch ist eine Geschichte der Aggression im 1. Teil. Es fehlt eine Entstehungsgeschichte der Bösartigkeit des *Menschen*. Denn die Rückschlüsse aus seinen Forschungen auf den Menschen zieht er alle über eine einzige Person, die er nur auf einer halben Buchseite vorstellt. Anlaß der Übertragung seiner Aquariumforschungen an Buntbarschen, Perlmutterfischen und Cichliden auf den Menschen ist für Lorenz eine angebliche Ähnlichkeit zwischen den Aggressionsverhältnissen bei Fischen und denen seiner Tante[32]. (Seite 84, 85)
Konrad Lorenz' Tante war ohne Zweifel in jenem Fremd- und Selbstschädigungsmechanismus verfangen, der das Böse kennzeichnet. Sie litt unter dem Zwang, alle acht bis zehn Monate das Dienstmädchen wechseln zu müssen. Je mehr sich die Zeit dieser Frist zuneigte, um so unausstehlicher fand sie das Dienstmädchen, das sie noch unter Begeisterungsäußerungen angestellt hatte. An seiner Tante möchte Lorenz die Hormonähnlichkeit der Aggression beweisen. Ganz unabhängig vom einzelnen Dienstmädchen schwellten der Tante in dem Zehnerrhythmus die Säfte des Bösen, so daß sie sich auf die verschiedenen Fräulein am Ende der Periode abreagieren müßte. Die Dienstmädchen ernteten Zornesausbrüche und wurden fristlos entlassen. Die Tante hätte entladen – meint Lorenz – und nun ein neues Dienstmädchen anstellen können, das nach zehn Monaten wieder

entlassen werden müßte, wenn sich die Aggressionen der Tante zum voraussehbaren Zeitpunkt wieder gestaut hätten.
Die Lorenz-Tante schädigte auch sich selbst, da sie für ein paar Tage ohne Dienstmädchen sein mußte; denn auch in »der guten alten Zeit der Donaumonarchie« ließ sich ein neues nicht aus dem Boden stampfen.

Die angebliche Triebhaftigkeit der menschlichen Aggression mit Hilfe einer einzigen Tante beweisen zu wollen, ist zu wenig. Die ungeheure Lächerlichkeit dieses Versuches kann nicht darüber hinwegtäuschen, daß sich dahinter in theoretischer Form zugleich eine ebenso ungeheure Aggression verbirgt. Ich möchte Lorenz das »beglückende Erlebnis« einschränken, das er bei dieser Aggression gehabt haben muß, wie er es für sich beim »Austeilen von möglichst laut klatschenden Watschen, von leise knirschenden Kinnhaken« beschreibt, die er seinen Feinden verpassen will, bis sie »windelweich geprügelt sind und demütig (seine) körperliche und . . . geistige Überlegenheit anerkennen«[32] (Seite 72). Ich möchte mir diese schwerwiegende Aggression, dem Menschen eine so folgenreiche Theorie mit Hilfe der Gleichsetzung des Verhaltens von Insekten, Fischen, Gänsen und Ratten mit einer Tante, die vor sechzig Jahren lebte, beweisen zu wollen, nicht gefallen lassen. Meinen Beitrag zur Gesellschaftsgeschichte des menschlichen Bösen möchte ich mit dem Verhalten von einem Dutzend Tanten durchsetzen, die ich – aufgewachsen in einer Großfamilie – kennengelernt habe.

3. Das Böse kann kommen und gehen

Die erste Geschichte einer Entwicklung des Bösen gebe ich sehr ausführlich wieder, weil gerade viele ihrer Details den Charakter menschlicher Beziehungen, in denen das Böse erscheint, erklären helfen. Da die beschriebenen Personen fast alle noch leben, verändere ich die Namen und die äußeren organisatorischen Daten ihres allgemeinen Lebens, nicht jedoch die inneren Zusammenhänge des konkreten Geschehens, die das Böse hervorriefen.
Adelheid Z. lebt mit ihrem Sohn zusammen. Sie hat sich eine verantwortungsvolle, sehr gut bezahlte Stellung in einer Behörde einer deutschen Großstadt erkämpft, ist angesehene Sachbearbeiterin an ihrem Arbeitsplatz, von Frauen beneidet und von Männern gefürch-

tet. Sie hat zwei Ehen hinter sich, aus der zweiten mit einem früheren Arbeitskollegen einen Sohn hervorgebracht. In den letzten Kriegstagen hat sie einen Verlobten durch Bombenangriffe verloren. Sie ist eine Frau von überdurchschnittlich schönem Äußeren und verfügt über Umgangsformen der oberen Zehntausend. Trotz ihrer großen Berufsbelastung geht sie reizend mit ihrem Sohn Anton um, den sie fast antiautoritär erzieht. Seit er zur Schule geht, bespricht sie mit ihm eigene Entscheidungen durch, die den häuslich-familiären Bereich betreffen. Anton ist lebhaft, aufgeweckt, frech, hell und schlägt hier und da über die Stränge, lebt aber allgemein harmonisch mit der Mutter zusammen. Adelheid ist auch rücksichtsvoll ihrer Mutter Agathe gegenüber, die nach zweiter Ehe als Witwe in einem eigenen Hause in einer anderen deutschen Großstadt wohnt und immer wieder darauf drängt, sich bei der Tochter für längere Zeit aufhalten zu dürfen, um den Haushalt dort zu übernehmen und die Erziehung des Enkels zu überwachen. Das ist aber nicht nötig, weil Adelheid eine Hausgehilfin hat, mit der sie sich fast geschwisterlich verbunden fühlt und der Sohn sich selbst schon gut verwalten kann außer in Schulfächern, für die er unbegabt ist. Adelheid läßt die Mutter trotzdem immer wieder kommen, weil sie ihr in ihrer Beschäftigungslosigkeit leid tut. Es gibt jedesmal alsbald Zerwürfnisse. Die Großmutter reist wieder ab.

Adelheid ist Mitte Vierzig, als sie sich in einen Mann von Ende Fünfzig verliebt. Aus der Beziehung soll eine Ehe werden. Adelheid weiht ihren Sohn alsbald ein, der den Freund der Mutter als neuen Vater akzeptiert. Eine sogenannte Verlobungsreise der Liebenden auf eine spanische Insel macht nicht nur der Sohn, sondern auch die Großmutter mit. Der Freund nimmt auf dieser Reise von der Verlobung Abstand. Die Beziehung geht auseinander. Adelheid leidet darunter und versucht in der folgenden Zeit vergeblich, den Mann wiederzugewinnen. Er zieht sich vollkommen zurück.

Adelheid hat ihr Glück und ihr Leid einer Jugendfreundin anvertraut, die alles versucht, Adelheid abzulenken, sie durch Gesellschaften und Wochenendreisen auf andere Gedanken zu bringen. Während eines Konzertes lernen beide einen Mann von Zwanzig kennen. Man freundet sich zwanglos an. Der Junge ist Student im ersten Semester in Adelheids Wohn- und Arbeitsstadt. Er bittet darum, einmal bei Adelheid anrufen zu dürfen. Er ruft an. Er sucht einen Vorwand, zu ihr zu kommen. Er kommt.

Adelheid fällt schließlich in eine neue Liebesgeschichte, obwohl sie sich zuerst heftig dagegen wehrt. Sie fühlt sich zu alt, vor ihrer Familie beschämt, vor ihrer Mutter aufs äußerste geniert. Der Junge ist geschickt, umflirtet auch die Jugendfreundin Adelheids und öffnet sich im Fluge das Herz von Anton, so daß es Adelheid bald keine Schwierigkeit mehr macht, ihn als »Freund des Hauses« vor Nachbarn und Kollegen auszugeben. Auch die alte Agathe wird gestreichelt. Vor ihr spielt er den Hauslehrer von Anton. Er zieht bald zur Untermiete in das Gastzimmer in Adelheids Wohnung. Er zahlt nicht in bar, sondern mit allgemeinem Sich-nützlich-Machen im Hause. Die Großmutter birst vor Argwohn. Sie hat jetzt keinen Grund mehr, sich für längere Zeit bei ihrer Tochter aufzuhalten. Nicht nur ihr Zimmer, sondern auch ihre Funktionen werden von dem jungen Manne in Beschlag genommen. Sie darf trotzdem kommen. Der Student schläft während der Zeit im Zimmer bei Anton, tyrannisiert aber die Großmutter, indem er behauptet, tagsüber an seinen Büchern in ihrem Zimmer sitzen zu müssen. Adelheid plant Abhilfe. Sie möchte die Mutter nicht immer vor die Tür setzen und verspricht, endlich ein kleines Haus zu kaufen, in dem Platz für alle sein wird. Sie hat sowieso seit Jahren dafür schon gespart.
Der auch sonst immer fällige Krach zwischen Agathe und Adelheid kommt diesmal schon früher. Die Großmutter reist wieder ab. Adelheid, Anton und der Student verleben eine glückliche Zeit. Anton ist selig über einen so großen Spielgefährten. Er ist jetzt zwölf bis dreizehn Jahre alt. Adelheid erblüht. Ihr Reiz steigert sich ins Mädchenhafte. Sie wird ungeniert, bringt den Studenten mit auf Familienfeste, siezt ihn zwar in der Öffentlichkeit, aber alle Welt weiß alles und verbarrikadiert sich, um zu lauern, wie lange das dauert. Und so plötzlich, wie aus heiterem Himmel das Glück über Adelheid kam, fällt auch die Verzweiflung über sie her. Der Student zieht sich ziemlich abrupt zurück. Für die Familie erscheint es wie von heute auf morgen. Adelheids Gesicht ermattet, schimmelt so ins Grau, daß seine einstige strahlende Schönheit kaum noch in seiner Struktur wiederzuerkennen ist. Der Student ist aus ihrem Leben verschwunden. Er geht angeblich ins Ausland, um dort sein Studium fortzusetzen.
Mit Adelheid geschieht eine furchtbare Veränderung. Äußerlich, in den Lebensdaten, ist es kaum zu bemerken. Sie kauft ein Haus, das sie offenbar noch mit dem Studenten ausgesucht, zumindest für eine

Kombination ihrer Wünsche und ihrer Verpflichtungen geplant hatte. Sie läßt ihre Mutter Agathe kommen, die den Umzug und die Neueinrichtung in die Hand nimmt. Agathe plustert sich zu ungeheuren Kräften auf. Obwohl bald Siebzig, fließt ihre Tätigkeitswut in jede Funktion hinein, die sich aus dem Eigentum an Haus und Garten ergibt. Die Hausgehilfin wird für das neue Haus nicht mehr übernommen. Und trotzdem braucht sich Adelheid um nichts zu sorgen. Agathe etabliert sich für immer im Haushalt ihrer Tochter. Adelheid wohnte zuvor in einer großen Etage einer sogenannten Herrenvilla. Sie hatte dort zwar nur vier Zimmer, die aber zum Teil die Größe von Sälen einnahmen und das Sommersitzflair einer Fürstin ausstrahlten. Jetzt wohnt Adelheid zwar in einem Haus mit zwei Etagen und einem Souterrain, hat insgesamt acht Zimmer, aber alle sind winzig. Die Schlafzimmer ihrer Mutter, ihres Sohnes und ihr eigenes liegen im ersten Stock des Hauses Wand an Wand.

Adelheid fährt zwei ihrer Autos nacheinander zu Schrott. Während des einen Unfalls verbrennen sie und Anton beinahe. Beim zweiten Unfall hat sie strafgesetzlich schuld. Ihr wird der Führerschein vorübergehend entzogen. Auch in den Urlaub fährt sie später mit ihrer Mutter und ihrem Sohn zusammen.

Ihr Verhältnis zu Anton hysterisiert sich zusehends. Anton kommt »in die Jahre«. Adelheid verändert vollkommen ihren Erziehungsstil. Obwohl schon die Großmutter die ganze Zeit um den Jungen ist, verfällt auch Adelheid in Nachprüfen, Kontrollieren, Dirigieren, Manipulieren. Sie bestimmt über ihn, wie sie will, ahndet die abfallenden Schulleistungen mit Hausarrest, der dem Jungen ganz egal ist, weil er dann in seinem Zimmer bastelt. Die Großmutter sitzt täglich mehrere Stunden neben Anton und paukt die Schularbeiten in ihn hinein. Seine Leistungen werden trotzdem schlechter, ein Nachhilfelehrer tritt an.

Anton interessiert sich für die Protestbewegung, eifert älteren Schülern und sogar fortschrittlichen Lehrern nach, die an ihr teilnehmen. Adelheid zerstreitet sich mit diesen Lehrern. Wenn sie vorher als aufgeklärt und politisch liberal zu charakterisieren gewesen wäre, so wird sie allmählich immer intoleranter, versucht, ihrem Sohn jede Identifikation mit den studentischen und Schüleraktionen zu vereiteln. Adelheid ist selbst nicht religiös, hat höchstens einen Hang für den optischen Reiz der kirchlichen Vorgänge. Obwohl sie sich in zweiter Ehe nicht kirchlich hat trauen lassen, will sie jetzt plötzlich, daß Anton eingesegnet wird. Sie setzt alles daran, ihn zu einem Herrensohn zu trimmen. Er bekommt Klavier- und Reitstunden und wird in einen Kirchenchor verpflichtet. Was sie auch mit ihm unternimmt, verfügt sie mehr oder weniger über seinen Kopf hinweg. Anton bleibt sitzen. Die Großmutter nörgelt stündlich an dem Jungen herum.

In Anzüge gepreßt, muß Anton auf allen gesellschaftlichen Einladungen der Mutter überall Männchen machen. Als Zwölf- bis Dreizehnjähriger war er hübsch und frech, jetzt, mit Fünfzehn, krümmt sich die Haut seines Gesichtes unter Kompanien von Pickeln. Verschämt, gespannt und fahrig kann er nicht mehr zusammenhängend sprechen, errötet, wenn man den Blick auf ihn richtet. Die Mutter turtelt mit ihm sogar bei öffentlichen Gelegenheiten, stilisiert ihn in peinlichem Kitsch zum Ersatzgeliebten. Anton beginnt zu haschen, geht in einen Klub für ferne Östlichkeit und trinkt dort Tee. Adelheid tobt. Sie schlägt ihren Sohn, verpflichtet ihn ständig zu neuen Bußen, winselt um ihn herum, fleht ihn an, doch wieder in die alte glückliche Harmonie mit der Mutter zurückzukommen, die sie vor Jahren beide gehabt hatten. Es hilft nichts, Anton geht in den Klub, wann immer er nur kann und nimmt verschärft Rauschmittel. Adelheid zeigt den Klub an wegen Verführung Minderjähriger zu Drogenkonsum. Aber der Klub kann nachweisen, daß er nur Tee ausschenkt. Für die Gedanken und die Dosen, die Jugendliche während ihres Aufenthaltes dort austauschen, kann man ihn nicht belangen. Durch dieses Verfahren geraten Antons Beziehungen zu seinen Freunden in Spannung, die ihm das Verhalten seiner Mutter anlasten. Anton will sich ganz zu den anderen bekennen und beschließt, von Zuhause zu fliehen, um in einer Kommune zu leben. Die Mutter kommt dahinter. Sie läßt den Sohn an ihrem Bette knien und geloben, daß er immer bei ihr bleibe, sie liebe, nie wieder Drogen zu sich nehme und von nun an ein ordentlicher Mensch werden wolle. Sie schickt ihn in Vorschußbelohnung für seine Veränderung zum Guten in einen Ferienaufenthalt zu einer Reitschule. Dort wird er durch eine Unachtsamkeit von einem Pferd mit vollem Hinterhuf mitten in das Gesicht getreten. Der Huf landet zwischen den Augen, zermalmt die Nase. Anton liegt monatelang im Krankenhaus. Daß er am Leben geblieben oder nicht verrückt geworden ist, wird wie ein Wunder angesehen. Adelheid fährt jedes Wochenende Hunderte Kilometer zu ihrem Sohn ins Krankenhaus, in das er in die Nähe des

Unfallortes sofort gebracht worden ist. Während dieser Monate erinnert ihre Beziehung an ihr früheres gutes Einvernehmen. Als Anton jedoch zurück nach Hause kommt, beginnt sich das Verhältnis erneut zu trüben. Anton ist noch apathischer geworden. Man vermutet doch einen Schaden, der vom Unfall zurückgeblieben sei. Anton selbst bildet sich ein, daß er einen Gehirnschaden vom Rauschgift her bekommen habe. Die Schule droht, ihn ein zweites Mal sitzenzulassen. Adelheid erleidet einen Herzanfall und muß wochenlang beruflich pausieren. Nur Großmutter Agathe geht es erfreulich gut. Anton bleibt das zweite Mal sitzen, hat in seinem Zeugnis fast nur Fünfen und Sechsen. Die Schulleitung legt der Mutter nahe, ihren Sohn von der Schule zu nehmen. Anton ist das recht, denn er möchte gerne eine Buchhändlerlehre machen. Adelheid aber will ihm das Abitur aufzwingen. Sie denkt an ein Internat. Man rät ihr mehrere moderne pädagogische Anstalten in der Umgebung. Sie kann sich jedoch nicht von ihrem Sohne trennen, bestellt lieber einen zweiten Nachhilfelehrer. Aus dem Internat wird nichts.
Plötzlich taucht der Student bei Adelheid wieder auf. Er ist drei Jahre in der Schweiz gewesen und hat zwischendurch höchstens an den Festtagen alle Jahre einmal bei Adelheid hineingeschaut. Nach außen sah es so aus, daß er das Zimmer bei Adelheid nur studienhalber wieder aufgegeben hat. Anton ist jetzt ungefähr sechzehn. Er fühlt sich zu dem Studenten hingezogen. Es beginnt zwischen beiden eine Freundschaft, in der die Mutter nicht mehr wie in der alten Dreier-Beziehung inbegriffen ist. Anton öffnet sich dem Studenten und schüttet vor ihm seine Verzweiflung über seine Mutter aus. Beide machen zusammen Touren. Anton lebt auf. Jedoch Adelheid muß in unvorstellbare Qualen geraten sein. Sie spioniert den beiden nach. Zunächst gibt es keinen Grund, deren Verabredungen zu vereiteln. Anton geht nicht mehr in den Klub. Der Student bietet sich an zu helfen, Antons Entwicklungskrise zu überwinden. Aber Adelheid wird von seiner Gegenwart an die alte Seligkeit mit ihm erinnert. Sie fängt an, Verabredungen zwischen Anton und dem Studenten zu verbieten. Als beide sich mehrfach daran nicht halten und sich gegen den Willen der Mutter heimlich treffen, gibt es einen Krach. Adelheid verbietet dem Studenten das Haus und den Umgang mit ihrem Sohn. Als der Student sich daran nicht hält, sich wohl noch einen Spaß daraus macht, die Maßnahmen Adelheids zu umgehen, läßt sie ihn über einen Rechtsanwalt benachrichtigen, daß sie gegen

ihn Anzeige wegen homosexueller Verführung ihres minderjährigen Sohnes erstatten werde. Zugleich meldet sie Anton sofort in einem Internat am anderen Ende Deutschlands an und verfrachtet ihn noch innerhalb von vierzehn Tagen dorthin. Als ihr Sohn sich in diesen Abtransport fügt, der Student keine Anstrengungen unternimmt, Anton nachzureisen und aufzusuchen, macht sie von ihrer Drohung der Anzeige keinen Gebrauch.

Durch diese Vorfälle verändert sich die Beziehung Adelheids zu Anton erneut vollkommen. Anton wird in der neuen Schule bald sehr gut. Während der Ferien zu Hause gibt es überhaupt keine Spannungen mehr zwischen Mutter und Sohn. Adelheid vermietet zwei ihrer Räume in Halbpension, so daß ihre Mutter mit den Untermietern beschäftigt ist. Sie selbst wirkt wieder ausgeglichen. Anton macht nach drei Jahren Internatsaufenthalt ein glänzendes Abitur und studiert dann erfolgreich.

Adelheid beharrt gegenüber dem ehemaligen Studenten auf Feindschaft. Er hat längst Examen gemacht und geheiratet, ist Vater zweier Töchter und Juniorchef im Betrieb seines Vaters geworden. Es kann passieren, daß Adelheid ihm bei gesellschaftlichen Anlässen begegnet. Sie verhält sich dann so angepaßt freundlich, wie sie muß, aber so abweisend feindlich, wie sie kann.

Ohne Einblick in die inneren Verwicklungen dieses Geschehens könnte man meinen, Gott der Herr hätte gleich wie über Hiob über Adelheid vier Jahre lang seinen Zorn walten lassen. Das Böse tritt in der Geschichte der Adelheid Z. deutlich als Selbst- und als Fremdschädigung auf, und zwar bei beiden Hauptpersonen, der Mutter Adelheid und dem Sohn Anton.

Adelheid wütet auf ihren Sohn hinab, gefährdet sein Leben und ihr eigenes während zweier Unfälle. Wenn man der Theorie folgt, Mütter verstünden ihre Kinder als Teil ihres Selbst, so gelten alle Aktionen Adelheids gegen ihren Sohn auch noch zugleich gegen sich. Denn alles, was sie gegen ihren Sohn unternimmt, wirkt sich sofort gegen sie selber aus. Anton macht ihr mit seiner Widerspenstigkeit und mit seiner Verschlechterung in der Schule das Leben zur Hölle. Adelheid ist nicht mehr stark genug gegen ihre eigene Mutter, sondern verfällt vollkommen der Macht dieser die Szene beherrschenden Frau. Bekannte und Freunde meiden ihr Haus in der bösen Zeit immer mehr. Selbst die Familie findet Adelheid komisch.

In Anton wirkt das Böse hauptsächlich selbstschädigend. Er stagniert in seiner Entwicklung, kämpft gegen die Mutter an, indem er alles tut, was sie peinigen könnte. Er liefert sich ihr zugleich aus, indem er in der Schule immer schlechter wird. Der Kreislauf des Bösen ist geschlossen. Keiner der Akteure kann aus ihm heraus.

Die Geschichte der Adelheid zeigt etwas Wichtiges bei der Entstehung des Bösen. Sie zeigt einen Auslöser des bösen Verhaltens, der scheinbar gottgleich sich nach einiger Zeit auch als sein Ausschalter betätigt.

Bei der Auseinandersetzung darüber, ob das Böse angeboren ist oder erlernt wird, setzt man als unbestritten fest, daß es in jedem Falle eine Dauererscheinung menschlichen Verhaltens ist. Der Fall der Adelheid Z. zeigt zunächst, daß er nicht nur eine Geschichte der Entstehung, sondern zugleich auch eine Geschichte des Vergehens des Bösen ist. Jeder Mensch kann in bestimmten Situationen böse werden. Wie sogar das Beispiel des ansonsten guten Jesus während seines Zornausbruches im Tempel gegenüber den sich dort einnistenden Händlern beweist, entsteht es durch einen Reiz von außen und nicht durch eine Hormonschwellung – einen Triebstau – von innen. Das Böse verfliegt, wenn die bestimmte Situation, die auf eine bestimmte Person reizbar wirkt, vorüber ist. Die Reizauslöser sind bei allen Menschen verschieden.

Es gibt viele Frauen, die nicht wie Adelheid in ein so intensives schädliches Verhalten ausbrechen, wenn sie von Männern verlassen werden. Und auch innerhalb Adelheids Leben ist ihr Verhalten ungewöhnlich. Für sie ist der Student mindestens der fünfte Mann, zu dem eine ihrer Liebesbeziehungen endet, und erst jetzt gebärdet sie sich so verändert. Sicherlich gibt es auch für sie einen speziellen Grund, der sie veranlaßt hat, ausgerechnet jetzt sich an der abgebrochenen Liebe so zu quälen. Sie gesteht später, als alles vorüber ist und ihr Leben wieder in seinen normalen Bahnen verläuft, daß sie keinen Mann so geliebt habe wie den Studenten. Alle ihre Träume von einem Partner hätte er erfüllen können. Sie fühlte ihn ihr seelisch ebenbürtig und sich selbst in eine sexuelle Extase gehoben, die sie früher für unmöglich gehalten hatte. Sie begann mit einer Befreiung von ihrer Mutter, von der sie ihr ganzes Leben nicht losgekommen war. Der Student löste ihre Schuldgefühle gegenüber der Mutter auf. Diesen für ihr weiteres Leben wichtigen Prozeß, kaum daß er eben begonnen hatte, brach der Mann in höchstem Maße unverantwortlich ab. In allen anderen Beziehungen hatte sie keine solch tiefgreifenden Veränderungen versucht. Die Mutter war sehr bald in die Verhältnisse eingedrungen und hatte kräftig mitgewirkt, daß sie wieder auseinandergingen. Diesmal war die Mutter besonders machtlos, weil sie zwar in vollen Säcken Ahnungen mit sich herumschleppte, aber nichts Genaues wußte und auch nie etwas erfahren sollte. Die Beziehung zu dem Studenten galt vor der Mutter als Nichtbeziehung. Der Zerstörungszauber der Mutter war wie gebannt. Der Student verhielt sich außerdem so becircend, daß er die Mutter umgarnte, als hätte er es auch auf sie abgesehen.

So sehr Adelheid sich mit dieser Liebe befreien wollte, fand sie sich – verfangen in den alten Moralvorstellungen ihrer Mutter – anfänglich doch dabei als unrein. Eine Frau, die auf die Fünfzig schritt, »trieb« es mit einem Zwanzigjährigen. Das gab es nur in Büchern und Filmen, nicht in einem Leben bürgerlicher Rahmung wie dem ihren. Als der Student sie plötzlich verließ, häufte sie allen Groll auf sich selbst. Daß der Junge einst »zu jungen Dingern drängen« würde, war ihr von Anfang an klar gewesen. Sie fand sich töricht, auf ihn eingegangen zu sein, und noch jämmerlicher fand sie sich nach der Beziehung. Sie wollte sich keine Trauer eingestehen, noch viel weniger ihren Zorn auf den Studenten. Er war und blieb der Junge, Schöne, Reine, der endlich das tat, was »Natur gebietet«: nämlich in die Welt gehen, sich ein junges Weib suchen und mit dem sein junges Leben aufbauen.

Nach außen die Beleidigte zu sein, ging noch weniger; denn dann hätte sie hinterher in der Auflösung das vorherige Verhältnis preisgegeben. Adelheid setzte mit einem furchtbaren Selbstbestrafungsfeldzug gegen sich an, ihre hervorquellenden Schuldgefühle gegenüber der Mutter konnte sie nur eindämmen, indem sie sich insgeheim verpflichtete, die Mutter auf Lebenszeit bei sich zu haben. Ihre Balance mit ihrem Sohn klappte zusammen. Teils reagierte sie auf ihn ab, was sie täglich sich selbst antat und durch die Gegenwart der Mutter einstecken mußte. Zum anderen Teil benutzte sie ihn als Ersatzliebhaber. Sie reagierte also Aggressionen direkt und aufgebrochene Lüste indirekt an ihm ab, bis der Sohn, der mit alledem nichts zu tun hatte, unter dieser Doppelbelastung, in deren Gründe ihn nicht die Spur von einer Einsicht führte, zusammenbrach.

Als der Student nach drei Jahren noch einmal in Adelheids Leben drang, war die Situation verändert. Die Familien- und Gesellschaftsöffentlichkeit hatte die ehemalige Liebschaft mehr oder weniger vergessen. Es würde nicht mehr so auffallen, wenn Adelheid dem Studenten gegenüber nun feindlich wurde. Außerdem bot er selbst noch etwas an, auf das sie endlich feindlich reagieren konnte. Er »trieb« etwas mit dem Sohn, dem Adelheid – gleichgültig wie es auch in Wirklichkeit gewesen sein mochte – den Makel schlimmsten Fehlverhaltens anhängen konnte. Der ursprünglich »reine Jüngling« hatte sich durch diesen Verdacht selbst befleckt. Außerdem griff er in ihr Erziehungsrecht ein, unterhöhlte ihre Mutterautorität. Mit vollen Fluten brach der Haß über ihn her. Die Situation und die Person selbst, die ihn gestaut hatten, waren verändert. Sofort nach ihrem Haßausbruch entkrampfte sich Adelheids Verhältnis zu ihrem Sohn. Sie brauchte ihn weder als Liebesersatz für den Studenten; denn das Original liebte sie mit einem Schlage nicht mehr, noch brauchte sie ihn als Abfuhrobjekt; denn sie konnte den Haß am Ursprungsobjekt des Reizes abladen. Daraufhin konnte sie ihren Sohn wieder freilassen. Ihrer Mutter gegenüber war sie keine böse Unanständige mehr, sondern eine von einem bösen Unanständigen zuerst Verführte und dann Mißbrauchte. Ihre Schuldgefühle besänftigten sich wieder. Sie konnte unhysterisch mit der Mutter weiter zusammenleben. Für ihr neues Gleichgewicht war es aber erforderlich, daß sie den Haß auf den Studenten aufrecht erhielt, auch als von seiner Person gar keine Gefahr der Schädigung mehr ausging.

Das Böse hat wie in Adelheids Geschichte ganz konkrete Motive und Anlässe, die bei den Menschen so verschieden sind, daß man *daraus* keine Verallgemeinerungen ziehen kann. Daß es aus Adelheids Leben wieder verschwand, beweist noch mehr, wie es an äußere Situationen gebunden ist. Aber dieses Verschwinden des Bösen ist eine Rarität, die hier auf die unbewußte Verantwortung des Studenten zurückzuführen und ein Beweis dafür ist, daß die zwischen Adelheid, Anton und dem Studenten begonnene Liebesbeziehung auch über die Zeiten der Abwesenheit des Studenten noch weiter schwebte.
In der Regel führt das Böse zum Ziel, was bedeutet hätte, Adelheid wäre in einem ihrer Unfälle ernstlich beschädigt worden oder sogar draufgegangen oder ihrem späteren Schwächezustand erlegen; Anton wäre durch den Pferdetritt getötet oder geistesgestört worden oder hätte die Laufbahn eines Gescheiterten begonnen, wäre süchtig oder kriminell geworden.

4. Die unnatürliche Entstehung des Bösen

Das Problem des Bösen besteht nicht nur darin, zu untersuchen, wodurch es hervorgerufen wird. Es ist klar, daß es durch eine Wechselwirkung zwischen Reizen und der Befähigung der Exemplare, auf diese Reize einzugehen, ausgelöst wird.

Das Problem des Bösen besteht vor allem darin, herauszufinden, wodurch es befähigt wird, sich *einzunisten,* wann es sich als Dauererscheinung festsetzt und warum das geschieht, warum es sich bei Menschen in der Struktur ihres Charakters offen ausprägt oder verschleiert ihre Existenz bestimmt. Denn das Böse wird zum allgemeinen Problem, wenn es nicht nur als ein vereinzeltes Tun innerhalb eines Konfliktes auftritt, sondern sich zu einem verbreiteten Charakteristikum menschlichen Verhaltens ausweitet. Warum müssen Menschen zerstören? Warum wollen sie Macht haben? Warum sind sie brutal, verantwortungslos, feindselig, gefühllos, träge, eifersüchtig, teilnahmslos, zukunftsblind, ramschsüchtig? Warum konkurrieren, rivalisieren und streiten sie miteinander?

Umgekehrt, warum lassen sie sich Beschränkungen und Versagungen schärfsten Ausmaßes gefallen? Warum dulden, ertragen und erleiden sie die Verletzung und Zerstörung ihres Lebens genauso pausenlos von Generation zu Generation, wie sie das Leben anderer verletzen und zerstören?

Das Böse als Dauererscheinung der Fremd- und Selbstschädigung – nicht als vereinzelter aggressiver Akt – entsteht unter zwei Voraussetzungen:

1. Das Böse entsteht aus einer Beziehung zwischen Exemplaren der gleichen Art. Ohne Interaktion, ohne ein soziales Gefüge, innerhalb dessen die einzelnen Mitglieder agieren, kann das Böse nicht erscheinen. Es gehört zu dem Verhalten, das nicht *exemplar*notwendig wie Nahrungsaufnahme und Reststoffausscheidung und ebenfalls nicht *art*notwendig wie die Fortpflanzungstätigkeit ist. Das Böse ist ein Verhalten, das sich auf Verhalten bezieht, durch Verhalten hervorgerufen wird und sogar durch Verhalten dauerhaft eingeprägt werden kann. Es hat nichts mit der Balance innerhalb eines Organismus zu tun, sondern mit der Balance innerhalb einer Gemeinschaft von mehreren Organismen.

2. Das Böse ist nicht ein Verhalten, das die Balance einer Gemein-

schaft sichert, sondern sie gefährdet oder sie sogar zusammenbrechen läßt. Es ist selbst Anzeichen dafür, daß eine Gemeinschaft aus den Fugen geraten ist.
Exemplare verhalten sich böse, wenn ihr Aktionsfeld für den Kontakt mit anderen Exemplaren eingeschränkt wird, wenn das freie Spiel der Selbstdurchsetzung und der Akzeptierung der Artgenossen gestört ist. Nicht Stauungen innerhalb der einzelnen Körper, sondern Stauungen innerhalb des Gesamtkörpers einer Gemeinschaft erzeugen den Druck auf und die Reibung zwischen den Exemplaren, die beide zusammen sie erst böse werden lassen.
Es gibt zwei Formen von Druck oder allgemeiner von Beengung, die böses Verhalten zwischen den Exemplaren hervorrufen, und die meist miteinander in Beziehung stehen:

1. Der Raumdruck

Der *räumliche* Druck betrifft die Verringerung und Schmälerung des Lebensraumes, den die Exemplare für eine freie, friedliche Beschäftigung miteinander brauchen.
Die Tierforscher – Lorenz inbegriffen – geben eine Vielzahl von Beispielen für diese Entstehungsart des Bösen. Außer Lorenz führen sie auch den räumlichen Druck als Ursache für die Bösartigkeit der Exemplare an. Besonders interessant sind die Untersuchungen des Verhaltensforschers Hans Kummer, der »in natürlichen Affengesellschaften keine nennenswerten Neigungen zum Verwunden oder Töten von Artgenossen und keine Parallelen zum körperlichen Quälen« vorfand. (Plack[48], Seite 85) Ebensowenig bemerkte Jane van Lawick Goodall solch ein Verhalten bei wilden Schimpansen, unter denen sie zehn Jahre verbrachte[30].
Kummer berichtet aber von der »aufregenden Tatsache . . ., daß auch Affen diese Neigungen entwickeln, wenn sie unter unnatürlichen Bedingungen gefangengehalten werden. In solchen Gruppen steigt nicht nur die Häufigkeit aggressiver Akte auf ein Vielfaches an, sondern das Spektrum der Verhaltensformen verschiebt sich. Anhaltende körperliche Quälereien, ernste Verletzungen und Tötungen, was alles im Freileben verschwindend selten ist, können in Gefangenschaftsgruppen zu regelmäßigen Erscheinungen werden. Es ist vorgekommen, daß sich Zoo-Gruppen nahezu selbst vernichten«[48]. (Plack,

Seite 86) Bernhard Grczimek berichtete in einer seiner Sendungen »Kein Platz für Tiere« von den Fließbandlegehennen, die ihr Leben lang nur einen Stehplatz haben, der kleiner als der Grundriß eines Huhnes ist, kleiner als die Fläche, die es zum Sitzen brauchte. Die Hühner zerrupfen sich nicht nur gegenseitig, sondern picken auch in sich selbst hinein.

Ein ähnliches Beispiel einer Selbstschädigung eines Vogels ist mir aus meiner frühen Kindheit gegenwärtig. Ein Kanarienvogel von Tante Berta begann eines Tages, sich selbst aufzufressen. Diese Tante schien in ähnlichen Böswilligkeitszeiträumen zu leben, wie die Tante von Konrad Lorenz. Nur hatten an ihr nicht Dienstmädchen, sondern Kanarienvögel zu leiden, die einer nach dem anderen eingingen. Die Kinder der Familie ängstigten sich vor Tante Berta maßlos. Allein getrauten sie sich nicht, sie aufzusuchen. Sie erzeugte in ihnen einen Grusel, mit dem sich Hänsel und Gretel vor der Hexe erschauert haben mußten. Mit dem Munde sprach sie nicht nur, sondern schnappte ihn auf und zu, als ob sie eine Fliege gleich einer fleischfressenden Pflanze in sich hineinschlürfen wollte. Mit den Augen funkelte sie eine Süße, die sie an Kinder in Wirklichkeit nie verschwendete – die Schokoladen, die sie ihnen aufdrängte, noch in ihrer Anwesenheit zu essen, schmeckten hoffnungslos ranzig. Ihre Nase hatte die Spitze eines Vogels, über die sie schnell mit den Augen hinstechen konnte, so, als ob sie wie eine Amsel den nächsten Wurm im Rasen anpeilte.

Was der Kanarienvogel mit sich veranstaltete, ist für normale Umstände ungewöhnlich. Er pickte unaufhörlich in sein Hinterteil, bis es blutig und zerfetzt war, und jeden Tag – so meinte Tante Berta – hätte er davon ein Stückchen abgetragen, bis er offenbar so lebenswichtige Organe von sich selbst vertilgt hatte, daß er an den Folgen seines allmählichen Selbstmordes starb.

Die räumliche Enge ruft unter Menschen gegenseitige Schädigungen derjenigen hervor, die in ihr leben müssen.

Horst Eberhard Richter beschreibt in seinem Buch »Die Gruppe« das zerstörerische Milieu einer unterprivilegierten Randgruppenfamilie, die mit neun Personen in zwei Räumen einer Baracke existieren mußte und von chaotischen gegenseitigen Schädigungen erschüttert wird[56] (Richter, Seite 266).

Regelmäßig herrscht in Unterschichtsfamilien, die generell auf be-

engtem Raume leben müssen, eine von Tätlichkeiten und feindseligen Auseinandersetzungen durchzogene Stimmung.
Aber es gibt auch Gegenbeispiele. In Kriegen und in sonstigen äußeren Notzeiten leben Familienverbände und Gruppen auf engstem Raum oftmals um vieles harmonischer als in normalen Situationen, in denen sie sich räumlich ausbreiten können und nicht so aufeinander angewiesen sind. Der äußere räumliche Druck und die Not kann beim Menschen die Solidarität erhöhen und – umgekehrt wie im Affenbeispiel Kummers – gerade Feindverhalten ausschalten, das sonst unter normalen Umständen alltäglich war.
Oberschichtsangehörige, die in der Regel ohne räumlichen Druck aufwachsen und leben, verhalten sich prinzipiell viel schädigender als Mitglieder der Unterschicht, die nur rauh miteinander umgehen. Sie wirken böse nicht nur im Sinne der unmittelbaren Aggressivität gegenüber ihrer Umwelt, sondern sie verhalten sich böse so intensiv und grundsätzlich, daß daran Millionen von Menschen Schaden haben. Politiker, Beamte, Militärs, Unternehmer, Vieleigentümer, über Vieleigentum verfügende Manager, Konzernherren aller Branchen, unverantwortliche Wissenschaftler und Medienbeherrscher schädigen ununterbrochen die ganze Menschheit. Um das Böse in dieser sich vervielfachenden Wirkung geht es, und nicht um das kleine Wau-Wau von Mann zu Mann, dem Konrad Lorenz gerührt seine Aufmerksamkeit widmet, aber das der Auseinandersetzung nicht wert wäre.

2. *Der Personendruck*

Viel entscheidender für die Einnistung des Bösen und von eindeutiger Konsequenz für den Menschen ist der *personelle* Druck, die Organisierung der menschlichen Beziehungen in festgesetzten Verhältnissen.
Bei den von Lorenz angeführten Expeditions- und Kriegsgefangenenbeispielen handelt es sich kaum um einen räumlichen Druck, der die Feindschaft unter den Menschen hervorruft, sondern hauptsächlich um einen Druck, ausgelöst durch den auf den einzelnen Personen lastenden Zwang, immerzu mit denselben Personen unter denselben Bedingungen umgehen zu müssen.
Expeditionen und Kriegsgefangenschaften sind künstliche und vor-

übergehende Situationen solcher beengten Beziehungen. Die von ihnen betroffenen Personen lassen nach der Auflösung dieser Situationen ihre Neigung zur Schädigung und Zerstörung der ihnen ebenfalls unterworfenen Personen wieder erlöschen.
Die Gesellschaft hat zwei Arten von beschränkten Beziehungen eingerichtet, die von ihrer ganzen Konstruktion her dauernd – in der Realität mindestens viele Jahre – wirken müssen. Es ist die Beziehung zwischen Eltern und Kindern und die Beziehung zwischen Ehegatten.
In dem Buntbarsch-Beispiel schildert (nicht interpretiert) Lorenz vollkommen überzeugend, wie das Böse auch bei Tieren anschwillt, je enger der Bezugsrahmen wird, in dem sich Exemplare verhalten müssen. Im natürlichen Revierabgrenzungsverhalten drohen sich die Fische nur oder schubsen einander weg. Im Aquarium beginnen sie sich zu rupfen. Und als der Besitzer alle herausnimmt und nur noch ein Ehepaar im Becken läßt, tötet der eine Partner den anderen[32] (Seite 83).

Die festgefügten Beziehungsmuster zwischen Eltern und Kindern und zwischen Ehepartnern rufen das Böse hervor. Das Wort »festgefügt« erhält hier die wichtigste Bedeutung. Exemplare verhalten sich fremd- und selbstschädigend, wenn sie sich nicht nur aus einer räumlichen Umgrenzung, sondern vor allem aus einem personellen Bezugsschema nicht mehr entwinden können.
Hätte Lorenz den Versuch gemacht, das Buntbarschehepaar vor der Liquidierung der Gattin aus dem Aquarium wieder in die Freiheit unter viele gleichartige Exemplare zu entlassen, hätte er sehen können, wie das Männchen, statt weiter auf sein Weibchen tödlich einzubeißen, allerhöchstens fremde Fische zur Revierbehauptung abgewimmelt oder weggeschubst hätte, wie also das Böse aus dem Verhalten des Fisches wieder verschwunden wäre.
Ausgewachsene Exemplare – sowohl Menschen wie Tiere – *re*agieren auf solche personellen Druckverhältnisse mit Fremd- und Selbstschädigungsverhalten bis zur Vernichtung nur, wenn die Verhältnisse nicht vorübergehend sind.
Der Mensch ist das einzige Lebewesen, das darüber hinaus befähigt ist, sich von Jugend auf böse zu verhalten, wie es die Beispiele der Schädigungen von und unter Jugendlichen im Lehrlingsfall und im Roman »Törleß« beweisen. Sie bedürfen dazu nicht unbedingt einer

erneuten akuten räumlichen oder persönlichen Beschränkung. Sie bringen das Böse aber nicht durch Geburt mit auf die Welt, wie man es nach oberflächlicher Betrachtung meinen könnte, sondern sie schleppen es aus der ersten Beschränkung personeller Beziehungen, die sie erfahren müssen, aus ihrem festumzäunten Verhältnis zu ihren Eltern mit.
Alle Menschen in den zivilisierten Gesellschaften sind am Anfang ihres Lebens solchen personell beschränkten Beziehungsmustern ausgeliefert. Das Böse kommt von den Eltern. Das Böse als auftretendes und verschwindendes Verhalten entspringt Reizen, die durch die Vielfalt sozialer Kontakte hervorgerufen werden. Das Böse als Charakterzug, als individuell nicht ohne weiteres abänderbares Verhaltensmerkmal der Fremd- und Selbstschädigung wächst in den Menschen während seiner Aufzucht durch den Druck hinein, dem er in seinen wichtigsten Jahren unter der personellen Beschränkung einer Mutter und eines Vaters ausgesetzt ist.

5. Das Tier ohne Vorzeichen

Das Böse nistet sich durch diesen von klein auf den Menschen begleitenden personellen Druck über ein bestimmtes Verfahren ein. Möglich wird die Einschleifung bösen Verhaltens durch die enorme Prägbarkeit des Menschen.
Der Mensch ist ein Lebewesen, das sein Verhalten kaum noch durch stammesgeschichtlich übermittelte Instinkte reguliert. Der Biologe August Kaiser faßt die Entwicklung, die sich in der Natur bis zum Menschen abgespielt hat, übersichtlich zusammen: »Bereits in der tierischen Stammesgeschichte zeichnet sich eine charakteristische Entwicklung ab, indem die Lernfähigkeit sich immer stärker ausbildet und parallel dazu die Bedeutung des instinktiven Verhaltens abnimmt. Die Hirnkapazität nimmt zu (speziell das Großhirn), die Jugendzeit und ebenso die Altersperiode werden länger, wodurch der für das Lernen so wichtige Kontakt zwischen verschiedenen Generationen intensiver wird. Hervorzuheben ist die Erweiterung des sozialen Zusammenhaltes. Das Prinzip der gegenseitigen Hilfe unter Artgenossen spielt zwar im ganzen Tierreich eine wichtige Rolle. Parallel mit der Entwicklung der Lernfähigkeit wird das Sozialverhalten jedoch reicher und differenzierter. Viele der hochentwickelten

Arten (z. B. die meisten Affen) leben in größeren Gemeinschaften, in denen Solidarität, persönlicher Beziehungsreichtum und Kooperation geradezu auffällig sind. Der Vorteil einer instinktarmen, dafür intelligenten Tierart liegt in der hohen Anpassungsfähigkeit an schnell sich verändernde Umweltbedingungen[48].« (Seite 56)
Ein Beispiel für schnelle Verhaltensänderung durch Lernen ist jedem Zoobesucher geläufig. Die Bären haben das Männchenmachen und das Bitten gelernt. Sie richten sich auf und klatschen die Vorderpfoten aufeinander, wenn Besucher am Gatterzaun vorbeikommen. Sie haben erfahren, daß ein Regen von Leckerbissen auf sie zugeworfen wird, wenn sie so vor Menschen betteln. Dieses Schönchenmachen ist ihnen nicht von Wärtern eingeübt worden wie z. B. Hunden von ihren Herrchen und Frauchen. Sie äußern es auch nicht in der Wildnis. Und das Allerbemerkenswerteste, sie äußern es nicht vor ihren Artgenossen. Sie betteln so nicht ihre Mütter um Nahrung an, wenn sie noch klein sind. Sie haben es einzig für die Besucher gelernt und vollführen es nicht einmal für ihre Wärter, von denen sie wissen, daß sie ihnen auch ohne dieses Verhalten routiniert das Futter bringen.
Kaiser schreibt weiter: »Der Mensch bildet das (einstweilige) Endglied in dieser Entwicklung. Bei ihm finden wir keine instinktiven Verhaltensmuster mehr, dafür eine an tierischen Maßstäben gemessen gewaltig gesteigerte Anpassungsfähigkeit und Flexibilität. Nur der Mensch ist in eine solche Mannigfaltigkeit von Kulturen aufgesplittert und unterliegt den rapiden Veränderungen einer Kulturgeschichte. Im Vergleich dazu ist die Anpassung über die Gene ungeheuer langsam. In den letzten zweihunderttausend Jahren hat sich die genetische Ausstattung des Menschen kaum verändert. Bedenkt man, daß die gesamte durch direkte geschichtliche Überlieferungen erfaßbare Zeit im Vergleich dazu nur etwa ein Vierzigstel, nämlich fünftausend Jahre umfaßt, erhält man eine Vorstellung davon, wie viel schneller als die genetische, die soziale Evolution zu arbeiten vermag[48].« (Seite 57)
Um die Wirkung der Gemeinschaft auf den Einzelnen voll zu entfalten, hat die Natur den Menschen sogar in biologische Unsicherheiten und in physiologische Schwächen gezwungen, die bei allen höheren Tierarten nicht vorkommen. Schwache Körperkraft und erhebliche Sinnesempfindlichkeit lassen ihn auf das Zusammenwirken der Mitglieder angewiesen sein.

Das deutlichste Merkmal für die Bevorzugung der Gemeinschaft und die Benachteiligung des Exemplars bei der Entwicklung des Menschen ist die Vorverlegung seiner Geburt. Er verläßt den mütterlichen Uterus in einem früheren Entwicklungsstadium als seine nächsten Verwandten. Erst mit einem Jahr erreicht er die körperlichen Merkmale, die andere Primaten schon zum Zeitpunkt ihrer Geburt aufweisen. Nicht genug damit, verzögert sich das menschliche Wachstum nach dem ersten Lebensjahr bis zur beginnenden Pubertät. Die Natur hält den Menschen in diesen entscheidenden Jahren mit seinem biologischen Wachstum regelrecht hin, um ihn ganz für die Einflüsse der Gemeinschaft weich und bereit zu haben. So dauert denn die Kindheit des Menschen um einige Jahre länger gegenüber dem bei den höheren Tieren beobachteten Wachstumsverlauf.
Sogar »die biologischen Merkmale des Menschen deuten unverkennbar auf unsere besondere Daseinsform als eines sozialen, weltoffenen, intelligenten Lebewesens hin, das sich dank seiner Freiheit von Naturbedingungen eine eigene Kulturwelt gestalten kann«[48] (Seite 58).

Da die Natur dem Menschen die Instinkte genommen hat, muß er sich selber durch Verhaltenseinübung aktionsfähig machen. Der Mensch wird daher wesentlich nicht durch sein biologisches, genetisch übermitteltes Konzept festgelegt, auch nicht durch seine natürliche Umwelt beeinflußt, sondern durch seine soziale Welt zum Menschen geprägt. Die Gemeinschaft von Menschen spielt für die Entwicklung des Einzelnen *die* entscheidende Rolle. Daher wird die Struktur des Menschen durch die Struktur der Gemeinschaft am wesentlichsten beeinflußt. Etwas anderes als die Struktur der Gemeinschaft kann überhaupt nicht auf die Struktur des Einzelnen eine Wirkung haben.
So erfährt der Mensch auch die Gestaltung seiner *bösen* Struktur durch die beschränkte Gemeinschaftsstruktur der Eltern-Kind-Beziehung, in die er von klein auf eingefügt ist.
Wie wird aber der Mensch böse ausgerechnet durch die Beziehung, die ihm seit einigen tausend Jahren als die verehrungswürdigste gilt? Warum lernt er sich wie genormt selbst- und fremdschädigend zu verhalten durch eine Gemeinschaftsstruktur, die selbst nicht böse, sondern nur in ihrem Personenaufbau beschränkt ist?

6. Der Mensch als sein Verhaltensmeister

Der Mensch braucht, um sein Verhalten regulieren zu können, Erfahrungen. Die Geschichte von Erfahrungen schafft die Gegenwärtigkeit von Verhalten, das sich zu Eigenschaften ausbildet. Die Summe seiner Eigenschaften und Fähigkeiten wird Seele genannt. Sein Verhalten hat sich soweit von seiner biologischen Herkunft, seinem Gerüst »Körper« selbständig gemacht, daß der Mensch an die Seele als eine nicht mehr vom Körper abgeleitete, sondern von ihm unabhängige Einheit glaubt. In Religionen von der Wiedergeburt oder der Erlösung der Seele hat diese Vorstellung ihren populärsten Niederschlag gefunden. Im Glauben an die Erlösung soll die Seele vom ursprünglich zu ihr gehörenden Körper getrennt überleben dürfen. Und im Glauben an die Wiedergeburt gehört sie schon gar keinem Körper mehr ständig an, sondern wandert von einem zum anderen, benutzt ihn nur noch als Hülle.

In allem Glauben ruht immer ein Teil Realität. Tatsächlich ist diese Summe von Eigenschaften und Fähigkeiten vom Körperlichen des Menschen ziemlich unabhängig, nicht aber vom Körper der Gemeinschaft, denn *sie* ist es, die Erfahrungen eröffnet, gestaltet oder verhindert.

Die moderne Tiefenpsychologie nennt die Seele das »Ich«. Die Erzeugung, die Ausbildung und Reifung des Ichs laufen nach Gesetzen ab, die denen der Erzeugung und des Wachsens des Körpers entsprechen. Der biologische Vorgang ähnelt der sozialen Situation, die dem Menschen Eigenschaften und Fähigkeiten auszubilden hilft.

Zwei Merkmale kennzeichnen die biologische Hervorbringung des Menschen:

1. Vielfältigkeit der Erbmasse

Bei der Befruchtung geschieht eine Zusammensetzung aus einer Vielzahl von Anlageangeboten, die von Ei und Samen zusammengetragen werden.

2. Aufbau durch Wechselwirkung

Der Embryo – in seinem Frühstadium nach Verschmelzung der beiden Geschlechtskerne noch Zygote genannt – strukturiert *»sich«* organisch aus den Erbmasseangeboten neu. Genetisch liegt nach der Befruchtung das Anlageprogramm des neuen Menschen fest. Das Programm ist aber nur ein Angebot. In Wechselwirkung zwischen dem genetischen Material und der biologischen Umwelt des Mutter-

leibes differenziert sich das neue Individuum. Die genetische Fixierung allein kann nicht über die organische Aktualisierung zum neuen Körper bestimmen. Eineiige Zwillinge sind zum Beispiel genetisch vollkommen gleich vorherbestimmt und strukturieren sich – trotz großer Ähnlichkeit – nicht zu identischen, sondern zu sich voneinander unterscheidenden neuen organischen Einheiten.
Bei dieser Differenzierung bedeutet Wechselwirkung: nur Teile der genetischen Informationen werden bei der Auseinandersetzung mit der Umwelt realisiert. Biophysikalisch werden diese Vorgänge mit den Mitteln der Statistik erfaßt. Metaphysisch können sie als Selbständigkeit der Schöpfung begriffen werden. Der Embryo hat so etwas wie eine Autonomie der Auswahl, die sich in der Annahme und Abstoßung, in der Hervorhebung und Zurückdrängung der verschiedenen elterlichen Erbanlagen ausdrückt.
Nach diesen Prinzipien muß man sich auch die Heranbildung des menschlichen Ichs vorstellen.
1. Beziehungsvielfalt der Personen
Ein soziales Angebot vieler Personen trifft auf den Neugeborenen, ein Spektrum von Verhaltensweisen, Tätigkeiten, Gefühlen, Stimmungen, Wünschen und Erwartungen wirkt auf das Kind, das lernt, sich vom ersten Tage nach seiner Geburt darauf zu beziehen.
2. Ausbildung durch Wechselwirkung
Auch hier regulieren sich Angebot und Ausprägung in Wechselwirkung. Die Ich-Bildung eines neuen Menschen ist als Vorgang souverän. Die anbietende Gemeinschaft der Erwachsenen und das annehmende Kind können beide nicht vollständig über ihn verfügen. Sie sind ihm unterworfen, bis sich die Gestalt des Ichs mit dem neuen Körper zu einer eigenen Einheit verselbständigt hat. »Das Ich ist der Niederschlag der Objektbeziehungen«, hat Sigmund Freud diese Entwicklung formuliert. Die Ich-Geschichte des Menschen ist zu denken als eine sich fortführende Interaktion zwischen anbietender Gemeinschaft und annehmendem Kinde und – in Dialektik der Kommunikation – zwischen sich anbietendem Kinde und annehmender Gemeinschaft.

Wie der Aufbau des Ichs im einzelnen vor sich geht, gehört zur gesicherten Erkenntnis der psychoanalytischen Wissenschaft. Sie beschreibt die Konstituierung eines Ichs mit den Vorgängen des Introjizierens (hereinnehmen), Imitierens (nachahmen) und Identifizierens (sich angleichend neu zusammensetzen). Introjizieren heißt in diesem Zusammenhange, das Kind nimmt in seiner Erfahrung die Erwachsenen als Ganze »in sich auf«, gleich der Nahrung, die sie ihm reichen. Sein Gefühl und später sein Verständnis von sich selbst gleichen dem Gefühl und dem Verständnis, die die Erwachsenen von ihm haben. Das ist der früheste Vorgang der Ich-Bildung, dem Moment der Befruchtung vergleichbar. Das Ich ist noch nicht anders zu begreifen als in einem Aufprall von fremden Verhaltensweisen.

Bei der Imitation ist das Ich nicht mehr nur angefüllt von fremden Ichs, sondern hat schon mit einer eigenständigen Zusammensetzung begonnen, aus der ein neues Ich werden soll, das sich von den anderen abheben kann. Das Ich baut sich durch Nachmachen ganzer fremder Ichs auf. Das Kind ist nun schon in der Lage, sich als neues Ich zu erfahren, das die Trennung von den anderen Ichs aber noch mit Hilfe der Nachahmung ihrer Erscheinungsweisen überwinden möchte. Es bildet die fremden Ichs ab, als sei es noch genauso wie die anderen. Die Imitation setzt zwar die Erfahrung der Getrenntheit voraus, erreicht aber noch keine Erfahrung der von den anderen Ichs sich unterscheidenden Andersartigkeit. Wenn das Kind seine Beziehungspersonen nachahmt, fühlt es sich als diese. Das Ich beginnt sich dadurch zu differenzieren, daß das Kind mehrere Personen imitiert und damit schon die Verschiedenheit der anderen Personen untereinander verstehen lernt, Vorstufe des Verständnisses, daß es auch sich selbst als von den anderen verschieden erkennen wird. Wenn das Kind nacheinander Vater, Mutter, Geschwister, Lehrer, Verwandte und Bekannte nachahmt, ist es in seiner Einbildung *hintereinander* selbst jede der fremden Personen und erfährt durch sein eigenes abwechselndes Verhalten die Verhaltensvielfalt an sich.

Der wichtigste Vorgang der Ich-Entwicklung, der den Menschen in die Erwachsenheit führt, ist die Identifikation. Identifizieren heißt sich gleichsetzen und ist damit dem Imitieren verwandt.

Bei der Identifikation nimmt der Mensch nicht mehr wie bei der Introjektion ganze Verhaltensstrukturen in sich auf und imitiert nicht mehr Verhaltensweisen anderer in seinem eigenen ganzen Verhalten. Das Kind übernimmt *Teile* fremder Verhaltensäußerungen in sein eigenes Verhalten, ahmt sie nicht mehr einzeln nach, sondern baut sie zu einer neuen Verhaltensstruktur auf, die als Ergebnis ein erwachsenes autonomes Ich kennzeichnen.

Auch diese Verselbständigung geschieht noch mit Hilfe des Verhaltens der Gemeinschaft. Die ganze Ich-Entwicklung ist eine Geschichte der Verhaltensübungen, die zur Einübung von Verhalten des neuen Menschen führt.
Die Begriffe »Introjektion«, »Imitation« und »Identifikation« bezeichnen Vorgänge, die sich bei der Ich-Entwicklung abspielen müssen, die aber ineinander verschlungen ablaufen. Jeder Vorgang trägt auch Merkmale der anderen in sich. Auf keinen Fall sind sie mit voneinander abgeschlossenen Phasen einer Entwicklung zu vergleichen, wie zum Beispiel mit den Phasen »oral«, »anal«, »phallisch«, »genital« während der sexuellen Laufbahn eines Menschen.

7. Die Entmachtung des Kindes

Um ein vielschichtiges, starkes, verhaltensreiches Ich entstehen zu lassen, ist es notwendig, dem Heranwachsenden ein vielfältiges Angebot an Verhaltensweisen zur Auswahl zu bieten. Die allgemeine Natur erreicht mit Hilfe der Biologie bei der Erzeugung durch das Zusammentreffen zahlreicher Erbangebote eine breite Anlagenstreuung, um einen vielseitig begabten und auf vieles reagierbaren neuen Körper zu produzieren. Die »menschliche« Natur erreicht mit Hilfe des Kollektivs bei der Entstehung des Ichs durch das Zusammentreffen zahlreicher Verhaltensweisen eine breite Verhaltensdisposition, um einen differenzierten, veränderungsfähigen und selbst veränderbaren neuen Menschen zu entwickeln.
Die Vorgänge der biologischen Erzeugung und der biologischen Differenzierung des Embryos zu einem neuen Körper sind den Vorgängen der sozialen Erzeugung und der sozialen Komposition des neuen Ichs nicht nur ähnlich, der Mensch verstand sie ursprünglich auch als gleichbedeutend. Er benutzt noch immer für das Aufwachsen der Kinder die Begriffe »Aufzucht«, »Zucht«, »Zücht(ig)ung«, »Er-Ziehung«. Der Mensch verknüpft von der Sprache her eindeutig die biologischen und soziopsychischen Prozesse, die zusammenwirkend den Menschen hervorbringen.
Die Natur ist nicht umständlich gewesen. Sie hat ein Lebewesen wie den Menschen entworfen, das sie erst zur Hälfte fertig sein läßt, wenn es biologisch gemacht worden ist und das noch mit Hilfe sozialer Prozesse vollendet werden muß. Die sozialen Prozesse läßt

sie nach ähnlichen Grundmustern ablaufen, wie die biologischen die Herstellung begonnen haben.
Aber der Mensch hat den ursprünglichen Sinn der Worte um den Begriff »Zucht« vollkommen verdreht, schlimmer, alle Gesetzmäßigkeiten der Zucht, die ihm die Natur brillant vorgemacht, hat er widernatürlich verdreht. Die Natur gab den zweiten Teil der Hervorbringung des Menschen, der übertragen gesehen nach den gleichen Gesetzmäßigkeiten ablaufen muß wie der erste Teil, in die Verantwortung des Menschen selbst. Der Mensch mißbraucht dieses Vertrauen der Natur, stößt alle Gesetze der Zucht um und läßt eine Inzucht walten, die ihn an den Abgrund der endgültigen Vernichtung alles Lebens geführt hat.
In dem von ihm verantworteten Teil des Heranwachsens hat er die beiden Merkmale des biologischen und des sozialen Schöpfungsprozesses beseitigt.

1. Abschaffung der Wechselwirkung

Der Vergleich zwischen der embryonalen und der Ich-Geschichte des Menschen hat gezeigt, daß diese Geschichten nur zu einem körperlich neu konstruierten und seelisch selbständigen Menschen führen, weil das Neue in allen Vorgängen nicht nur Objekt ist, das bloß zusammengesetzt wird. Die psychoanalytischen Begriffe »introjizieren«, »imitieren« und »identifizieren« geben deutlich wieder, wie sehr der Mensch bei seiner seelischen Heranbildung selbstbestimmend mitwirkt.
Die Selbstbestimmung beim Heranwachsen des Kindes ist bis auf wenige Ausnahmen seit den 5000 Jahren Zivilisation, die wir übersehen können, abgeschafft worden.
Die Erkenntnis beginnt sich allmählich durchzusetzen, daß autoritäre, fremdbestimmte Erziehung schädlich für den Menschen ist. Schon das Wort »Erziehung« hat nichts mehr von dem ursprünglichen Sinn der »Zucht« behalten, die gleichbedeutend mit einem ausgewogenen Entwicklungsprozeß war. »Erziehung« betrifft keine Wechselwirkung mehr, sondern ist Kennzeichen dafür, daß die eine Kraft – die anbietende Gemeinschaft – die andere ursprüngliche Kraft – das annehmende Kind – entmachtet hat. Die Gegenseitigkeit ist so sehr versunken, daß das Wort »Zucht« selbst, zusammen mit seinem Anhängsel »Züchtigung« für das furchtbarste Anzeichen der

Entmachtung des Kindes, für die körperlichen Schläge gilt, die notwendig geworden sind, weil das Kind seit Hunderten von Generationen immer wieder aufs neue sich gegen seine Entmachtung auflehnt. »Wer sein Kind liebt, züchtigt es!«, verhöhnt der Volksmund die Unwiderruflichkeit dieser Entmachtung. Die schöne Ich-Geschichte ist Dressur geworden. Kompositionsprozesse, bis eine Seele die schon vorgeformte Körperlichkeit umspannt ... nein, Zurichtung, Abrichtung, Formpressung sind an ihre Stelle getreten.

2. *Abschaffung der Beziehungsvielfalt*

Der Mensch hat auch das Merkmal des vielfältigen Beziehungsangebotes abgeschafft. Das Wort »Dressur«, das alle Hineintreibereien in bestimmte Verhaltensweisen, bestimmte Erfahrungen, bestimmte Merkmale, bestimmte Eigenschaften zusammenfaßt, wurde bisher nur für das *Verfahren* benutzt, in dem Erziehung stattfand. »Dressur« bedeutet aber auch die Verbarrikadierung der Ich-Geschichte durch das zugespitzte, beschränkte Personenverhältnis Vater – Mutter – Kind. Es verhindert die Osmose zwischen Kind- und Gemeinschaftsverhalten. Es verhindert den Aufbau eines gesunden, starken, widerstandskräftigen Ichs und gefährdet dadurch gleichzeitig die Gemeinschaft selbst, die auf starke Ichs angewiesen ist.

Autorität wirkt erst zersetzend, wenn sie im Zusammenhang mit Totalität auftritt. Alle Kommunikation ist eine Mischung aus Selbst- und Fremdbestimmung. Fremdbestimmung wirkt sich erst dann zerstörerisch auf den Menschen aus, wenn der Bezugsrahmen, in dem sie stattfindet, für den, dem sie gilt, total ist. Für das Kind sind die Eltern total. Tatsächlich schließen sie sich um das Kind als ein »sozialer Uterus«, wie der Zoologe Adolf Portmann[50, 51] die Situation des Menschen nach der Geburt darstellt. Alle Eigenschaften, alle Verhaltensweisen, alle Wünsche, Ängste und Gedanken der Eltern wirken auf das Kind ein. Es kann sich nicht entziehen. Es kann nicht wählen, nicht verwerfen, nichts anderes probieren, als das, was die Eltern auf es einströmen lassen. So wenig es aus freien sozialen Angeboten auswählen darf, so wenig ist es selbst Souverän, der den Eltern noch etwas anbieten könnte. Und das Angebot der Eltern ist aufs äußerste beschränkt und nicht einmal zurechtgemacht.

Abfallprodukte gesellschaftlicher Anstrengungen, Restäußerungen elterlichen Gebarens unter Erwachsenen schütten auf die Kinder nieder. Die Menschen sind Misthaufen ihrer Eltern, Kloaken ihrer Produzenten. Das wäre noch nicht das Schlimmste. Aus dem Druck und der Beschränkung der Eltern entlassen, könnten die Menschen den Mist, der in ihre Person eingegangen ist, hin und wieder doch noch zu etwas Neuem umwandeln. Und manchem gelingt es auch wirklich, auf dem elterlichen Mist Lilien von Eigenständigkeit erblühen zu lassen.

Oftmals führen aber die elterlichen Verhaltensweisen bei den Kindern zu furchtbaren Verhaltensverkrüppelungen. Wie der Embryo, der der Mutter ausgeliefert ist und in vielfältiger Weise bei seiner körperlichen Ausbildung durch deren Verhalten gestört werden kann, um mißgebildet dann ein Leben lang in dieser Störung zu beharren, so kann das Ich im »sozialen Uterus« der Eltern so schädlich beeinflußt werden, daß es den Schaden in seine Verhaltensstruktur einwachsen läßt, der dann dort ebenso unwiderruflich festsitzt wie der körperliche Defekt. Die Kinder sind bei ihrer Verhaltensausbildung elterlichen Fehlhandlungen ausgeliefert wie Embryos dem seinerzeit durch Mütter eingenommenen Contergan. Die Verstümmelung *muß* stattfinden. Horst Eberhard Richters Buch »Eltern, Kind und Neurose«[57] ist eine Chronik dieser Verstümmelungen, allen Beschränkungs- und Vernichtungsprotokollen aus der Geschichte des Patriarchats ebenbürtig. Blut fließt in den Stuben der Ich-Folterung und -ermordung nicht. Deshalb gibt es keine Aufregung darüber. Die Verstümmelungen sind auch nicht immer so eklatant zu sehen wie im neurotischen, geistesgestörten, süchtigen, selbstmörderischen und verbrecherischen Verhalten. Die Gesellschaft denkt auch, die Richter-Protokolle zeichneten Abweichungen nach. So ist es nicht; denn nur die Ergebnisse der Zurichtungen unterscheiden sich, die Zurichtungen selber sind in allen Familien gleich. Und nicht nur einige Ergebnisse sind böse, sondern alle. Verbrecher, Geistesgestörte und Fanatiker sind Verhaltenskrüppel, in denen die Fremd- und Selbstschädigung ganz besonders deutlich hervortritt. Nur gegen das zu sichtbare Hervortreten dieser Fähigkeit hat die Gesellschaft Einwände und sperrt die Leute, die im Zufügen von Fremd- und Selbstschaden zu großartig sind, in ihre verschiedenen Anstalten oder stellt sie vor ein Völkertribunal wie in den Nürnberger Prozessen, nachdem sie sie eine Weile agieren ließ.

Aber auch die normalen Menschen, die die Gesellschaft nicht als Verhaltenskrüppel bezeichnen würde, sind verunstaltet. Während des beschränkten Beziehungsrahmens zwischen ihnen und ihren Eltern fand keine Ich-Komposition statt, wie sie hätte sein können. Der Mensch bekommt seine seelische Zusammensetzung, sein Verhaltensschema mehr oder weniger eingetrichtert. Ihm stehen nicht einmal beide Elternteile für seine Ich-Entwicklung zum Introjizieren, Imitieren und Identifizieren zur freien Verfügung. Die Gesellschaft unterwirft beide Geschlechter dem Zwang zur Rolle.
Die Rollen von Mann und Frau sind hermetisch voneinander abgeriegelt. Entsprechend werden auch die Verhaltensentwicklungen von Jungen und Mädchen streng voneinander geschieden: »Ein Junge weint nicht!« »Ein Mädchen balgt sich nicht!« Die menschliche Entwicklung wird so kanalisiert, daß Verhaltensaustausch nur zwischen dem Kind und seinem gleichgeschlechtlichen Elternteil stattfinden darf. Die Inzucht bei der Ich-Schöpfung wird so weit getrieben, daß eine Person sich ihr Verhalten nur aus dem Angebot *einer* anderen Person nachbilden und zusammensetzen soll. Mädchen sollen Mütter werden, Jungen sollen Väter werden. Die Komposition auch nur aus einigen Eigenschaften des andersgeschlechtlichen Elternteiles wird von früh an zensiert. Das, was die Natur sich herausnimmt, erlaubt die Gesellschaft nicht: männliche Kinder ähneln häufig physiologisch den Müttern, und weibliche Kinder ähneln den Vätern. Die Natur möchte die Trennung der Geschlechter mit Hilfe einer organischen Strukturdurchwirkung wieder ausbalancieren. Aber die Seele des männlichen Menschen will die Gesellschaft nicht vom Weiblichen durchdringen lassen, ebensowenig wie die weibliche Seele vom Männlichen.

8. Das angeborene Bedürfnis zur Konstruktion

Am Ende solcher durch das ganze Patriarchat betriebenen Inzucht vegetiert ein eindimensionaler Mensch, hoffnungs- und hilflos in eine Umwelt starrend, die er genauso entkräftet hat wie sich selbst.
Kaum noch als Empfehlung, diese verhängnisvolle Dressur zu unterlassen, sondern wie ein Nachruf auf den Menschen klingt der Ingmar-Bergman-Satz: »Wenn man uns dazu erziehen würde, einfach menschliche Wesen zu sein und nicht Männer und Frauen, dann wäre es besser um uns bestellt.«

Dem Menschen ist bei aller charakterlichen Verstümmelung ein Bedürfnis nach autonomer Komposition seines Ichs geblieben. *Dieses* Bedürfnis nach freiem Aufwachsen in sein Ich könnte man sich beim Menschen als angeboren denken, nicht schon die Seele selbst, die erst werden soll und das Ergebnis der Entwicklung ist. Das Bedürfnis nach einem selbständig strukturierten Ich wird fort und fort betrogen. Trotzdem ist es so elementar, daß der Mensch auch unter den Dressuren noch ein Ich entwickelt. Aber dieses Ich ist nur so schwach wie ein kümmerlicher Löwenzahn, der einen Asphaltweg spaltend, sich doch noch sein Wachstum erzwingt. Alle seine Kräfte sind für den Durchstoß verbraucht worden, so daß er sich nur noch krumm am Leben halten kann und nicht mehr seine ursprüngliche stramme Größe erreicht. Ebenso reibt sich der Mensch unter der Teerdecke seiner ihn beschränkenden Verhältnisse auf, daß er sich zwar noch mit letzten Kräften zu einem eigenständigen Ich durchwächst, das Ich aber meist nichts von der Herrlichkeit seiner Gestalt erhält, die es erreichen könnte.

Es wird nicht einmal mehr als Verzweiflung über das gekrümmte Ich erfahren, wenn Menschen jenseits der Grenzen der Würde ihr Leben lang auf ihre Eltern bezogen bleiben, wenn sie sie kopieren oder sich ununterbrochen zu ihnen kontrastieren müssen, wenn in allen ihren Handlungen der Geist der Eltern positiv oder negativ herumspukt. Die Verzweiflung wird überdeckt von der enormen Lächerlichkeit, daß Menschen nur noch als Gespenster ihrer Eltern umgehen.

Die geistige Kapazität des Menschen – so haben Hirnforscher ausgerechnet – wird nicht einmal zu zehn Prozent genutzt. Auch sie ist nicht etwas Absolutes, das schon da ist, sondern hervorgelockt werden muß mit reichhaltiger »Nahrung« vielfältigen sozialen Kontaktes. Das verkümmerte Ich drückt sich nicht erst später in Krankheiten und aggressivem Verhalten aus. Es ist viel enger mit der Biologie verknüpft, als der Mensch glauben möchte. Der amerikanische Hirnforscher Krech stellte fest, daß bei Kindern, mit denen von klein auf nicht genügend gesprochen wird, die Großhirnrinde nicht weiterwächst, daß Kinder also durch vorenthaltene Erfahrungen sogar körperlich unwiderruflich deformiert werden können[30a] (Seite 270). Dasselbe Ergebnis referierte das ZDF in einer Sendung über Lernhilfe für behinderte Kinder[73]. Es berichtete von dem Fall eines Kindes, das mit vier bis fünf Jahren nicht sprechen, nicht assoziieren und keinen Kontakt mit Gleichaltrigen aufnehmen konnte. Die Mutter war fast taub, konnte also sprachliche Angebote des Kindes nicht wahrnehmen. Der Vater schmetterte nur mit Dialektbrocken um sich, aus denen das Kind den Aufbau der Sprache nicht erlernen konnte.

9. Die Explosion des Schädigungswillens

Auch wenn die Verkümmerung des Ichs nicht solche intensiven körperlichen Schäden nach sich zieht, erfährt der Mensch sie als Schmerz. Und aus diesem Schmerz speist das Böse ständig seine Kraft. »Jede Einschränkung der natürlichen Vitalität und ihres Lebensdranges schneidet buchstäblich ins Fleisch. Das qualvoll gepreßte Leben macht sich ruckartig Luft. Ein biologischer Sinn aggressiven Verhaltens könnte es sein, das durch Verzichte gehemmte Wesen zu seinem Triebziel noch durchzureißen«, schreibt Arno Plack in seinem Buch »Die Gesellschaft und das Böse«[49] (Seite 239). Bei seiner Analyse des Bösen beobachtet er die Zusammenhänge zwischen Frustration und Aggression. »Der dauernd gestörte Organismus des sexuell Frustrierten verlangt, um sich auszugleichen, nach der starken Erregung der Aggression[49].« (Seite 240)

Nicht nur die Unterdrückung des sexuellen Triebes empfindet der Mensch als Schmerz, sondern die Verhinderung seines Wachstums überhaupt macht ihn auf eine noch viel prinzipiellere Weise böse. Der Mensch leidet darunter, daß er nicht zu sich gekommen ist. Er wird beim Wachstum seines Ichs so empfindlich gestört, daß er nicht einmal mehr einen Begriff für seine Vollendungsmöglichkeit erhält. Es bleibt dem Gebrochenen die Sehnsucht nach Vollendung, die allem Lebendigen als Bedürfnis, seinem Ziele zuzuwachsen, innewohnt und sogar die gewalzte Endgültigkeit eines Asphaltes durchbrechen kann. Der Mensch als Ich-Krüppel ohne Chance, seine Struktur später noch zu verändern, wenn er den festgefügten Verhältnissen physisch entronnen ist, behält höchstens eine Ahnung von dem, wie er hätte werden können. Die Ahnungen der Vollendung werden in Paradiese reflektiert, die der Mensch sich selbst nicht einrichten kann. Er muß sie sich in Zeiten hinausträumen, in denen sein Körper zusammengebrochen ist. Paradies- und Seelenwanderungsglauben sind in der Religion verkleidete Verzweiflungen über die gestörten und gebrochenen Ich-Geschichten. Der Mensch hofft, sie in einem Leben jenseits der eigenen Körperlichkeit oder mit Hilfe eines neuen Körpers vollenden zu können.

1. Das Ziel des eigenen Körpers

Weil seine Seele seinen Körper nicht zum Ganzen umspannen kann, hat der Mensch ein feindliches Verhältnis zu ihm. Der zweite Teil des Wachsens – die Ich-Entwicklung – fand so schemenhaft verkürzt statt, daß die körperliche Voraussetzung ohne entfaltetes Ich alleingelassen den ursprünglichen Sinn der Gesetze der Vollendung des einheitlichen Menschen nicht erreicht. Der Mensch kann den alleingelassenen Körper nicht verstehen. Umsonst verlangt er von ihm die Hilfe bei der Reifung seines Ichs, rächt sich an seinem eigenen Körper, weil er meint, aus *ihm* hätte sich die Vollendung ergeben müssen. Die Funktionen und Bedürfnisse des Körpers erlebt er als fremd, empfindet sie lächerlich, weil er den Zusammenhang zu den Funktionen und Bedürfnissen eines gereiften Ichs nicht herstellen kann. Der Körper mag noch so schön und vollendet sein, er ist nur die Voraussetzung für ein vollendetes Ich, gibt aber keine »Nahrung« für dessen Wachstum, die nur das Kollektiv spenden kann. Der Mensch verflucht seinen Körper, schlägt auf ihn ein, weil er ihm nur Stückwerk ist, dessen Rätsel ihn bedrängen.
Mit Gesetzen und Verboten will er ihn in Schach halten, wenn der Körper allein ohne Ich-Vollendung maßlos wird. Weil der Mensch kein reifes, ausgewachsenes Ich als Partner für seinen Körper bekommen hat, will er den dadurch hervorgerufenen Selbstlauf des Körpers mit menschenfremden, naturwidrigen Mitteln bremsen. Alle Sexualfeindlichkeit ist erst eine Folge der Ratlosigkeit des Menschen über seinen Körper, das Erbe der Natur, das er mit seiner Ich-Geschichte kläglich fortsetzt. Er spürt, daß der Körper nicht der ganze Mensch ist. Ohne vollendetes Ich kann er wenig mit ihm anfangen. Mit Rache verfolgt er und mit Ratlosigkeit und anhaltend falschen Erwartungen konfrontiert er seinen eigenen Körper und den anderer Menschen. Er kann in ihm nicht den Vermittler einer Kostbarkeit wie der gewordenen Seele erleben, weil er seine eigene Ich-Entwicklung nicht als kostbare Vollendung erlebt hat. Die unüberwindbare Zerspaltung zwischen körperlicher und seelischer Entwicklung befähigt den Menschen, sich ständig gegen sich selbst böse zu verhalten.

Seinen Schmerz über eine ein für alle Male verlorene, nie nachholbare Entwicklung lastet der Mensch zum Teil auch dem Kollektiv an. Er begreift meistens nicht, daß er ihm von seinen Eltern zugefügt worden ist und rächt ihn blind an beliebigen Vertretern des Kollektivs. Für den Ausgleich der Spannungen aus nicht fertig gewordenem Ich werden Menschen benutzt, die mit der Herstellung dieser Spannung nichts zu tun haben. Mitschüler, Lehrer, Berufskollegen, Ehepartner, Untergebene oder ganze Gruppen von Menschen bis zu Nationen werden geschunden, nur um die Spannungen, die dem Menschen aus nicht gelungenem Ich in seiner Kindheit entstanden sind, erträglich zu machen.
Sowohl der eigene Körper wie die gehaßte Gemeinschaft sind aber die falschen Adressaten der Rache. Die Spannungen nehmen deshalb trotz gewalttätigster Abreaktionen nicht wesentlich ab. Das Böse will Ewigkeit und erzwingt sie auch.

10. Der Fortsetzungszwang des Bösen

Im Roman »Törleß« werden die Akteure des Bösen nicht in ihrem elterlichen Beziehungsrahmen dargestellt, und trotzdem zeigen sie die tiefen Abdrücke aus diesem Verhältnismuster. Beineberg und Reiting, die Hauptdarsteller des fremdschädigenden Bösen, sind Attrappen der Ideen, Vorstellungen und Wünsche ihrer Väter. Sie sind nicht in Andeutungen zu sich selbst gekommen, gehen um als Gruselgestalten einer Fremdbestimmtheit, durch die sich ihr Ich auch noch nicht einmal im Sinne des Löwenzahns eine eigene Spur gebrochen hat. Sie sind erwachsenen Auftragsfoltern in Gefangenenlagern gleich, die in ihrer gewalttätigen Fremdschädigung das Ausmaß ihrer Fremdbestimmtheit durch ihre Eltern entblößen.
Im ersten Beispiel des Bösen, der Lehrlingsgeschichte aus dem »Stern«, sieht man auch nur das Ergebnis einer furchtbaren Ich-Knebelung, die eruptionsartig sich Luft machen muß, aber nicht ihren Beginn, weil er in der guten Stube des elterlichen Wohl- und Normalverhaltens verschlossen ist. In Millionen solcher Stuben wird nie ein Scheinwerfer sein Licht eindringen lassen, aus ihnen wird kein Reporter einen Fakt heraustragen können, weil ihre Opfer – die

Menschen mit gebrochenen Ich-Geschichten – stillhalten bis zu ihren eigenen neuen guten Stuben, in denen sie dann selber die Brechenden, Anhaltenden, Amputierenden der nächsten Generation sein werden.
Wenn das Böse sich aber nicht geordnet von Stube zu Stube weiterreicht, sondern plötzlich in einen Mord ausbricht, der zufällig weder durch Krieg noch durch Terror genehmigt ist, dann dringt ein wenig Licht auch in den Anfang. Es sind wenige Sätze, die die Dressur zum Bösen verraten:
Der Lehrling hat das Fernsehspiel »Gewalt« gesehen. Es handelt sich dabei um keinen Film, in dem Gewalt heimelig gemacht und angeboten wird als Ersatz für Abreaktionen der Spannungen aus stagniertem Ich oder als Nachahmungsmodell für eigene Reaktionen. Die Regisseurin, Helma Sanders, tat das Gegenteil aller Hersteller von »Gewalt«-Machwerken, die die Verbindungen zwischen Ursachen und Ausbrüchen des Bösen hoffnungslos für jede Einsicht auseinanderreißen. Sie deckte die Beziehung auf zwischen unmotiviert plötzlich hereinbrechender Gewalttat und Zurichtung des Täters in der Familie.
Der Hauptdarsteller des Films wird in der Phase seines Entwachsens aus den elterlichen Fängen gezeigt, die sich trotz seiner beginnenden physischen und ökonomischen Selbständigkeit ihm fest um die Seele geschnürt haben. Als die Mutter den Sohn fragt, warum er Rocker geworden sei, sagt er, sie hätte ihn zuviel geschlagen. Darauf entgegnet sie: »Wer sein Kind liebt, züchtigt es!« und meint, er hätte noch zu wenig Prügel bekommen. Als Fließbandarbeiter eröffnen sich dem Heranwachsenden neue geschlossene Verhältnisse, die sich noch bis in seine intimen Erlebnisse durchsetzen. Er zeugt ein Kind, das ausgetragen und mit einer Ehe eingelöst werden muß und ihn den Machtverhältnissen seiner Schwiegermutter unterwirft, bei der er mit seiner Frau wohnt. Die Fremdbestimmung hört nicht einen Augenblick im Leben dieses Mannes auf, durch das die Selbstbestimmung nur als Ahnung kurz wetterleuchtet und nicht mal in den Wünschen als Selbsterfüllung auftritt. Das Ich leidet Qualen der Atemnot, giert nach Auto, das wenigstens als eiserne Lunge seiner gelähmten inneren Fortbewegung dienen soll. Die ganze Umwelt hat ein Auto und erscheint damit frei zu sein. Der Mann tötet einen Fremden, um auch an ein Auto zu gelangen.

Der Lehrling muß sich mit dem Hauptdarsteller des Filmes identifiziert haben, der sich aus der Not seiner geschlossenen Verhältnisse mit einem abrupten Akt der Fremd- und Selbstschädigung herausgerissen hat. Seine Zurichtung und Ich-Knebelung, die ihn menschlich vollkommen zusammenbrechen ließ, wird nur ganz von weitem mit Äußerungen und Verhaltensweisen seiner Eltern angedeutet, die Millionen Eltern kennzeichnen, ohne daß die Entstehung des Bösen damit in Zusammenhang gebracht wird. Der Lehrling war von frühester Jugend mit seinem späteren Tatkumpan befreundet. Beide gingen in dieselbe Schule und taten alles gemeinsam. Er wurde aber nicht wie der Freund auf das Gymnasium gelassen, weil der Vater den Sohn als Nachfolger im Familienunternehmen sehen wollte. Deshalb mußte der Lehrling auf Betreiben des Vaters auch die Volksschule verlassen und eine Realschule in einem anderen Ort besuchen. 1972 trat er in das elterliche Fleischergeschäft ein. Die Mutter kommentiert: »Er war gut in der Buchführung, als Organisator und an der Wurstfüllmaschine, weniger gut beim Schlachten.« Und weiter: »Wir haben alles für unseren Sohn getan. Das Haus haben wir nur für ihn gebaut.«
»Alles haben wir für unser Kind getan«, ist der klassische Satz von Eltern, mit dem ihre Dressur des Bösen beginnt. Denn Eltern verhindern damit, daß das Kind alles *für sich* zu tun lernt. Die Mutter in der Geschichte des Lehrlings entlarvt sich alsbald selbst. Der »Stern« berichtet: »(Der Lehrling) schaffte sich eine Freundin an, obwohl seine Mutter, wie sie sagt, dies ›gar nicht gerne sah‹.« Der Lehrling war siebzehn, und die Mutter »sah es nicht gerne«, daß er eine Freundin hat, war also schon gegen eine so schlichte, allgemein verständliche Selbstbestimmung. Welche Entmündigungen des Lehrlings müssen sich einem solchen Gegen-ihn-Sein voraus bereits im Kindesalter ereignet haben! Die Fesselung an das elterliche Haus und Geschäft sind nur äußere Kennzeichen der polypartigen Verschlingung des Ichs des Jungen in den Vorstellungen, Wünschen, Bestimmungen und Verhaltensweisen der Eltern. Sein Ich blieb »im Nebel«. Seine Tat, die *ihm* »im Nebel« blieb, wirft auf die Schemenhaftigkeit seines Ichs ein grelles Licht.

Eine solche schwerwiegende Verbindung zwischen der »seelischen Inzucht« des Menschen und der Entstehung des Bösen kann an diesem Fall nicht überzeugend genug abgeleitet werden, da die Struktur

der beschränkten Eltern-Kind-Beziehung, in der der Lehrling aufwuchs, aus den wenigen Bemerkungen um den Fall nicht deutlich genug zum Vorschein kommt.
In den folgenden Teilen »Eltern« und »Kinder« werde ich solche Fälle, die ich von innen her genau übersehe, für die Beweisführung verwenden.
Eines kann aber schon jetzt als sicher formuliert werden: Ohne autoritäre und ohne totale Verhältnisse entsteht das Böse nicht. Es kann sogar gelingen, nach der Beseitigung dieser Verhältnisse das Böse wieder abzuschaffen. Wenn die familiäre Ich-Inzucht erst gar nicht stattfindet, wie in den israelischen Kibbuzim, entsteht kein Mensch mit Fremd- und Selbstschädigungsabsichten. Wenn die Inzucht wieder beseitigt wird, wie in Neills freier Schule, kann in den meisten Fällen – wenn die Kinder früh genug in die Schule kommen und einige Jahre dort bleiben – der Mensch von den bedrückenden Folgen für sein Ich befreit werden.
Das Beispiel der Adelheid Z. macht deutlich, wie das Böse nach der Schließung des elterlichen Beziehungsrahmens hervortritt. Adelheid ging mit ihrem Sohn Anton, bis sie mit ihm in dem kleinen Hause zusammenwohnte, ganz ungewöhnlich um, nicht nur unautoritär, sondern auch ohne ihn in das totale Beziehungsfeld Mutter – Sohn zu pressen. Von außen sah das manchmal unverantwortlich aus. Adelheid nahm Anton oft auf Reisen mit, überließ ihn aber meistens sich selbst, erlaubte ihm, bei anderen Leuten zu bleiben, wann immer es ihnen paßte und er es wollte. Er lebte manchmal bei der Großmutter und hin und wieder bei seinem Vater. Oft war er aber auch mit Adelheids langjähriger Hausgehilfin zusammen, wenn Adelheid ihn nicht auf eine Berufsreise mitnehmen wollte. Anton wiederum erlebte die Mutter in einem vielfältigen Beziehungsnetz. Immer waren Freunde im Hause. Bei den Geselligkeiten durfte er dabeisein, solange er es wollte. Er erlebte die erotische Konzentration der Mutter auf den älteren und den jüngeren Mann, besetzte selbst beide, den einen als neuen Vater und den anderen als Spielgefährten. Er war munter und freundlich, malte hervorragend, musizierte, bastelte und konstruierte verwegene Schiffe und Flugzeuge, konnte sich in Ruhe stundenlang allein beschäftigen, half der Mutter aber auch im Haushalt, wenn die Gehilfin nicht da war. Seine Veränderungen, als all dies Leben zusammenbrach und die Mutter die Fessel der autoritären und totalen Mutter-Sohn-Beziehung um ihn legte, sind schon

bekannt. Anton konnte die Spuren des Bösen noch ziemlich leicht aus seinem Verhalten wieder entfernen, als er nach den drei Jahren aus dem personellen Druck befreit wurde, und in einem modernen Internat wieder in einem menschlichen Beziehungsreichtum leben durfte.
Anton ist eine glückliche Ausnahme. Weil er in seinen ersten zehn Lebensjahren nicht inzüchtig belastet wurde, konnte das Böse aus seinem Verhalten verschwinden. Wenn Menschen aber von klein auf und lange Zeit den verengenden Bedingungen ausgesetzt werden, ist ihre Befreiung vom bösen Verhalten in der Regel nicht möglich. Auch Neill berichtet von mißglückten Fällen.
Genauso wie der Mensch in einer festgelegten Zeit am Anfang seines Lebens körperlich wächst und Mißbildungen und Schäden nicht einfach mehr wegwachsen lassen kann, geschieht es auch mit seinem Ich. Es wächst in den ersten zwanzig Lebensjahren und ist dann in seiner Form fest wie ein Körper, das heißt, es äußert sich in einem ein für alle Male festgelegten Verhalten. Das Böse ist, wenn es sich einmal festgesetzt hat, nicht mehr abschaffbar.

So furchtbar es für die einzelnen Menschen ist, sich selber zu schädigen oder von anderen Schaden zugefügt zu bekommen, brauchte vom Bösen nicht geredet zu werden, wenn es nicht eine verheerende Bedeutung für die ganze Art und wahrscheinlich für die Existenz der gesamten Erde hätte. Das Böse äußert sich längst nicht mehr nur im Schädigungsgebaren von Exemplar zu Exemplar, auch nicht mehr nur in Gewaltmaßnahmen von Gruppe zu Gruppe, wie es der Mensch bis in das 20. Jahrhundert hauptsächlich auslebte. Die Einheiten, die in die Schadenszufügung miteinbezogen wurden, vergrößerten sich im Verlaufe der Geschichte. Jede sachliche Errungenschaft, die der Mensch für die Verbesserung seines Lebens hinzugewann, benutzte er auch für die Betätigung seines bösen Verhaltens. Im 20. Jahrhundert hat er mit Hilfe der Chemie, Physik und Biologie eine ungeheuere Macht über die Elemente erhalten, auf denen und mit denen er lebt. Atombomben und andere Vernichtungsmittel beweisen, daß er diesen Zugewinn an Verfügung auch sofort für das Böse benutzt. Aber das Böse wirkt heute auch dort, wo man es früher nicht hätte erkennen können, im friedlichen Bereich des menschlichen Lebens. Der Mensch schadet sich heute kaum noch mit Waffen, mit den traditionellen Mitteln des Bösen, sondern mit Produktionen: Chemiefabriken, die das Leben in den Flüssen vernichten, Gifte ins Meer

leiten, Gase in die Luft sprühen; Autofabriken – angeschlossen Ölkonzerne –, die Gegenstände produzieren, mit denen die Menschen sich zahlreicher vernichten als mit Waffen, mit ihnen gleichzeitig auch noch die Luft verunreinigen; Bauunternehmen, die Landschaften zersägen und Menschen in Betonschachteln zwängen; Ernährungsunternehmen, die das Vieh und die Pflanzen, die die Nahrung für den Menschen hergeben, mit Fremdstoffen füllen oder besprühen, die dem menschlichen Körper allmählich schaden wie fremde Hormone, Antibiotika und Frischhaltechemikalien.
Gerade an diesen global gewordenen Schäden wird der ewige Kreislauf bösen Verhaltens deutlich. Die Menschen, die die oben genannten Unternehmen betreiben, handeln aus Vorteilsabsicht und schädigen bewußt andere Menschen. Aber dieser Schaden ist schon so allgemein geworden, daß er auch auf die Schädiger zurückwirkt, die die verpestete Luft einatmen, die verunstaltete Landschaft ertragen, die vergifteten Nahrungsmittel und das verunreinigte Wasser aufnehmen müssen wie die anderen Menschen, denen sie den Schaden zugemutet haben.
Das Böse kommt allmählich ganz zum Zuge. Seinem Ursprung aus totalen Verhältnissen gemäß strebt es die totale Wirkung an. Der Mensch hat im 20. Jahrhundert die Mittel erfunden, die das Böse für seinen Endsieg braucht. Und daß der Mensch sie in seinem Zwang zum Bösen einsetzt, wird aus allem, wie er mit seinesgleichen und der Natur umgeht, gegenwärtig deutlich.
Robert Jungk sagt mit seinem Buch »Der Jahrtausendmensch«[24] unumwunden: »Wenn wir überleben wollen, müssen wir andere Menschen werden.« »Andere Menschen« heißt vor allem, nicht mehr böse Menschen. Aber das ist weder durch Moral, Religion noch durch Einsicht in die schädlichen Folgen des bösen Verhaltens, durch kein Zusammennehmen jedweder Art möglich. Der Mensch verharrt in seinen Eigenschaften nicht aus bösem Willen, sondern sitzt durch Inzucht in ihnen fest.

11. Der Irrtum über die falsche Zucht

In der Natur besteht zwischen der Zucht der Exemplare und ihrer Umwelt ein intaktes Verhältnis. Dieses Verhältnis hat der Mensch durch seine Inzucht zerstört.

Der Verhaltensforscher Norbert Bischof hat Anfang der siebziger Jahre Einsichten in das natürliche Gleichgewicht zwischen Zucht und Umwelt gewonnen, die der breiten Öffentlichkeit bislang unbekannt geblieben sind[5, 6]. Die Öffentlichkeit weiß immer noch nicht, wie schädlich sich Inzucht im allgemeinen und beim Menschen im besonderen auswirkt, und vor allem, worin der Schaden konkret besteht. Die Natur strengt sich enorm an, dort, wo sie über die Exemplare noch Macht hat, Inzucht zu vermeiden.

Bis heute denkt der Mensch, in der Natur walte Inzucht ununterbrochen. Diogenes zeigte auf Hähne, Hunde und Esel. Karl Marx meinte, der Geschlechtsverkehr zwischen Bruder und Schwester und zwischen Eltern und Kindern sei in der Natur und bei primitiven Menschen »sittlich« und erst im Zuge der Kultur unsittlich geworden. Hymnen auf den Inzest sang auch Sigmund Freud.

Kaum eine Überzeugung wie die von der natürlichen Inzucht hielt sich so lange, und ist so weit verbreitet, obwohl sie durch und durch falsch ist. Sie ist vergleichbar mit der Überzeugung vom angeborenen oder schicksalhaft herunterprasselnden Bösen. Diese beiden Vorstellungen sind nicht nur ein Wahn, sondern Resultat einer Beobachtungstechnik, die der Mensch anwandte, wenn er seinen Blick auf die Natur zu richten meinte. Von Diogenes über Freud bis zu Lorenz guckte er die Tierwelt seiner Umgebung an. Er beobachtete menschliche Haus- und Diensttiere oder eingefangene Zootiere, zumindest die, die in seiner unmittelbaren Nähe lebten und die von ihm schon zum Teil zugerichtet worden sind, wie der Mensch es selber ist.

Norbert Bischof stützt sich ausschließlich auf Beobachtungen, die Forscher unter wilden Tieren gemacht haben, die in gar keinem Verhältnis zum Menschen stehen. Erst seit ganz kurzer Zeit gibt es überhaupt solche Feldforschungen, weil Menschen sich nicht nur in die Wildnis, sondern auch unter die dort lebenden Tiere wagen. Wie im Beispiel des Ehepaares Hugo und Jane van Lawick-Goodall[30] müssen Tierforscher, um einen echten Eindruck über das Sozialverhalten der Tiere zu gewinnen, jahrelang ununterbrochen in der Wildnis zubringen, bis die Tiere sich an sie gewöhnt haben und unter ihrer Beobachtung authentisch weiterleben.

Alle höher entwickelten Tiere, die in bestimmten Formen über längere Zeit ihres Lebens sich in Gruppen zusammentun, stehen wie unter einem Zwang mit den Artmitgliedern, mit denen sie aufgewachsen sind (Geschwister, Eltern), oder deren Aufwachsen sie begleitet haben (Kinder), keine sexuellen Kontakte einzugehen, die zur Fortpflanzung führen.

12. Die natürliche Verhinderung von Inzest

Bischof berichtet von zwei Techniken zur Vermeidung von Inzucht, von der Familienauflösung und von der Unterdrückung familiärer Sexualität.

I. Familienauflösung
1. Isolierung
Vor Eintritt der Geschlechtsreife lösen sich die Jungtiere aus dem Familienverband, leben einzeln und sind außer den Zeiten der Paarung und Brutpflege gegen Artgenossen unverträglich. So verhalten sich Eichhörnchen, Hamster und andere Nagetiere, die nordamerikanische Beutelratte, der Rotfuchs, der Tiger und die meisten Katzenarten, das europäische Wildschwein und der Nasenbär (bei den beiden letztgenannten Arten lösen sich nur die Männchen aus dem Verband) (Beispiele bei Bischof[5], Seite 126).
2. Objektwechsel
Wenn Tiere ihr ganzes Leben im Kollektiv verbringen, wechseln sie die Gemeinschaft ausgerechnet zur Zeit ihrer Geschlechtsreifung.
a) Dauerrudel
Beim Rothirsch, nordamerikanischen Hirsch und beim afrikanischen Elefanten bilden die männlichen Jungtiere Männerrudel, in denen sie ihr Leben lang organisiert bleiben und nur für die Brunftphase einzeln Anschluß an Weibchengruppen suchen, die sie nach der sexuellen Aktivität wieder verlassen und in ihre Männergruppen zurückkehren.
b) Übergangsrudel
Tiere, die im Erwachsenenstadium im Harem leben, wie die Steppen- und Bergzebras, der Mantelpavian, der Husarenaffe, oder Tiere, die in Gruppenehe leben wie die meerkatzenartigen Affen, der Rhesusaffe, der Rotgesichtsmakak, der Gorilla und der Schimpanse legen zwischen die einzelnen heterosexuell organisierten Gruppen ein homosexuell organisiertes Zwischenstadium ein. Sie leben als Erwachsene nicht wie die Hirsche dauernd in Männerrudeln, sondern nur

während ihrer sexuellen Reifeperiode, vor der sie sich von ihrer Herkunftsgruppe trennen.

c) Direkter Wechsel

Tiere, die dauermonogam leben, lösen sich zur Zeit ihrer Geschlechtsreifung aus ihrem Familienverband und bilden alsbald eine neue Zweiergemeinschaft, ohne gleichgeschlechtliche Zwischenstadien einzulegen. So geschieht es bei den Wildgänsen, dem Gibbon und der Zwergantilope.

3. Entführung

Wenn die Jungtiere nicht selber zur Zeit ihrer sexuellen Reife aus dem Familienverband ihrer Eltern und Geschwister ausscheiden, gibt es zur Vermeidung der Inzucht das Mittel der Entführung. Beim Steppenzebra und beim Mantelpavian läuft der Mechanismus zur Vermeidung des Inzestes doppelt. Die jungen Männchen treten aus dem Ursprungsharem aus und bilden vorübergehend eine Männergruppe. Die jungen Weibchen, die sich nicht von allein selbständig machen, werden von jungen Männchen aus der Obhut des sexuellen Oberhauptes entführt. Das geschieht in einem Stadium vor der sexuellen Reife der Weibchen, also noch bevor der Haremsvater ein Interesse an ihnen gefunden hat.

4. Vertreibung

Die sexuell reifenden Jungtiere können sogar aus den Verbänden, in denen sie großgeworden sind, ausgestoßen werden. Beim Mantelbrüllaffen und beim Rhesusaffen werden die männlichen Jungtiere, beim Gibbon auch die weiblichen aus dem Kollektiv hinausgejagt. Die Jugendlichen sind an diesem Verhalten der Alttiere nicht unbeteiligt, denn sie werden mit Beginn ihrer sexuellen Reifung gegen die älteren Tiere unverträglich. Vergleichbar mit dem Verhalten menschlicher Jugendlicher in der Pubertät werden sie gegen ihre Altvorderen aufmüpfig, bis die das Gebaren ihrer Kinder nicht mehr aushalten können und sie aus dem Familienverband vertreiben.

Mit den Vorgängen der Familienauflösung könnte sich ein hartnäckiger Vertreter der Meinung, auch in der Natur herrsche Inzucht, noch nicht von dem Gegenteil überzeugen lassen. Obwohl das sexuelle Motiv der Familienauflösung deutlich sichtbar wird, könnten die Umgruppierungen der Tiere auch anders erklärt werden. Die Gruppe vertrüge nur eine bestimmte Größe, sonst wäre die ausreichende Nahrungsverteilung nicht gewährleistet. Die Familienauflösung hätte also keine sexuellen, sondern Ernährungsgründe. Die

Verhinderung der Inzucht in der Natur wird aber eindeutig, wenn man die Vorgänge in den Verbänden beobachtet, die sich nicht auflösen oder Vorgänge, die in den Familien geschehen, bis die Jungtiere abgewandert sind.

II. Unterdrückung der Sexualität

1. Bedrohung

Gruppen, die hierarchisch organisiert sind, ordnen sich durch eine sogenannte Rangordnung. Erst die Position der Rangobersten eröffnet den Tieren die Möglichkeit, sexuell aktiv zu werden. Die Unterordnung hat von außen gesehen bei den von ihr betroffenen Tieren Impotenz zur Folge. Wollen Jungtiere die Rangordnung umwerfen und ihre sexuelle Abstinenz überwinden, werden sie von den Rangoberen aggressiv zurechtgewiesen. Die Rotgesichtsmakaken, die Mantelpaviane, die grünen Paviane, die Bärenpaviane und die gelben Babuine halten die männlichen Jungtiere von den erwachsenen Weibchen derart fern. Wölfe, Mungos und Pinseläffchen haben getrennte Rangordnungen. Die erwachsenen Männchen und die erwachsenen Weibchen halten ihre eigenen jüngeren Geschlechtsgenossen in Schach und verhindern sexuelle Kontakte mit den erwachsenen Vertretern des anderen Geschlechts.

2. Hemmung

Der Streß der Unterdrückung wirkt sich auf die Jungtiere oftmals so heftig aus, daß sie es gar nicht mehr versuchen, innerhalb des Familienverbandes sexuell aktiv zu werden, wie es beim Totenkopfaffen beobachtet wurde. Die Rhesusaffen-Jugendlichen werden wieder kindisch, stoppen also ihre Reifung im allgemeinen Verhalten, bis sie außerhalb der Familie vom Zwang der sexuellen Enthaltsamkeit befreit sind. Noch direkter weisen Vorgänge bei den Pinseläffchen darauf hin, daß die Natur Inzucht unbedingt vermeiden möchte. Wenn jugendliche Weibchen durch familienangehörige Männchen doch befruchtet werden, lassen sie diese Frucht nicht ausreifen, sondern stoßen die Zygote oder den Embryo wieder aus.

3. Verweigerung

Am interessantesten ist der Mechanismus der
Schimpansen, die nicht hierarchisch organisiert sind, sondern in Gruppenehe leben, die also keine Bedrohung von außen gegenüber dem Wunsch der Mitglieder zu sexueller Aktivität kennen, vermeiden Inzucht ohne autoritäre Mittel.

Jane van Lawick-Goodall beobachtete, wie Schimpansenjugendliche vor ihrer Geschlechtsreife sexuelle Spielereien miteinander unternahmen und wie dabei ihre Verwandtschaft keine Rolle spielte. Als aber ein weibliches Tier geschlechtsreif geworden war, wehrte es die Annäherungsversuche seiner Brüder, mit denen es vorher in innigem Kontakt stand, laut kreischend ab. Das Weibchen zeigte jedoch lebhaftes Interesse an der sexuellen Aktivität mit weniger vertrauten Männchen[30].
Beim Menschen funktionieren ähnliche Mechanismen. In den israelischen Kibbuzim, in denen keine sexuellen Unterdrückungen üblich sind, bemerkte Bruno Bettelheim ein ähnliches Verhalten unter den Jugendlichen[2], wie van Lawick-Goodall es unter Schimpansen beobachtete. Die Kinder beschäftigen sich ungeniert sexuell miteinander und dürfen das auch. Beim Eintreten der Pubertät beginnen besonders die Mädchen, die Intimität mit ihren von klein auf vertrauten Brüdern und Kumpanen zu stören. Sie werden schamhaft vor den Jungen der Gruppe und gegen sie sogar feindselig, vermeiden es, nackt von ihnen gesehen zu werden. Sie verwerfen sexuelle Beziehungen aber nicht allgemein, sondern interessieren sich lebhaft für Jünglinge außerhalb der Gruppe. Bettelheim und anderen Beobachtern von Gemeinschaftserziehungen zufolge, haben sich Gruppenmitglieder, die miteinander aufgewachsen sind, in keinem Falle geheiratet[5] (Seite 136).

Die Natur verhindert Inzucht durch einen Verhaltensmechanismus, der im Gegensatz zum Bösen einem Instinkt gleichkommt. Aber auch er ist kein Instinkt, der, wie es heißt, als »Sprache des Blutes« wirke und der das Geschlechtliche zwischen nahen Blutsverwandten verhindere. Die Natur reguliert die Vermeidung von Inzucht mit einem Sozialverhalten, das gelernt werden muß. Sie überwirft die Exemplare mit einer sexuellen Immunität gegeneinander, die miteinander aufgewachsen sind (Geschwister) oder die das Aufwachsen begleitet haben (Eltern). Sie hat die Wechselwirkung von Aufwachsen und sexueller Immunität so prinzipiell werden lassen, daß auch die Exemplare füreinander sexuell immun werden, die miteinander aufwachsen, ohne blutsverwandt zu sein.

Das Gebot der Vermeidung von Inzucht herrscht in der Natur universal und wird nur dort nicht beachtet, wo der Mensch in die Vorgänge der Züchtung eingegriffen hat: 1. biologisch bei Haus- und Zootieren, selbstverständlich bei sogenannten Zuchttieren, die der Mensch selber mischt, um bestimmte Merkmale fortgepflanzt zu erhalten, die er für bestimmte Zwecke braucht[70], und 2. sozial bei der Heranziehung des menschlichen Ichs.

13. Das universale Gleichgewicht

Für ein im Verhalten der Exemplare so fest eingewurzeltes Gebot hat die Natur einen Grund gehabt. Der Sinn der Inzuchtsvermeidung liegt nicht im Schutz des einzelnen, sondern im Schutz der Art gegenüber einer sich wandelnden Umwelt. Alle großen Gesetze hat die Natur nicht für die Exemplare, sondern für die Arten entworfen. Inzucht soll also nicht verhindert werden, um keine debilen Nachkommen aus einer Blutsverwandtschaftsverbindung zu erhalten. Zunächst entstehen durch Inzest nicht ohne weiteres kranke oder verrückte Kinder, wie es nach einer verbreiteten Vorstellung heißt. Der Inzest bringt nicht die Verhältnisse innerhalb eines Organismus durcheinander, jedoch die Verhältnisse zwischen den Organismen und ihrer Umwelt.

Alle höheren Lebewesen werden biparental (durch zwei Eltern) fortgepflanzt. Die ungeschlechtliche, die eingeschlechtliche oder die durch Selbstbefruchtung vorgenommene Fortpflanzung spielen in der gesamten Natur eine verschwindend kleine Rolle. Diese drei Arten der Fortpflanzung kommen nicht nur äußerst selten vor, sie finden auch nur bei kaum entwickelten Lebewesen statt (bei Algen, Polypen, Würmern, Insekten). Die paarungsgebundene Fortpflanzung hat die Natur eingerichtet, um ihre Lebewesen gut und schnell auf ihre Umwelt reagieren zu lassen. Bischof schreibt dazu: »Man kann sich ausrechnen, in welch astronomischen Zeiträumen eine genetisch etwas komplexere Anpassung allenfalls zustande kommen könnte, wenn die Art sich darauf beschränken müßte, all die erforderlichen Mutationsschritte in *derselben* Keimbahn nacheinander und unabhängig voneinander abzuwarten, und um wieviel rascher der Anpassungsprozeß erfolgen kann, wenn die verschiedenen Keimbahnen ihre ›Erfindungen‹ jeweils austauschen[5].« (Seite 132, 133)

Für eine Fortentwicklung, das heißt für eine gutbestandene Auseinandersetzung zwischen Individuum und Umwelt, muß das Exemplar mit einer Vielzahl schwebender Anlagen ausgestattet sein, die es bei einer veränderten Umwelt entsprechend der Veränderung aktualisieren kann. Diese Aktualisierung bisher nicht realisierter Anlagen tritt dann als Anpassung zutage. Die Anlagevielfalt sichert sich die Natur mit der Fortpflanzung aus verschiedenen Erbmassen, wodurch die Anlagen im neuen Exemplar breit gestreut werden.

Im Beispiel des Hornissenschmetterlings wird dieser Vorgang deutlich. Es handelt sich um ein Insekt, das zerklüftete, verkümmerte Flügel hat, die es kaum noch einem Schmetterling ähnlich sehen lassen. Wenn es sitzt und die Flügel zusammenfaltet, sieht es von weitem wie eine Hornisse aus. Seine Farben sind braun und gelb. Diese Farben und besonders die scheinbar verunstaltete Form der Flügel sind Anpassungen, die die Art des Schmetterlings vorgenommen hat, um vor ihren Feinden, den insektenfressenden Vögeln, sicher zu sein. Vögel fressen Wespen, Hornissen und Bienen nicht. Diese Insekten sind gefährlich und schmecken bitter. Der Hornissenschmetterling wäre für Vögel eigentlich eine Delikatesse. Da er aber die alarmierende Form der nicht eßbaren Insekten hat, bleibt er wie sie von den Verfolgungen der Vögel verschont.

Alle natürliche Entwicklung lebt von der Veränderbarkeit der Art. »Nur wenn die Merkmalsausprägungen hinreichend streuen, gibt es im Wandel der Umweltbedingungen immer wieder genügend Individuen, die gerade jetzt besser angepaßt sind und die Art über die Krise hinwegretten ... Daß diese Bewegung sich nicht bald totläuft, kann nur daran liegen, daß dauernd neue Variation erzeugt wird. Quelle der Vielfalt ist letzten Endes die Mutation, aber diese Quelle fließt allzu langsam. Und hier schaltet sich nun die *Fremd*befruchtung als eine Art Variations-Verstärker von gewaltiger Effizienz ein[5].« (Seite 132)

Um eine solche Anlagenstreuung in jedem Lebewesen zu garantieren und immer neue Mischungsverhältnisse zu ermöglichen, erfand die Natur die zwei-(fremd-)geschlechtliche Vermehrung, durch die das neue Leben mit Hilfe eines ganzen Kollektivs von Anlagen zusammengesetzt wird.

Die ständig durchgeführte Inzucht würde sich als ein Rückfall in die Erneuerung aus nur ein und demselben Erbteil auswirken. Die Veränderbarkeit der Art sänke auf das niedrige Niveau der Selbstbefruchtung herab und ihr Evolutionstempo müßte stagnieren. Die Anlagevielfalt würde in Anlageeindeutigkeit schrumpfen. Die Art könnte auf neue Umwelteinflüsse schwer oder nicht reagieren. Die Inzucht als permanent durchgehaltenes Erneuerungsprogramm ließe jede Art bei ihrer ständigen Auseinandersetzung mit der sich wandelnden Umwelt irgendwann verlieren.

Je höher entwickelt die Lebewesen sind, um so komplizierter wird ihr Verhältnis zur Umwelt. Mit ihrer zunehmenden Differenzierung steigt auch ihre Anfälligkeit der Umwelt gegenüber. Das Verhältnis zwischen Art und Umwelt wird enger, das heißt die Exemplare sind auf ein gutes Einvernehmen mit der Umwelt desto mehr angewiesen, je vielfältiger sie gestaltet sind. Alle Höherentwicklung bedeutete keinen Lebensfortschritt, wenn die differenzierten Arten ihre Errungenschaften durch dauernde Umwelteinflüsse wieder streitig gemacht bekämen. Um die Balance Umwelt–Art nicht zu Lasten der komplizierten Lebewesen ständig zusammenbrechen zu lassen, hat die Natur diesen Exemplaren bessere Anpassungsmöglichkeiten verschafft. Bessere Anpassungsmöglichkeiten heißt vor allem schnellere. In der schnelleren Anpassungsfähigkeit der komplizierten Lebewesen liegt ein Hauptzweck des Lernens, das bei den Arten eine um so bedeutendere Rolle spielt, je höher entwickelt sie sind.
Die Anpassungsfähigkeit einer Art ist durch die Fremdbefruchtung schon zwischen einzelnen Generationen gesteigert worden. Durch das Lernen hat sich die Anpassungsgeschwindigkeit weiterhin erhöht. Die Art kann sich mit Hilfe der besseren Lernfähigkeit ihrer Exemplare nicht nur von Generation zu Generation verändern, sondern sich schon innerhalb einer Generation veränderten Umweltbedingungen anpassen. An das Beispiel der Bären sei erinnert, die auf die veränderten Zoobedingungen mit dem Erlernen des Männchenmachens reagieren konnten.

14. Die Gemeinschaft als Werkzeug der Natur

Je höher eine Art entwickelt ist, um so mehr übernehmen soziale Vorgänge die Aufgaben, die ursprünglich biologische Vorgänge leisteten, erfüllen aber damit denselben biologischen Zweck: Überleben durch Anpassung, Balance zwischen Umwelt und Art. Diese Verschiebung der Aufgaben von biologischen Mechanismen zu sozialen Mechanismen findet statt, weil die sozialen Mechanismen den biologischen an Vielfältigkeit und Schnelligkeit noch überlegen sind. Deshalb also verringern sich immer mehr die Instinkte, je höher die Lebewesen entwickelt sind, deshalb werden die Arten immer intelligenter, um ein immer höheres Anpassungsniveau zu erreichen, das sie zum Überleben brauchen. Aus der Notwendigkeit, den komplizierten Arten die gleichen Überlebenschancen zu gewährleisten, will es die Natur, daß die Arten immer weniger stammesgeschichtlich vorprogammiert werden, um immer mehr individuell prägbar sein zu können. Sie will eben das nicht, was Irenäus Eibl-Eibesfeldt mit ein paar lächelnden blinden und taubstummen Kindern uns mit Reverenz vor seinem wissenschaftlichen Ziehvater Konrad Lorenz erneut einreden will, der Mensch käme schon mit festem sozialem Verhaltensprogramm auf die Welt[12].

Man muß sich immer wieder vergewissern, mit welchen Tieren Lorenz den Menschen vergleicht: mit Ratten, Gänsen, Fischen und Insekten. Die Natur hat zwischen diesen Lebewesen und den Menschen einiges gearbeitet, was gerade Vergleiche im Sozialverhalten zwischen ihnen ausschließt. Die Gedankenwelt dieses Forschers umgibt oftmals nicht nur Komik und Bösartigkeit, sondern meistens auch die Tragik des Nicht-durchgedrungen-Seins. Wenn er wittert, daß der Mensch in seinem Verhalten festsitzt, so trifft er auf eine Gesetzmäßigkeit, die ihre Wurzel nur nicht – wie er meint – im Natur-, sondern im Gesellschaftsprogramm des Menschen hat.

Der Mensch ist gerade darin höchstes Lebewesen, daß fast alles, was die Natur biologisch gesichert sehen will, bei ihm mit sozialen Mitteln gewährleistet sein soll. Was auch bei den dem Menschen verwandten Tieren noch mit biologischen Mitteln erreicht wird, übernimmt beim Menschen die Gemeinschaft. Diese Entwicklung geschah jedoch nur für eine bessere Erfüllung der *biologischen* Zwecke. Der Mensch sollte das Zeichen höchsten Einklanges mit Natur sein.

Wenn man so etwas wie einen Anfang der menschlichen Katastrophe greifen möchte, dann kann man ihn im Irrtum fassen, die Natur hätte den Menschen aus ihren Gesetzen entlassen, als sie ihm die scheinbar unbegrenzte Gestaltungskraft durch sein Kollektiv zur Verfügung stellte. Sie wollte ihm mit der Prägbarkeit des einzelnen durch die Gemeinschaft nur das allerbeste Werkzeug zur Erfüllung *ihrer* Zwecke übergeben. Der Mensch hat es stumpf gemacht.

Große Lernkapazität, hohe Anpassungsfähigkeit, schnelle Veränderungsmöglichkeit richtete die Natur dem Menschen ein für das denk-

bar beste Verhältnis zwischen seiner Art und der Umwelt. Sie schuf ihm gute Voraussetzungen für ein vielfältiges Gruppenleben, das ein vielseitiges Individuum mit großer Anpassungskapazität sich entwickeln lassen sollte.
Die drei Merkmale Lernen, Anpassen, Verändern kann der Mensch nur erfüllen, wenn er wirklich zu einer Vielfalt von Verhaltensweisen fähig ist. Er ist nur dann transparent für die Umwelt, für seine eigene Entwicklung und für die Veränderung in seinem Verhältnis zu ihr, wenn er über einen reichen Verhaltensfundus verfügt.
Beim Menschen hat sich die Beeinflussung des Verhältnisses der Art zur Umwelt aus der Biologie vollkommen in die Gesellschaft verschoben. Die biologische Anlagevielfalt dient der vielseitigen Anpassung an veränderte Umwelt. Übertragen auf die menschliche Situation, garantiert die soziale Beziehungsvielfalt dem Individuum ein vielfältiges Verhaltenspotential, mit dem es sich noch besser an die Veränderungen der Umwelt anpassen kann als mit seinem biologischen Anlagematerial. Auch schon den höheren, dem Menschen nahen Tieren steht das soziale Anpassungsphänomen zu Gebote. Beim Menschen hat die Entwicklung in den Voraussetzungen für die beste Anpassungslage ihren Zenit erreicht.

15. Der Verlust der Anpassungskorrektur

Durch die Beziehungseinschränkung und die Vereinheitlichung der Verhaltensangebote, noch prinzipieller durch die Sterilität der Verhaltensreaktion des Menschen geschieht aber das Gegenteil von dem, was geschehen könnte und von der Entwicklung in der Natur her geschehen sollte. Der Mensch wird in seinem Verhalten einschlägig bestimmt und verhält sich dadurch zwanghaft und *wie* vorprogrammiert. Er wird festgelegt in seinen Beziehungen und fixiert auf eine Rolle. Die bei der Entstehung seines Ichs waltende Inzucht läßt ihn seine Anpassungsfähigkeit an seine Umwelt allmählich verlieren. Wenn der Mensch noch anpassungsfähig wäre, würde er sofort gut, milde, wohltätig, vorausschauend, selbstlos, rücksichtsvoll, gemeinschaftsbewußt, freundlich, verantwortungsvoll werden, um die zusammenbrechende Balance zwischen ihm und seiner Umwelt zu retten.

Nicht nur die Art seiner Anpassung unterscheidet sich von den Tieren, sondern auch die Art seines Verhältnisses zur Umwelt und damit die Art seiner Abhängigkeit von Natur, die Abhängigkeit selbst hat sich jedoch nicht verändert. Beim Menschen ist das Verhältnis Umwelt–Art nicht mehr nur einseitig. Nicht nur die Umwelt bestimmt den Menschen, sondern auch der Mensch bestimmt die Umwelt. Seine Anpassungsfähigkeit ging so weit, daß nicht nur der Mensch sich passend zur Umwelt verhalten, sondern er auch die Umwelt seinen Bedürfnissen entsprechend passend machen kann. Der Mensch benutzt Elemente der Natur wie das Feuer, das Wasser und zuletzt auch die Luft für seine Zwecke, geht mit den Materialien in der Erde, den Bodenschätzen, nach seinem Gutdünken um und verwaltet das gesamte andere Leben der Tiere und Pflanzen immer ausschließlicher. Aber das Verhältnis zwischen Mensch und Umwelt hat sich damit nicht vollkommen umgedreht, sondern es hat sich nur in ein Wechselverhältnis verwandelt. Bei aller Autonomie von den Zwängen der Umwelt, von tierischen, vegetativen und klimatischen Bedrohungen ist dem Menschen seine Bezogenheit auf die Natur geblieben. Das, was er in und mit der Natur vollführt, hat eine Rückwirkung auf ihn.

Die gleichbleibende Anpassungsnotwendigkeit des Menschen an seine Umwelt fließt aus der anhaltenden Notwendigkeit der Balance zwischen Art und Umwelt. Anpassung heißt für den Menschen trotz aller Befreiung von einzelnen Zwängen der Natur, Anpassung an diese Balance Umwelt–Art. Es ist dann gleichgültig, worin die Anpassung an die Balance besteht, ob nur in verändertem Verhalten des Menschen oder auch in Veränderungen der Umwelt.

Zu dieser Anpassung an die Balance Mensch–Umwelt ist der Mensch jedoch nicht mehr fähig. Die Anpassung kann gerade dadurch geschehen, daß er die *Natur* seinen Bedürfnissen anpaßt. Wie die Anpassung auch abläuft, sie kann nur durch das Verhalten des Menschen stattfinden.

Die umgekehrte Sicherung der Balance – Anpassung der Umwelt an den Menschen – ist die Anpassung, die sich am weitesten von den ursprünglichen biologischen Anpassungsmechanismen entfernt hat. Sie geschieht nur noch durch gemeinschaftsbeeinflußtes Verhalten. Aber auch diese Anpassungsform ist den Gesetzmäßigkeiten unterworfen, denen die Anpassung einer Art an die Umwelt generell unterliegt. Auch für die umgekehrte Form der Sicherung der Balance

Umwelt–Art müssen die Exemplare prägbar, lernbegabt, verhaltensvielfältig sein.
Der Anpassungsvorgang des Menschen ist zwar viel schneller und für die Art sicherer, aber auch komplizierter und folgenreicher für die gesamte Balance der Natur. Die Anpassung der Umwelt an den Menschen muß zu ihm und zur Natur wirklich passen. Verändert der Mensch aus Versehen, aus Absicht oder aus anpassungsunfähigem Verhaltenszwang die Umwelt so, daß sie in Wirklichkeit zu ihm nicht mehr paßt, und kann er sich an diese ungute Veränderung weder seinerseits anpassen noch die Umwelt wieder zurückverwandeln, bis sie ihm wieder gemäß wird, bricht die Balance zusammen.
Genau das geschieht zur Zeit. Der Mensch verändert durch sein starres, fest eingeschliffenes Verhalten die Umwelt so, daß sie zu seinen Bedürfnissen und zu ihren eigenen Bedingungen immer mehr in Widerspruch gerät. Der Mensch ist stur, draufgängerisch, rücksichtslos, gewalttätig, unbesonnen, profitbesessen, verschleißsüchtig, expansiv, eroberungswütig, schonungslos, kurzsichtig, zukunftsblind, prinzipienstur und produziert durch dieses festgelegte Verhalten eine Umwelt, die ihn kaputtmachen wird. Balance heißt in der Natur schwebende Vielfalt. Die einfältig durchgehaltene Bösartigkeit, die den Menschen nun schon seit Jahrtausenden kennzeichnet, hat sich in ihm so eindeutig festgesetzt, daß er mit diesem Verhalten das allgemeine Gleichgewicht allmählich zum Zusammenbruche zwingt.
Sich nicht anpassen können bedeutet für den Menschen, an der Balance nicht mehr mitwirken zu können.
Der Mensch ist durch Inzucht böse geworden und bleibt durch Inzucht auf dieses eine Verhalten festgelegt. Die von ihm selbst verheerend gemachte Umwelt verlangt sofort ein anderes Verhalten. Jedoch der Mensch kann sein Verhalten nicht verändern. Seine Unfähigkeit zur Anpassung drückt sich in der Unfähigkeit zum Unterlassen aus. Der Mensch kann sich nicht daran anpassen, die Umwelt menschlich passend bestehen zu lassen.

16. Das Böse ohne Bremse

Auf diese Unfähigkeit ist der Mensch nicht von Natur her programmiert. Wenn dem so wäre, bedeutete es, daß die Natur den Menschen zu ihrer eigenen Zerstörung programmiert hätte. So etwas kennt die

Natur nicht. Sie zwingt die Exemplare in den Tod und tut auch nichts dagegen, wenn ganze Arten aus der Balance herausfallen und untergehen. Sie schafft neue, vielfältigere. Durch falsche Zucht hat bisher nur die Art büßen müssen, nicht die Natur selber. Die erschütterte Balance, die durch die Erstarrung menschlichen Verhaltens im Bösesein allmählich zusammenbricht, zwingt zum ersten Mal in der Geschichte der Natur auch sie selber und nicht nur die Art des Menschen in den Untergang.

Es ist nicht notwendig, wie Lorenz es macht, die Natur vor ihrer Zerstörung durch den Menschen noch zu verhöhnen und ihr eine Allmacht anzudrehen, die sie gegenüber den Folgen der menschlichen Inzucht gerade nicht hat. Das Programm des Bösen hat der Mensch allein entworfen. Alles menschliche Verhalten kommt vom Menschen selber.

Diese Einsicht wirkt so, als schaffte sie dem Menschen Sonderanstrengungen. Aber er ist stärker und wirkungsvoller, als es ihm eingeredet wird. Die Lorenztheorie vom eingepflanzten Aggressionstrieb eröffnet ihm in Wirklichkeit viel erheblichere Anstrengungen. Lorenz ruft ja nicht dazu auf, die Hände dem Bösen gegenüber in den Schoß zu legen[32] (Seite 47). »Strategie«, »Steuerung« und »Kontrolle« sind die Maßnahmen, die er und Eibl-Eibesfeldt[12] (Seite 107) empfehlen. Das heißt, der Mensch wird erneut *gegen* etwas zugerichtet. Gegen Natur oder gegen sich selbst soll er abermals wüten, auf daß aus ihm weicht, was erst durch eben dieses Wüten gegen ihn in ihm festgelegt wurde.

Es wäre viel leichter, *mit* etwas und *mit* jemandem zu sein. Nur dadurch könnte das Böse wieder verschwinden, wenn der Mensch in das Miteinander innerhalb seiner Gesellschaft einwilligte, in das vielfältige Miteinander der Gemeinschaft bei der Kinderaufzucht und bei der Regelung aller gesellschaftlichen Probleme durch alle an ihr beteiligten Mitglieder, durch Männer *und* durch Frauen *und durch Kinder.*

Das Böse, das durch dressierte, den Menschen einpferchende Beziehungsprogramme in sein Sozialverhalten eingeschliffen wird, kann nur durch neue Beziehungsmodelle, die ihn aus dem personellen Druck von einer Mutter, einem Vater und – als Erwachsener – von einem Ehepartner befreien, wieder verschwinden. Durch Prinzipien des Gemeinschaftslebens ist das Böse zum Prinzip des Individuallebens geworden. Will man es aus dem Individualverhalten wieder beseitigen, muß man die Formen des Gemeinschaftslebens verändern, die es hervorgerufen haben. Überleben oder Nichtüberleben hängt heute allein von dieser Frage ab. Geht die jetzt geborene Generation wieder durch das System der Inzucht, erlebt sie mit Sicherheit ihr volles menschliches Alter nicht mehr. Entscheidend allein ist, das Böse genau in seinen Ursachen zu erkennen. Da das Böse eine Sozialkrankheit ist, müssen seine Ursachen auf das Energischste in den sozialen Bedingungen des Menschen untersucht werden, in der Hoffnung, vielleicht doch Mittel dagegen zu finden, die sich noch rechtzeitig anwenden lassen, ehe alles zu spät ist.

Angesichts dieser vor ihrem Endstadium wütenden Sozialkrankheit nehmen sich alle Versuche, das Böse als angeborenen und nur falsch angepaßten Instinkt zu interpretieren, als gefährliche Kurpfuschereien aus. Lorenz' Ratschläge, das Böse im Sport und vielleicht noch beim Autofahren und im Hauskrach unschädlich abzureagieren, wirken wie die Beschönigungsdiagnose für einen Lymphdrüsen-Krebs-Kranken vor dem Endstadium, es handele sich nur um Rheuma, einen Hexenschuß oder um eine Erkältung, was sich da in Wirklichkeit schon tödlich das Rückgrat hochfrißt.

Die Vertröstung auf die »Abreaktion« heißt nämlich, die wahren Ursachen zu kaschieren, sich auch weiter um ihre Erkenntnis nicht zu kümmern, kräftig abzulassen, dabei nur aufzupassen, daß es immer danebengeht und man sagen kann: »Diesmal sind wir beim ›unschädlichen Abreagieren‹ wieder gut über die Runden gekommen. Immer klappt es nicht. Das hilft eben nichts, einige kommen mit einem blauen Auge davon, den anderen wird es ausgeschlagen, mal so mal so, je nachdem, wie das Böse kommt. Im Endeffekt kann man dagegen ohnehin nichts machen!«

Das Böse wird nicht nur abreagiert, sondern in der Gesellschaft durch und durch ausagiert, auf daß sich keines ihrer Mitglieder dem Kreislauf der Fremd- und Selbstschädigung für die Gesamtheit seiner Handlungen erfolgreich entziehen kann. Diesen Kreislauf zwischen Menschen transparent zu machen, versucht Lorenz erst gar nicht. Sein Beitrag zum Bösen liegt darin, Richtiges zu erforschen und Falsches darüber zu verbreiten. Er tut das nicht einmal irrtümlich, sondern aus böser Absicht. Er verstößt bewußt gegen die Gesetze wissenschaftlichen Erkennens. Er betreibt Forschungen auf einem Gebiet (Tierverhalten) und macht Aussagen über ein anderes Gebiet (menschliches Verhalten). Das wäre vielleicht eine unumgängliche

Hilfsmaßnahme, wenn es keine Erforschungen über menschliches Verhalten gäbe. Aus den Gesteinsarten des Mondes und der Erde lassen sich zum Beispiel Rückschlüsse auf die Gesteinszusammensetzungen der anderen Planeten ziehen. Im Falle Lorenz setzt der Rückschluß vom Verhalten einiger minderentwickelter Tiere auf das Verhalten des Menschen und die anschließende Generalisierung eines allen Lebewesen angeborenen Aggressionstriebes die böswillige Unterlassung voraus, die Verhaltensforschungen über Menschen hinzuzuziehen. Alexander Neill publiziert seit vierzig Jahren. Es bestand für Lorenz kein Grund, die völkerkundlichen Untersuchungen von Margaret Mead und Bronislaw Malinowski außer acht zu lassen. Mead beobachtete drei Stämme in der Südsee, die sich in ihrem Sozial-, besonders in ihrem Aggressionsverhalten vollkommen voneinander unterschieden, beschrieb die Arapesh-Bevölkerung, die sich nicht fremd- und selbstschädigend betätigte[40]. Malinowski schilderte das friedliche Leben der Trobriander[36]. Horst Eberhard Richter schreibt seit zehn[57], Arno Plack seit sieben Jahren[49], und Bruno Bettelheims Kibbuz-Analyse existiert seit fünf Jahren[2]. Lorenz nimmt von diesen Forschungen unter Menschen auch in seinen späteren Schriften keine Notiz[33, 34], sitzt weiter lieber im Teich, bis daß er zwischen Gänsen nur noch mit dem Kopfe herausguckt. Er bemerkt da ein Rüpeln, Raufen, Schubsen und Grummeln und erinnert sich an seine Tante, an »Faust«, seine Kriegsgefangenschaft und an Zeitungsausschnitte über Indianer, meint, das erlebte und das gelesene Grummeln ähnele dem der Gänse, und leitet anschließend daraus ein Gesetz ab. Er nimmt sich bescheiden zurück und sagt, er sei »kein Geistesriese«, sondern seine Vermutungen über das Böse seien nur gerade »fällig«[32] (Seite 383).

Lorenz' Verallgemeinerungen sind *ge*fällig. Er geht nach einem Schema vor, das den Stubenverhältnissen abgelauscht ist. Er macht das Böse putzig, durchtränkt seine Behauptungen mit netten Ausdrücken, wie: es gäbe im Cichliden-Becken »dicke Luft«, oder »Krach mit den Nachbarn«[32] (Seite 84). Da haben die Stuben etwas zu lachen und brauchen nicht zu wissen, daß sie es selber sind, die für das Böse zeichnen. Lorenz treibt mit seinem Titel »vergleichender Verhaltensforscher« Schindluder. Vergleichen heißt auch, das Andersgeartete im Ähnlichen zu erkennen und zu akzeptieren. Er setzt ständig nur gleich. Die allgemeine und die menschliche Natur behandelt er wie deckungsgleich, als hätte der Mensch keinen Schritt aus der Na-

tur herausgetan. Zwischen der »natürlichen« Natur und der menschlichen Natur liegt die menschliche Gesellschaft, die beide Naturen so weit voneinander getrennt hat wie die verschiedene Sprache zwei benachbarte Nationen. Wer wie Lorenz die Sprache der Gesellschaft nicht gelernt hat, kann die menschliche Natur nicht mehr verstehen. Denn die menschliche Natur, so rein und ursprünglich wie die allgemeine Natur, gibt es nicht. Menschliche Natur – das ist eine neue Verbindung zwischen biologischem Erbe des Menschen und seiner Sozialstruktur – noch direkter –, seinem Sozialverhalten.
Lorenz' Forschungen an Tieren kann er für Mitteilungen aus der Vorgeschichte des Menschen verwenden. Er bringt Botschaften von Ahnen, mehr nicht, das ist interessant genug. Er wird aber kindisch wie eine familienfortsetzungsbesessene Großmutter, wenn er den Menschen als Urenkeln der Tiere einreden will, sie hätten ganz genau dieselben Eigenschaften und Merkmale wie die Ur-Ur-Ahnen. Darüber hinaus ist Lorenz gar nicht bescheiden, wie er es selber von sich behauptet. Aus seinen Eindrücken innerhalb eines winzigen Forschungsprojektes – dem Verhalten niederer bis mittelentwickelter Tiere in geschlossenen Verhältnissen – will er eine Gesamt- und Weltschau geben, als sei die Welt der Teich hinterm Haus.
Auf der Rückseite seines neuen Buches »Die Rückseite des Spiegels«[34] hat sich Lorenz mit Mütze, Polarjackett und Fernglas fotografieren lassen. Er erscheint gerüstet, in enorme Weiten zu schauen und zu gehen und soll einen wohl vergessen lassen, daß er immer hinter dem Zaun seiner engbegrenzten Voraussetzungen stehen bleibt. Kurzsichtig gegenüber der Wirklichkeit sozialer Komplikationen des menschlichen Lebens gibt er Perspektiven eines Gartenzwerges und ködert ein breites Publikum unter der harmlosen Aura dieses liebenswerten Figürchens für eine der bösartigsten Ideologien des 20. Jahrhunderts.

Teil B: Eltern

I Das Böse der guten Mütter

1. Die tödlichen Nabelschnüre

Anfang Februar 1974 wurde die Tochter des amerikanischen Großverlegers Randolph A. Hearst von einer militanten Gruppe entführt und die Eltern um einige Millionen Lösegeld erpreßt. Die Tochter gab Lebenszeichen. Das Geld wurde übergeben, die Tochter noch nicht. Nach zwei Monaten, am 5. April 1974, erreichte die Eltern ein Tonband mit der Stimme ihrer Tochter, auf dem Patricia Hearst erklärte, sie hätte die Möglichkeit, zu den Eltern zurückzukehren, ausgeschlagen und wollte bei der Gruppe der »Symbionistischen Befreiungsarmee« verbleiben.

Noch bevor diese Nachricht eintraf, hatte die Mutter der Entführten am Morgen des 5. April 1974 »sorgenvoll zu einer Freundin gesagt: ›Patty ist jetzt schon zwei Monate verschwunden. Dieses ewige Warten ist so zermürbend. Fast wäre mir die Nachricht, daß Patty tot ist, schon lieber . . .!‹« (»Bildzeitung« vom 5. 4. 74) Die »Bildzeitung« wollte mitteilen, wie eine Mutter auf dem Gipfel des Schmerzes sogar den Tod des Kindes wünscht, nur um der Klarheit der Verhältnisse willen. Sie enthüllte aber darüber hinaus noch etliches hinzu: vor die Wahl gestellt, sich die anhaltend ungewisse Abwesenheit des Kindes oder seinen Tod vorstellen zu müssen, ziehen Eltern die Sicherheit selbst des Todes ihres Kindes der Unsicherheit vor.

Eltern sind in der Situation der Entführung ihres Kindes in einer äußersten Notlage. Und doch verraten sie mit Sätzen, wie dem der Mrs. Hearst, die sie in Entführungsfällen oft von sich geben, etwas über ihr allgemeines Verhältnis zu ihren Kindern. Wie eine Mutter in dem »Brigitte«-Hausfrauenreport der Helge Pross[52] sagte: »Wozu schaffe ich mir Kinder an? . . .«, legen sich Eltern Kinder mit Hilfe biologischer Mittel wie häusliche Einrichtungsgegenstände zu. Die Kinder sollen dann – überspitzt gesagt – bei ihnen oder tot sein. Wenn die Kinder bei ihnen sind, geben Eltern ihr Bestes und bewirken gerade dadurch das Schlechteste. Besonders Mütter sind Initiatoren und zugleich Opfer dieses Umkehrschlusses, der allen physikalischen Gesetzen zu widersprechen scheint. Je höher ihr Einsatz, je vollständiger ihre Aufopferung für das Kind, um so verheerender sind die Wirkungen. In den beiden folgenden Beispielen gibt eine Mutter ihrem Sohn und eine Mutter ihrer Tochter – von außen gesehen – das Maß an Kraft und Aufmerksamkeit, das allen Vorstellungen von guter Mutterschaft entspricht.

Cäcilie W. war seit ihrem fünfundzwanzigsten Lebensjahr mit einem um zehn Jahre älteren Juristen verheiratet. Die Ehe blieb kinderlos bis zu ihrem vierzigsten Lebensjahr. Sie wurde schwanger und bekam mit Einundvierzig einen gesunden Sohn, den sie Clemens Kaspar taufte. Ihre Ehe verlief harmonisch. Cäcilie war ausgebildete Fremdsprachenlehrerin für Englisch und nordische Sprachen. Sie hatte eine schwedische Mutter. Sie unterrichtete seit ihrer Eheschließung nicht mehr an Schulen, sondern gab nur nebenher Nachhilfeunterricht, unterließ aber auch das, als ihr Sohn zur Welt gekommen war. Mit den psychologischen und frauenemanzipatorischen Strömungen von der Jahrhundertwende an vertraut, beabsichtigte Cäcilie, ihren Sohn nach den neuesten Erkenntnissen zu erziehen. Alles verlief reibungslos, bis auf die allgemeinen Anstrengungen innerhalb der Nazizeit. In den letzten Kriegstagen wurde Cäcilies Mann Opfer einer Bombennacht. Als Landgerichtsdirektorenwitwe bekam sie soviel Pension, daß sie nicht zu arbeiten brauchte. Ihr Sohn kommentierte den Tod des Vaters: »Nun schaffen wir uns einen neuen besseren Papi an.« Cäcilie unterließ es, dem Rat des Sohnes zu folgen und konzentrierte sich ganz auf ihn. Es fehlte auch während ihres fünften Jahrzehntes nicht an Angeboten, und zwar sowohl zur Liebschaft als auch zur Ehe. Sie schlug alles aus, ihrem Sohn zuliebe, wie sie behauptete. Eine Affäre mit einem englischen Offizier der Besatzungsmacht schwelte unerlöst aus denselben Gründen und blieb der Mutter als Elegie ihr weiteres Leben lang im Halse stecken.
Der Sohn war hübsch und ordentlich, interessierte sich jedoch nicht für Geisteswissenschaften, wie es die Mutter lebhaft förderte, sondern malte und musizierte. Er baute mit anderen Jugendlichen Bands auf und besuchte die Kunstakademie. Die Mutter wunderte sich, daß der Sohn, als er älter wurde, von Jahr zu Jahr zweien ihrer Bedürfnisse nicht nachzukommen gedachte. Er heiratete nicht, und er machte kein Examen. Er lebte weiter bei ihr, malte und verdiente sich zuweilen Geld durch seine Auftritte mit verschiedenen Bands.

Gegen Ende seines dritten Lebensjahrzehntes freundete sich Clemens Kaspar mit einem um zehn Jahre jüngeren Schüler an, der die Wochenenden oft in der Wohnung der W's verbrachte, so daß die Mutter sich in Familienkreisen schon erkundigte, ob es sein könnte, daß ihr Sohn homosexuell wäre. Er selbst sagte, wenn sie ihn darauf ansprach, er sei es nicht. Clemens Kaspar machte einen Ausbildungswechsel durch, studierte nicht mehr Kunst, sondern Musik und legte das Examen eines Klavierpädagogen ab. Er unterrichtete zu Hause in der Wohnung seiner Mutter, in der er weiterhin wohnen blieb. Seine Schüler waren beiderlei Geschlechts, so daß die Mutter nichts Neues in der Richtung ihrer Befürchtungen zu denken brauchte. Mit dem Freund blieb Clemens Kaspar zwölf Jahre lang in der Weise verbunden, daß die Männer jede Woche öfter, meist jedoch an Wochenenden, sich unter der Mitwirkung und Aufsicht von Cäcilie trafen.
Die Entwicklungen von Cäcilie und Clemens verliefen einander entgegengesetzt. Cäcilie entfaltete sich zu einer Stadtpersönlichkeit. Sie trat wohltätigen Vereinen bei, präsidierte in einem sogar, wirkte bei Veranstaltungen zu Fragen der Zeit mit und begann, mit Koryphäen von Wissenschaft und Kultur zu korrespondieren. Der Bürgermeister der Stadt erschien bei ihr zu ihrem fünfundsiebzigsten Geburtstag.
Clemens Kaspars Leben verlief eintönig. Er verlor sein anziehendes Äußeres, dickte allmählich ein, die Mutter bedauerte das und bemerkte Außenstehenden gegenüber, daß er mal hübsch gewesen sei. Das Leben der beiden hatte im Innenverhältnis den Trost eines alten Ehepaares über sich. Gewöhnung an die andere Person, Krach und gemeinsame Alltäglichkeiten vermischten sich zu einem Dunst, der die ursprünglich zärtliche Spannung des Mutter-Sohn-Verhältnisses vollkommen verrauschen ließ. Die Mutter kochte, wusch und putzte für den Sohn, beklagte das, förderte aber das Bleiben dieses Zustandes, indem sie Clemens Kaspar nur fünfzig Mark für Wohnen, Essen und alle Vergünstigungen abnahm.
Als Cäcilie Neunundsiebzig wurde, ereignete sich etwas für sie Unvorhersehbares. Sie traf sich mit einem der Wissenschaftler, mit denen sie korrespondierte, und beide verliebten sich ineinander. Cäcilie hatte, wie sie immer wieder betonte, mit spätestens Fünfzig, also nach dem Tode ihres Mannes, »mit nichts mehr gerechnet«. Der jetzige Verehrer war über Achtzig. Cäcilie war ganz arglos bei der Begegnung gewesen, und um so mehr überraschte es sie, daß sowohl bei ihr, wie bei dem Wissenschaftler die Zuneigung sinnliche Quali-

täten einer richtigen Liebe annahm. Die Liebe hatte den Charme, die Nervosität und alles Törichte einer ersten Verliebtheit an sich und führte zu dramatischen Komplikationen, weil der Geliebte verheiratet war und von seiner Frau eifersüchtig verfolgt wurde. Alle Beteiligten waren von den Ereignissen überrascht, wie Jugendliche, und reagierten auf die Verwicklungen wie sie. Cäcilie war in Atem gehalten.

Ehe sie es sich versah, verzankte sie sich mit ihrem Sohn, der aus ihrer Wohnung auszog. Nach verschiedenen Zwischenlösungen gründete er mit Freunden eine Wohngemeinschaft, begann das Studium der Psychologie, und gleichzeitig machte er eine Psychoanalyse durch, ging sexuelle Beziehungen ein, löste das schwierige zwölfjährige Verhältnis zu seinem Freund und gewann einen neuen, mit dem ihn eine echte Liebesbeziehung verband, wurde Diplompsychologe, dann Doktor der Psychologie und schließlich Universitätsdozent. Gleichzeitig mit seiner gesellschaftlichen Entwicklung und seiner sexuellen Befreiung krempelte sich sein Körper vollkommen um. Die Fettschicht schwand. Es schien, als knüpfte Clemens nicht nur gesellschaftlich und sexuell dort an, wo er stagniert hatte, sondern als ob auch sein ganzer körperlicher Ausdruck und seine Erscheinung sich an den Anfang einer Entwicklung zurückversetzten, die auf dem ersten Wege mißraten war. Clemens bewegte sich wie ein Zwanzigjähriger, hing nicht mehr sackartig in sich selbst. All das war nicht künstlich gemacht, keine Verjüngungstour einer alternden Schauspielerin im Sinne von Entwicklungsstopp, sondern es war ein neuer Anfang, den seine Existenz in all ihren Erscheinungsweisen durchlebte. Am Anfang war Cäcilie über diese Entwicklung ihres Sohnes entsetzt. Clemens weigerte sich, weiterhin den Doppelnamen zu tragen und verlangte von ihr, das zu respektieren. Er bekannte sich offen zu seiner Homosexualität, besonders vor seiner Mutter. Er machte sie mit den Gruppenmitgliedern der Wohngemeinschaft bekannt. Cäcilie willigte in die neue Lebensform ihres Sohnes allmählich ein. Der Sohn umgekehrt war der Mutter bei heimlichen Begegnungen mit ihrem Freunde behilflich. Cäcilie unterstützte die Gruppe finanziell und lachte über die Ergebnisse der Psychoanalyse ihres Sohnes, die immer wieder lauteten: Die Mutter ist an allem schuld.

Die Geschichten der Cäcilie W. und der im ersten Teil erwähnten Adelheid Z. lassen den Eindruck entstehen, als ob die Schließung der

Verhältnisse nur bei den extremen Inzuchtbedingungen einer Rumpffamilie von einer Mutter und einem Sohn stattfindet. Im nächsten Beispiel agieren drei Personen einer Familie, und die bösen Folgen einer einengenden Aufzucht treten diesmal eklatant nicht bei dem Sohn, sondern bei der Tochter zutage.

Dora V. war ganz jung, als sie ihre Jugendliebe heiratete, bevor der Mann in den Krieg mußte. Sie bekam einen Sohn und nach zwei Jahren, gezeugt in einem Urlaub ihres Mannes, eine Tochter. Der Mann fiel im Krieg. Die Mutter schlug sich wie unzählige deutsche Kriegswitwen durch. Sie hatte im Kriege noch eine Schwesternausbildung absolviert. Dora vermietete nach dem Kriege die Hälfte ihres von ihrem Vater geerbten Hauses, arbeitete nachts als Schwester und war tagsüber für ihre Kinder da. Sexuelle Neuigkeiten gab es in ihrem weiteren Leben nicht mehr.

Das Leben beider Kinder verlief wie im Buche. Der Sohn Detlev wurde groß und stark, studierte Maschinenbau, begann sehr bald schon, der Mutter zu helfen, wo er nur konnte, war ein sehr praktisch begabter, körperlich robuster Mann. Er lebte bis zum Ende seines Studiums bei seiner Mutter, war dann ein Jahr zur Fachausbildung im Ausland, kam wieder zurück und wohnte während der ersten Jahre seiner Berufspraxis in Deutschland wiederum mit seiner Mutter und seiner Schwester zusammen. Etwa dreißigjährig heiratete er. Die Tochter Dagmar arbeitete nach ihrem Schulabschluß der Mittleren Reife in einer Gärtnerei. Sie schloß dort eine Lehre ab, wollte das Abitur nachmachen, um Gartenarchitektur studieren zu können, bestand es aber nicht und blieb nach kurzer Abwesenheit von zu Hause bei ihrer Mutter wohnen und arbeitete im selben Ort in einer Gärtnerei. Als der Sohn von der Mutter wegstrebte, zeigte sich bei der Tochter eine umgekehrte Bewegung. Dagmar wurde häufiger krank, erlitt hin und wieder Schwächezustände. Es flimmerte ihr manchmal vor den Augen. Ein anderes Mal torkelte sie. Die Ärzte stellten schließlich Multiple Sklerose fest. Das Leben, so schien es, hatte Dagmar von klein auf mit Pferdefüßen getreten. Sie war besonders hübsch. Das half ihr nichts, denn sie war melancholisch, in sich zurückgezogen, ihre Frisur und ihre Kleidung wirkten meist so, als ob *sie* und nicht ihre Mutter Krankenschwester wäre. In ihren Augen flatterte oft Hilflosigkeit. Wenn sie auf einer Tanzerei zugegen war, auf der es ein weibliches Wesen zu viel gab, konnte man Gift darauf nehmen, daß Dagmar sitzenblieb. Ein Mann, der einmal

kurz ihr Leben kreuzte, kam erst gar nicht über die Phase erster Aufmerksamkeiten hinweg. Mal erlebte sie einen Theaterabend mit einem Kollegen, ansonsten viel Kirchenchor. Die Mutter hatte sich nichts dabei gedacht über die vielen Jahre des beengten Wohnens, dem Sohn wegen der Geschlechtertrennung, die schon im Kindesalter sein muß, ein Einzelzimmer zuzuteilen und selbst mit der Tochter von klein auf jahrelang in dem anderen Zimmer zu schlafen. Nun war die Tochter dreißig. Der Sohn würde heiraten, die Verlobung stand bevor. »Das verkraften wir alles«, seufzte Dora. Seit Jahren hetzte sie mit Dagmar auch noch zu zwei uralten Tanten, die täglich aus dem Nachbarhause glotzten, um einmal am Tage zu einem Nachmittagskaffeeknicks von Dora und Dagmar mit artigen Fragen und Antworten gewartet zu werden. Als die Umwelt erschrak, wie Dagmar kümmerlich wurde, gewann Dora neuen Mut: »Es wird immer schlimmer. Dagmar hat Schwindelanfälle. Sie kann nicht mehr richtig arbeiten. Das Geschäft ist nachsichtig, erlaubt ihr vormittags noch ein bißchen den Verkauf, aber sie wird ja farbenblind, das hat dann bei Blumen keinen Zweck mehr. Ich stelle mich auf jahrelange Pflege ein. Die letzten Zeiten verbringt sie nur noch im Rollstuhl.«
Ob Dagmars Psyche auf einen falschen Weg geraten war, sollte einstweilen der Hausarzt, zu dem Dagmar viel Vertrauen hätte, mit guten Ratschlägen und dämpfenden Mitteln klären. Jedoch Dagmars Ich-Geschichte hatte sich in Chemie verwandelt. Das Mädchen schwindelte erneut und begann den Weg des Siechens unumkehrbar einzuschlagen.

Bei Clemens und Dagmar tritt die gestauchte Entwicklung klar in Erscheinung. Clemens siechte sozial und sexuell, Dagmar sogar körperlich bis in die unheilbare Krankheit hinein. Der offene Ausdruck der Beschädigung ist selten. Gemeinhin bleiben die ärgsten Verzweiflungen, sich nicht verwirklichen zu können, unter dem Mantel des sogenannten »ganz persönlichen Schicksals« verborgen.
Deutlich wird das in dem folgenden Beispiel. Die Familie der Erna U. war mustergültig aufgebaut. Erna war Sozialarbeiterin, ihr Mann Steuerberater. Das Ehepaar lebte mit seinen Kindern Ernst und Edeltraut in einem kleinen Einfamilienhaus in einem grünen Viertel einer Großstadt. Die Jugend der Kinder verlief ohne Komplikationen. Sie traten beide in der Schule durch gute Leistungen hervor. Sie verbrachten ihre Zeit fast ausschließlich miteinander und hatten so gut

wie keine Freunde und Freundinnen. Das Verhältnis zu ihren Eltern galt als vorbildlich und wurde durch keinerlei Pubertätsrüpeleien gestört. Gäste und entfernte Verwandte führten ständig das sich immer wiederholende Prädikat auf den Lippen, wenn sie mit den U.'s in Verbindung gekommen waren: »Das ist eine harmonische Familie!« Es gab keinen Streit, die Eltern sorgten, die Kinder gehorchten.

Ernst studierte nach dem Abitur in einer anderen Stadt. Edeltraut blieb bei den Eltern wohnen. Sie machte ein vorzügliches Volkswirtschaftsexamen und strebte die Universitätslaufbahn an.

Die Versuche Edeltrauts, sich ein eigenes Gefühlsleben aufzubauen, scheiterten einer nach dem anderen. Sie war etwa dreißig Jahre alt und hatte bis dahin noch keinen Mann intim kennengelernt. An ihrer Gestalt konnte es nicht liegen, denn Edeltraut war schlank und hatte ein hübsches Gesicht.

Alles schien wie verhext. Edeltraut tappte ununterbrochen in geschlossene Verhältnisse hinein, die sie für sich nicht zu öffnen vermochte. Zwei Jahre hing sie einem englischen Arzt nach, der ihr Briefe schrieb, aber schließlich nicht aus seiner Ehe ausstieg, obwohl Edeltraut ihm versprochen hatte, seinen vier Kindern eine gute Mutter zu sein und den Vollzug dieser neuen Pflege schon im Geiste mit Hilfe von Fachlektüre geübt hatte.

Auf einer Tagung traf sie einen Fachkollegen, einen Bankdirektor, der sich in sie verliebte. Sie wagte sich mit ihm in das Bett seines Hotelzimmers und flüsterte dem zweifachen Familienvater und guten Ehemann ekstatisch zu, daß er ihr erster Mann sei. Der Direktor unterließ die Entjungferung und hielt Edeltraut durch unglückliche Liebe zu ihm in ihrer Entwicklung zwei Jahre lang zurück. Die Doktorarbeit haperte. Edeltraut bekam eine Frauensache. Der zuständige Arzt war überrascht, daß ein »so nettes junges Mädel« noch keinen Mann gefunden hatte. Edeltraut verliebte sich in den Arzt. Der wechselte aber mit seiner Praxis gerade die Stadt. Edeltraut stand wiederum vor einem Zaun. Sie machte eine Reise und ritt während ihres Sommeraufenthaltes am Meer, fiel vom Pferde und verletzte sich das Knie. Sie mußte wochenlang im Krankenhaus verbringen und humpelte ein Dreivierteljahr. Im Krankenhaus lernte sie einen Südländer kennen und hatte das Glück, daß beide ähnliche Empfindungen füreinander hegten. Sie hielt ihre neue Beziehung vor aller Öffentlichkeit geheim. Keine Tante, kein Kollege und vor allem nicht die eigene Familie sollten davon wissen. Edeltraut kam dem neuen Manne näher. An einem Abend aß und trank sie mit dem Freunde deftig und nahm ihn – ihre Eltern waren verreist – in ihre Wohnung mit, lag alsbald nackt mit ihm im Bett und bemerkte bei seinen Bemühungen, zum Ziel zu kommen, kategorisch widerstrebend, man müßte doch nicht gleich beim ersten gemeinsamen Bett alles haben: dächte er denn, sie wäre eine auf die Schnelle?! Der Freund zog sich für diese Nacht zurück und im Verlaufe der Zeit auch sein gesamtes Interesse an Edeltraut. Ihre verzweifelten Bemühungen, den Mann zurückzugewinnen, ihn noch einmal sie begehren zu lassen, verliefen fruchtlos.

Edeltraut, Clemens und Dagmar wuchsen in gutem Einvernehmen mit ihren Müttern auf. Ihre Mütter sind gute, verantwortungsbewußte, einfühlsame Frauen. Die Mütter von Clemens und Edeltraut hatten sogar gesellschaftliche Beschäftigungen und Cäcilies Betätigungen kamen einem Berufe gleich. Und doch gelangten alle drei Kinder nicht zu ihrer Entfaltung, sondern verhielten sich jahrelang gegen sich selbst, im Falle Dagmars mit extremer Folgerichtigkeit, bei Clemens mit spätem Befreiungsdurchbruch und bei Edeltraut in einer unabreißbaren Kette kleiner Verletzungen, die sich in ähnlicher Form um das Leben der meisten Menschen schlägt. Bei Edeltraut äußerte sich das Verhalten gegen sich selbst konsequent im erotischen Bereich. Bei den meisten Menschen spult sich die Selbstschädigung nicht so eindeutig auf einem Gebiete ab; Mißerfolge, Hemmungen, Verluste, Scheitern, Nichtgelingen, Danebengehen, ständige Differenzen zwischen Wollen und Können, und, was das Schlimmste ist, nach dem endlichen Gelingen ihrer Vorhaben erfahren Menschen daraus nicht das Labsal, das sie sich erhofften. Unendlich viele resignieren mit den Gemeinplätzen: Das Leben sei nur Mühsal und Qual, die Erde ein Jammertal, nur Krankheit und Tod sei allen sicher ... Mondsüchtig straucheln Menschen nach Selbstverwirklichung. Und ehe noch die konkreten gesellschaftlichen Verhältnisse und die jeweiligen politischen Ereignisse rigoros allem persönlichen Begehren Einhalt geboten haben, blockiert sich der einzelne durch Ungeschicklichkeiten jedes glückliche Einvernehmen zwischen sich und anderen Personen und zwischen sich und Dingen.
Die Selbstschädigung in Form der Selbsthinderung ist so allgemein verbreitet, daß sie als eine Qualität des Lebens schlechthin unterstellt

und für noch viel mächtiger als die Gesichtsseite des Bösen, die Fremdschädigung, gehalten wird. Schicksal, Gott und Sterne werden hier noch viel unangefochtener als Urheber dieser Seite des Bösen gedacht; die Selbsthinderung wird sogar nicht einmal zum Bösen gerechnet. Denn dieses Böse wütet im Inneren eines jeden Menschen, so daß er meint, es sei sein eigenes Geschick und er allein müsse damit fertig werden. Und doch hat diese Form des Bösen eine nicht minder bedrohliche Wirkung für jeden anderen, den sie fürs erste nicht zu betreffen scheint, dem sie aber viel tückischer schaden kann, als jede offen gegen ihn gerichtete Aggression.

2. *Die Ketten der bösen Kinder*

Die Fähigkeit des Menschen, gegen andere und besonders gegen sich selbst schädigend zu agieren, entwickelt sich über bisher noch ungeklärte Zusammenhänge aus der Mutter-Kind-Beziehung. Die aus dem Leben gegriffenen Beispiele zeigen Verbindungen zwischen der Aufzuchtsform der Familie und der Verkümmerung der Ich-Geschichte der Kinder. Die Fälle sind bunt und haben dadurch immer noch unwesentliches Beiwerk anderer Ereignisse um das Symptom, das aus ihnen erst herausgeschält werden muß. Der von Generation zu Generation übertragene Mythos erhält sich nur noch im wesentlichen. Die allen geläufige Geschichte des Parzival, die Wolfram von Eschenbach in seiner Dichtung festhielt, zeichnet die Etappen nach, über die sich die Selbstschädigung als Dauerverhalten einprägt. Sie konzentriert die Ereignisse selbst auf das Symptom, stellt die Verbindungen her zwischen der Form der Aufzucht und der Entstehung der wie festgewachsen erscheinenden Selbstschädigung, die sich bei Parzival sofort und immer als Fremdschädigung auswirkt.

Parzival wuchs bei seiner Mutter Herzeloyde auf, die sich mit ein paar Bediensteten in die Einsamkeit des Waldes geflüchtet hatte, um abgeschlossen von der Welt dem Gram über den Tod ihres Mannes Gachmuret zu leben. Die Beziehung zu ihrem Sohn bekam aus dieser ihrer Verzweiflung ihren besonderen Charakter geprägt. Herzeloyde wollte alles Lebensbedrohende von Parzival fernhalten. Da sie ihren Mann durch Ritterabenteuer verloren hatte, wollte sie vor allem vermeiden, daß ihr Sohn ebenfalls Ritter wurde. Fern von allem Hof- und Ritterleben zu existieren, war ihr nicht genug. »Allen unter strengstem

Drohn verbot sie, daß vor ihrem Sohn der Name ›Ritter‹ würde laut: ›denn hörte das mein Herzenstraut, sollt' er von Rittern wissen, würd' er mir auch entrissen‹[14].«

Parzival beschäftigte sich mit Schnitzen und Basteln, streifte im Walde herum. Seine einzigen Kumpane waren die Vögel, denen er nachjagte, über die er weinte, wenn er sie tödlich getroffen hatte und zu denen er sich heftig sehnte, bis die Mutter sogar auch auf sie eifersüchtig wurde: »Und auf die Vöglein fiel ihr Haß; sie wußte freilich nicht, um was. Sie rief den Pflügern und den Knechten, daß sie den Schall zum Schweigen brächten, hieß alle, die da sangen, erwürgen oder fangen.«

Als Parzival älter wurde, beschäftigte er sich mit der Jagd. Die Mutter lehrte ihn zwischendurch »Tun und Meiden, das Finstre von dem Lichten scheiden.«

Wie es kommen mußte, begegnete Parzival auf einer seiner Jagden vier Rittern. Da er Männer nur in Kleidung und Stellung von Knechten gesehen hatte, blendeten ihn die rüstungsverzierten Gestalten, daß er sie jeden von ihnen – nach den Beschreibungen der Mutter – für Gott den Herrn persönlich hielt. Die Männer lachten ihn aus und stellten sich als Ritter vor. Wie ein Zauberwort drang der Begriff in Parzivals vorstellungsarmes Hirn. Parzival wollte wissen, wie man Ritter wird. Die Leute machten sich einen Spaß daraus, den Funken der Ritterschaft zu übertragen und ihn in Parzival auch noch gleich zünden zu lassen. Sie erzählten ihm vom König Artus und redeten dem armen Jüngling ein, daß auch seine – des Parzivals – Gestalt von ritterlicher Vorherbestimmung gezeichnet wäre.

Parzival bestürmte die Mutter, er wollte Ritter werden. Herzeloyde erzitterte, konnte schließlich seinem Drängen nicht widerstehen, hoffte aber noch in der Art ihres Einlasses auf seine Wünsche, das anscheinend Unvermeidliche aufzuhalten. Sie gab ihm ein schlechtes Pferd und Lumpen als Gewand, damit man ihn auslachen sollte. »Wird er gerauft und dann geschlagen, so kehrt er mir wohl bald zurück.«

Sie bat ihren Sohn, noch eine Nacht zu bleiben, damit sie ihm alle guten Lehren mit auf den Weg geben könnte. Menschen gegenüber riet sie ihm dreierlei: 1. »Du mußt mit Anstand dich betragen und niemand deinen Gruß versagen.« 2. Den Unterweisungen eines alten Mannes sollte Parzival bedingungslos gehorchen. 3. Schönen Frauen gegenüber möge er sich keck verhalten, ihnen Ringe und Küsse rauben, »denn das gibt Glück und hohen Mut«. Die Mutter rät vernünftige Dinge. Zu Menschen allgemein zuvorkommend zu sein, alter Leute Rat zu berücksichtigen und mit Frauen erotisches Vergnügen zu haben, stehen einem in die Welt strebenden Jungen gut zu Gesichte. Jedoch das gute Meinen der Mutter half Parzival nichts. Die Empfehlungen seiner Mutter hatte er nicht in sein Verhaltensgefüge einbauen können. Sie blieben für ihn Überschriften, fern von eigenen Lebensübungen und sollten sich – absolut gesetzt – für Parzivals Leben alsbald furchtbar auswirken. All sein zukünftiges Leiden entsprang seiner Erfahrungslosigkeit. Ohne Vergleichsmöglichkeiten und deshalb ohne Reflexionen taperte er in der Gegend herum. Die Mutter selbst saß ihm fremd als achte Haut am Leibe und ließ ihn andere Menschen schädigen und selbst leiden. Die Erlösung erfuhr Parzival am Ende märchenhaft, weil er sich doch noch zu einer selbständigen Person mit eigenem Verhalten entwickeln konnte.

Wie eine Marionette verhielt er sich nach Direktiven, die ihm eingebrannt worden waren, so daß sie durch neue Autoritäten kaum noch nachgegeben zu werden brauchten. Einer jungen Frau, der er in einem Zelt am Wege begegnete, raubte er eingedenk der Worte seiner Mutter, Kuß, Ring und eine Spange und ritt ohne Abschied fort. Der Frau bereitete dieses Verhalten keine Freude, sondern heftigste Pein. Der Fall sah vor ihrem Gemahl so aus, als hätte sie sich mit Parzival eingelassen. Unterwegs grüßte Parzival die Leute, die sich wunderten, mit der Bemerkung: »So riet die Mutter mein!«

Er tötete dann ganz unritterlich einen berühmten Ritter, dessen Rüstung ihm gefiel, und die er von König Artus begehrte und zugesprochen bekam, wenn er den Mann ritterlich besiegen konnte. Vom Töten war bei König Artus nicht die Rede. Parzival stülpte sich des getöteten Ritters Panzer und Kettenkleidung über.

Eschenbach kommentiert: »Der Tor mit unberatnem Sinn . . . , Parzival in Dümmlingsnot . . . dem Toren seinen Willen . . . , der trotzt: ›Was meine Mutter mir gegeben, das soll nicht von mir kommen, mag's schaden oder frommen‹.«

Parzival verbrachte eine Zeitlang bei dem greisen Fürsten des Landes, »Gurnemanz, ein weiser Meister wahrer Zucht, sein Leben war der Falschheit Flucht.« Parzival wollte sich von ihm nicht nur bewirten, sondern auf der Suche nach einer Vatergestalt, auch erziehen lassen: »Vom grauen Manne Rat zu holen, hat meine Mutter mir befohlen. Ich will dafür Euch dienstbar sein, so schärfte mir's die Mutter ein.«

Parzival wurde freundlichst aufgenommen, mit Wohlleben gelabt und mit Ermahnungen nachgezüchtet. Gurnemanz spürte die Mutterbezogenheit des Parzival: »Müßt' Ihr denn stets die Mutter nennen, als wolltet Ihr nichts andres kennen? Nun haltet Euch an meinen Rat!« Der Weise entblätterte seinen Geist vor dem Jungen. Die Ratschläge waren eines reifen Manneslebens Zier. »Gebt jedem Ding sein rechtes Maß. Ich kann nicht leugnen, denn ich sah's, daß Ihr des Rats bedürftig seid ... Vor allem sollt Ihr nicht viel fragen, doch wohl bedächtig Antwort sagen ...« Parzival mit guten Dingen vollgesogen, ging auf neue Touren. Seine Geschichtslosigkeit umschreibt Eschenbach mit den Sätzen: »Von seiner Mutter schwieg fortan sein Mund, jedoch sein Herze nicht. So ist es treuen Kindes Pflicht.«

Parzival heiratete und war mit seiner Frau Kondwiramur in hohem Glücke, wurde aber nach kurzer Zeit unruhig und wollte seine Mutter besuchen. Als er von dem Ritt am Abend erschöpft in die Nähe einer Burg gelangte, war es der Gral, die Stätte seiner Bestimmung. Parzival selber ist Abkömmling der Gralskönige, zu denen er über allerlei Hokuspokus stoßen und die Regentschaft fortsetzen sollte. Die Gralsburg steht in dieser Sage sinnbildlich für die Ich-Erfüllung, die jämmerlich scheitern muß, wenn der Mensch nicht einmal eine selbständige Ich-Geschichte zurücklegen darf. Wenn in der Kindheit eine Komposition beim Aufbau des Ich's nicht stattfinden kann, nützen alle späteren Weisen nichts. Parzival war keine selbständige Person. Fremdbestimmt, weisungsfolgend blieb er ein alleingelassener Körper, wie es Eschenbach ausdrückt: »Du hättest ein vollkommenes Leben, wär Dir nur auch Verstand gegeben.« Parzival lebte auf Geheiß und nicht aus Erfahrung. In unwichtigen Passagen seines Lebens wirkte das komisch. Nachdem er von König Artus zum Ritter geschlagen worden war, ein richtiges Pferd beritt, in einer echten Rüstung stak, bildete er sich ein, als Ritter nun für immer mit Roß und Rüstung verschmolzen zu sein. Als die Getreuen des Gurnemanz ihn in dem Burghof einluden abzusteigen, weigerte er sich: »Er aber wand' im Torsinn ein: ›Mich hieß ein König Ritter sein. Was mir darauf auch widerfährt, ich komme nicht von diesem Pferd. Doch Gruß gebot die Mutter mir‹.«

Im Ernst, wenn unvorhersehbare Situationen auf Menschen treffen, die sie von ihren Eltern nicht beigebracht bekommen haben, entstehen Katastrophen, wenn der Handelnde mit seinem Verstande bei seinen Eltern geblieben ist.

Der Gral hatte einen souveränen, selbständig handelnden Mann bitter nötig. Der amtierende König Anfortas war in Gottes Ungnade gefallen und mußte eine tiefe Verletzung aus einem Speerhieb heilungslos mit sich herumschleppen. Weil er das ewige Leben hatte, konnte er auch nicht sterben. Er mußte leiden. Die Sage verbildlicht das körperlich: Anfortas konnte nicht stehen, nicht sitzen, nicht liegen, sondern nur lehnen. Erlösung war ihm geweissagt worden, wenn ein junger Ritter, der plötzlich auf den Gral gelangte, überwältigt von den Leiden des Anfortas nach den Ursachen fragte. Voraussetzung dafür war, daß der Gast zu den Fragen nicht genötigt werden würde.

Parzival bewunderte in der Burg das Heilige, Festliche und Überwältigende und erstaunte sich über den zutiefst geschädigten König. Ihm wurde sogar von einem Knappen die Geschichte von des Königs Speerverletzung allegorisch vorgespielt. Das Schloßvolk erschütterte sich an dem Theater, als ob der König erst in diesem Augenblick verwundet würde. Parzival lebte jedoch nicht spontan, sondern nach Leitbildern: »Wohl sah mit Staunen Parzival die Pracht der Wunder sich bezeigen; jedoch aus Anstand wollt' er schweigen. Er dachte: ›Der getreue Mann Gurnemanz befahl mir an, vieles Fragen zu vermeiden. Drum will ich höflich mich bescheiden und warten, bis man ungefragt von diesem Haus mir alles sagt, wie man bei Gurnemanz getan‹.« Der König schenkte Parzival sogar sein eigenes Schwert mit den Worten: »Ich hab es oft im Kampf getragen, bis Gott am Leibe mich geschlagen.« Von Parzival kam kein »wieso?«, kein »warum?«, kein »was hat das alles zu bedeuten?«. Er war verstockt. In den entscheidenden Momenten seines Lebens war er nicht er selbst, sondern Vollziehender von fremden Existenzen, die sich ihm so aufgedrängt hatten, daß er keine eigene zusammenfügen konnte. Sein Kompositionsprozeß war durch sein inzüchtiges Aufwachsen lächerlich in der Phase der Nachahmung seiner Mutter steckengeblieben, der einen Person, der er unterworfen war, woraufhin er auch in seinem späteren Leben nur nachahmen konnte, aber zu keiner souveränen Ich-Komposition durch selbständige Verarbeitung von Eindrücken fähig wurde. Der Weise Gurnemanz hatte sich geirrt. Er dachte, einen Erwachsenen vor sich zu haben, dem er etwas zur eigenen Verwendung mitteilte und der seinen zentralen Rat zuerst befolgen würde: »Gebt jedem Ding sein rechtes Maß.« Statt dessen wurde alles Weisen und Raten in Parzivals Verhalten zu Spuk, der durch ihn zog und aus ihm brach, daß alle Menschen um ihn und besonders sein vom Ich alleingelassener Körper daran Schaden nahmen.

In der Geschichte des Parzivals und in dem davor erwähnten Fall der Edeltraut U. sind Veränderungen noch möglich, weil die Fremdbestimmtheit der Personen an einzelnen Aktionen deutlich wird. Edeltraut erinnerte sich, daß sie in den sexuellen Momenten im Bett zu den Männern Sätze gesprochen, die ihr ihre Mutter früher mal gesagt hatte, nicht diktiert, nicht gezwungen oder eingebleut, sondern die in sie geflossen waren und sich in ihrem Inneren festgesetzt hatten. Beim ersten Mann, dem Bankdirektor, dachte Edeltraut, sie gibt ihr höchstes Gut, und das sollte der Mann auch im Moment des Gebens und Nehmens noch wissen. Solche Sätze, die Edeltraut sprach, waren aber für jungfräuliche Hochzeits- oder Verlobungsnächte ausersonnen, wenn der Geliebte ein ganzes Leben zu bleiben gedenkt. So aber, im Vorübergehensschlaf mit einem verheirateten Bankdirektor hatte der Satz eine ganz andere Wirkung. Dem Direktor alarmierte er die Stoßgedanken: »Jungfrau, um die Dreißig, die bindet sich an mich, erste Nacht, Frauen halten was davon, ewige Bedeutung, schweres Gewicht, jahrelang an dir hängend und unvergessen ...« Die Verwirrungen, die aus solcher ersten Brunst erwachsen, waren dem Direktor zuviel.
Als Edeltraut den umgekehrten Satz dem Südländer sagte, sie wäre doch nicht so eine, die es gleich beim ersten Male triebe, kränkte sie die ehrlichen Absichten des Liebhabers, der sich hochgenommen fühlte, vielleicht auch entlarvt, daß er es sonst gern mit schnellen Frauen probierte.

Die Feststellung, ich-verstümmelt erfüllungslos zu agieren, wirft über die Menschen eine schwere Not, unter der sie apathisch dahinsiechen wie im Falle der Dagmar oder des Clemens oder die sie durch Raserei zu tilgen suchen. Parzival sagte: »Ich suchte nichts als Streiten.« Nach seinem Mißlingen bei Anfortas im Gral wurde er von einer Zauberin verflucht und begab sich in wilde Selbstgefährdung, verletzte und vernichtete, wo er hintraf. Er konnte keine Schuld bei sich finden, fühlte sich vom Schicksal verraten, haderte mit Gott und verschrieb sich dem offiziell Bösen: »Nun gilt's den Dienst ihm (Gott) aufzusagen, und hat er Haß, den will ich tragen.«

»Ein Mensch kann sich selbst von sich selbst entfremden. Er kann sich auch sein Tun stehlen lassen von anderen. Wenn man uns die Erfahrung nimmt, nimmt man uns unser Tun. Wenn uns unser Tun sozusagen aus den Händen genommen wird, wie Kindern das Spielzeug, beraubt man uns unserer Humanität[29]« (Seite 23), formuliert Ronald D. Laing den entscheidenden Ausbruchsmoment des Bösen während der Entstehungsgeschichte.
Für Parzival heißt es schon früh ganz deutlich: » . . . mit Ängstlichkeit gewahrt, so in der stillen Wildnis ward der junge Königssohn erzogen, um königliches Tun betrogen.« Der Mythos des Parzival ist wie alle Heldensagen ein Beispiel dafür, wie sich eine Person zu ihrer Ich-Geschichte – um mit Plack zu sprechen – noch durchreißt. Dabei ist jedoch das Leiden des Starken, dem dieses Durchreißen gelingt, universell. Und sein Weg ist mit Opfern anderer Menschen, die sich seiner Ego-Gewalttour nicht unterwerfen, oftmals ihr nur zufällig im Wege stehen, flankiert. Parzivals Leben ist die Utopie einer im Erwachsenendasein nachgeholten Kindheit; die Rigorosität, mit der die nachgeholte Entwicklung voranschreitet, und das glückliche Ende sind die Abweichungen. Der Versuch, das unvollkommene Ich noch nachwachsen zu lassen, ist allen Menschen gemein. Mit unwahrscheinlichen Selbstverwundungen und Verletzungen anderer taumeln sie wie auf vorgezeichneten Pfaden immer wieder in die Zwangsläufigkeit des Bösen hinein.

Ausgangspunkt all dieses menschlichen Elends ist die Mutter – das ungeheure Mißverhältnis zwischen weiblicher Begabung und gesellschaftlichem Soll der Frau *als* Mutter.
Im Gleichnis vom Salomo und den um ihr Kind streitenden Müttern wird die ursprüngliche Aufgabe der Frau deutlich gekennzeichnet. Zwei Frauen haben in einem Hause um die gleiche Zeit einen Sohn geboren. Die eine erdrückte ihren Sohn im Schlaf zu Tode. Als sie das bemerkte, nahm sie den Toten und vertauschte ihn mit dem lebendigen Säugling, der bei der anderen lag. Die andere behauptete, das Kind, welches bei ihr tot am Morgen gelegen hätte, wäre nicht das ihre, sondern das lebendige, das bei der anderen ruhte, und welches diese ihr ausgetauscht hätte, gehörte ihr. Die erste wies den Vorwurf zurück und behauptete ihrerseits, die andere wollte ihr das Kind nur wegnehmen, weil sie ihr eigenes im Schlafe erdrückt hätte. Jede behauptete dasselbe. Aber nur eine von beiden konnte die rich-

tige Mutter sein. Salomo empfahl, das Kind bei lebendigem Leibe zu zerteilen und jeder Mutter die Hälfte davon zu geben. Die eine der beiden Frauen sprach: »Ach, mein Herr, gebt ihr das Kind lebendig und tötet es nicht.« Die andere entgegnete: »Es sei weder mein noch dein; laßt es teilen!« (1. Könige 3) Salomo sprach das unverletzte ganze Kind der ersten Mutter zu, der das Leben des Kindes wichtiger war als sein Besitz. Die zweite Mutter war in doppeltem Sinne die falsche. Zunächst bettete sie ihren Sohn so nah an sich heran, daß sie ihn im Schlaf erdrückte. Dann stahl sie das Kind und sah es lieber tot als in der Pflege der anderen Frau. In verschärfter Form drückte sie Empfindungen aus, die auch die Verlegersgattin Hearst äußerte: »Lieber tot als außer meiner Reichweite.«

Und gerade diese absolute Nähe der Kinder bei der Mutter eröffnet allen Menschen einen Leidensweg, der sie in lebensfeindliche Beschränkungen und Vernichtungen, in sinnlose Krankheiten und oft einen frühen Tod hineinstürzt. Das Böse kommt zu allererst und am häufigsten von der Mutter. Die Gesetze der menschlichen Aufzucht werden durch die Mutter universell zu Fall gebracht. Das vielfältige Angebot an menschlichen Erscheinungs- und Verhaltensweisen und die freie Wechselwirkung zwischen den Erwachsenen und dem Kindes-Ich werden außer Kraft gesetzt. *Eine* Person ist es, die sich über das Kind von seinem ersten Tag an stülpt. *Ein* und dasselbe Verhalten dringt auf das Kind ein, *ein* Temperament, *eine* Stimmung eines Menschen, *ein* einziger Charakter produzieren sich in der Frühe seiner Existenz vor ihm. Die wichtige Phase der Ich-Zeugung, der Introjektion, des abbildenden Einsaugens von Personen, der Verinnerlichung ganzer fremder Verhaltenszyklen verläuft durch die Mutter-Kind-Beziehung so prinzipiell eingeschlechtlich, daß der Mensch fest geprägt sein weiteres Leben nach diesem anfänglichen einheitlichen Einwirkungssystem verbringen muß.

Am prägbarsten während seines ganzen Lebens ist der Mensch nach der Geburt. Nur körperlich geboren, muß erst die Erzeugung seiner sozialen Existenzfähigkeit stattfinden. Wie ein befruchtungsempfängliches Ei harrt er der Einwirkung und anschließend der Mischung von fremden Verhaltensangeboten, die er allmählich zu einer selbständigen Struktur seiner sozialen Erscheinung entwickelt. In der totalen Mutter-Kind-Beziehung, die drei bis fünf Jahre unter Ausschluß aller Öffentlichkeit anhalten soll, kann keine souveräne Neustrukturierung des menschlichen Ichs geschehen.

II. Das angebliche Naturgesetz des Mutterinstinktes

1. Das Ammenmärchen von der natürlichen Nestwärme

Vor die totale Mutter-Kind-Beziehung wird das Schild der Natur gehalten wie vor das Böse und vor den Inzest. Das Naturetikett vor einem Verhältnis, einem Vorgang oder einem Verhalten hat den Zweck, deren kritische Beleuchtung zu verhindern. Die Natur wird zum Weihnachtsmann gemacht, den man nicht fragen darf, wer hinter ihm steckt. Das meiste, das als natürlich ausgegeben wird, soll unwidersprochen hingenommen, darf nicht als vom Menschen selbst künstlich eingerichtet entlarvt und noch weniger als veränderbar erkannt werden. Der Mensch zeigt gerade, daß er es mit der Natur respektlos treibt, wie es ihm beliebt und sie ihm gegenüber alle Macht verloren hat. Wenn eine Gesellschaft etwas als »natürlich« erklärt, will sie damit nur ausdrücken, daß sie etwas für unangreifbar wünscht. Umgekehrt bedeutet das Etikett »unnatürlich«, daß das damit gekennzeichnete Verhalten mißbilligt wird und von jedermann angegriffen werden kann.

Das Schutzzeichen »Natur« vor der totalen Mutter-Kind-Beziehung ist ein besonders beliebter und zugleich auch gefürchteter Popanz, der hartnäckig auftrecherhalten wird, um die ärgsten Willkürlichkeiten, die er verkleiden helfen soll, nicht zum Vorschein kommen zu lassen. In Wirklichkeit sind die Vorstellungen von der Natur und von der Notwendigkeit der totalen Mutter-Kind-Beziehung für eine segensreiche Entwicklung des Menschen Ammenmärchen wie die Meinungen vom außerirdisch oder naturgesetzlich vorbestimmten Bösen und vom natürlich verbreiteten Inzest.

In der Männergesellschaft, in der wir leben, wird die Frau mit Füßen getreten. Nur wenn sie durch ehelichen Beischlaf in die Mutterlage fällt, wird sie mit einem Glorienschein umkränzt und ihre »heilige Pflicht«, ihr »hoher Stand« bejubelt. Der Mann tut so, als stünde er eine Weile still in Andacht vor der Frau als Mutter und beugte sich zwei ewigen Naturgesetzen, denen all seine Macht nichts anhaben könnte. Er behauptet, die Frau walte für den Gedeih des Menschen:

1. unter der natürlichen Macht eines Mutterinstinktes (Kapitel II des Teils B) und

2. unter der menschlichen Entwicklungsnotwendigkeit einer frühen Mutter-Kind-Bindung (Kapitel III des Teils B).

In den beiden folgenden Abschnitten geht es darum, zu beweisen, daß 1. bei Frauen ein sogenannter »Mutterinstinkt« nicht angeboren ist und

daß 2. umgekehrt das Verhalten, das sich als spontan wirkender »Mutterinstinkt« ausgibt, seinen Grund nicht in der Natur, sondern in künstlichen Zwängen hat, denen die Frau unterworfen wird.

Eine hervorragende Lüge ist es, der Frau den Mangel an gesellschaftlicher Mitbestimmung damit zu vergelten, daß man ihr einredet, sie sei mit der Natur identisch, hätte also Macht an sich, die viel stärker sei als die gesellschaftliche Macht des Mannes, sie brauchte deshalb zu ihrer natürlichen Macht nicht auch noch etwas von der gesellschaftlichen hinzuzubekommen. Es sei alles gleich verteilt: die Frau zusammen mit der Natur, das sei die eine Kraft, und der Mann und seine Gesellschaft, das sei die andere Kraft. Ein Beweis für die Macht der Frau sei ihre Position als Mutter.

In der Mutterrolle der Frau und in der Mutter-Kind-Beziehung, wie die Frau sie gestalten muß, wird nun aber gerade die Schwächung der Frau eklatant offenbar. Zunächst ist im Zusammenhange mit Gebären die Frau nicht gleich Natur, sondern ihre sie verhöhnende Karikatur geworden. Die Frau hat als Mutter alle Natur verloren. Vollkommen dem Regenerationsprozeß der Natur entglitten, wird sie heute zu ihrer ärgsten Feindin. Sie wirft Kinder wie Karnickel und scheint mit dem Mann darum zu wetten, wer von beiden Geschlechtern mehr zur Weltkatastrophe beiträgt: der Mann mit sachlichem Verschleiß oder die Frau mit unkontrollierten, ständig steigenden Geburten.

Ursprünglich stand die Biologie der Frau im Einklang mit der Natur. Als ihre Fortpflanzungstätigkeit noch den Affen gleich einem festgesetzten Zyklus unterworfen war, bestimmte die Natur den Rhythmus ihrer Geburten. Als die Frau ihr Geschlecht aus den Zyklen heraus verselbständigte und jederzeit geschlechtlich kontaktfähig wurde, hatte sie ein neues Regulativ: ihren eigenen Geschlechtstrieb. Der Fortschritt: mehr Sex = mehr Lust sollte der Harmonisierung des Gemeinschaftslebens dienen, das für alle menschliche Entwicklung von stärkster Bedeutung geworden war.[47] Die geschlechtliche Befreiung der Frau aus den Fortpflanzungszyklen durfte nicht das Fortpflanzungsgleichgewicht stören. Die Balance wurde nun durch die neue Errungenschaft selbst garantiert. Lust und ständige Praxis geschlechtlicher Vereinigung wirkten der Empfängnisbereitschaft der Frau entgegen. Noch heute heißt es im Volksmund: Wenn der Ehemann von einer Reise wiederkommt, gibt es ein Kind! Berüchtigt war die nicht abreißende Geburtenfolge in puritanisch geführten Pfarrersehen. Seltene Praxis, hauptsächlich aber die Lustlosigkeit der Frau ließen sie Kinder empfangen, kaum daß die Hosenträger der Ehemänner gefallen waren. Umgekehrt ist die seltene Empfängnis von Kurtisanen sprichwörtlich geworden.

Die ununterbrochene Geburts*tätigkeit* der Frau geschieht nicht im Einklang mit ihrer natürlichen Bestimmung, sondern ist ein Zeichen für den Zusammenbruch ihrer geschlechtlichen Selbstbestimmung, durch den auch ihre Biologie aus dem Gleichgewicht der Natur geraten ist.

Die Geburts*fähigkeit* ist das einzige natürliche Merkmal der Frau bei der Fortsetzung der Art. Schon die Geburtstätigkeit – die Empfängnisbereitschaft, die Häufigkeit der Geburten – wird von der Gemeinschaft, in der die Frau gebären soll, entscheidend beeinflußt.

In sogenannten »primitiven« Gesellschaften wie bei den Sioux-Indianern[13], bei den Ifaluk in der Südsee[55], und bei den Arapesh in Neuguinea[40] säugen die Frauen ihre Kinder jahrelang. Während dieser Zeit setzt ihre Periode aus, und sie empfangen keine neuen Kinder. Da diese Gemeinschaften nicht im Ehemodell der Zwangsgeschlechtsgemeinschaft von zwei Personen leben, können die Männer außerdem ihre geschlechtlichen Bedürfnisse auch mit anderen Frauen befriedigen, die gerade nicht mit Kindern beschäftigt sind.

Die Geburtenrückläufigkeit in zivilisierten Ländern wie Schweden und der Bundesrepublik ist Zeichen dafür, daß die Frau sich dort allmählich aus ihrer patriarchalischen Bevormundung befreit, daß sie selbständig mit Empfängnisverhütungsmitteln umgehen darf und daß auch die Gesellschaft endlich ein bevölkerungspolitisches Bewußtsein erhält.

Noch viel mehr steht die Aufzuchtstätigkeit der Frau im Zusammenhang mit sozialen Einflüssen. Ein Mutterinstinkt gleich einem organisch funktionierenden Fürsorgemechanismus, kaum daß die Frau ihres geborenen Kindes ansichtig wird, ist im weiblichen Menschen nicht vorhanden. Auch das Kinderpflegen muß gelernt werden. Im Patriarchat soll es nur der weibliche Mensch lernen. Kinderumgang, »das kriegt man doch von der Mutter mit«, sagt dazu eindeutig eine Hausfrau im »Brigitte«-Report der Helge Pross[52].

»Alles, was als natürliche Mutterliebe bezeichnet wird oder als ein Ausdruck besonderer Beziehung des Kindes zur Mutter gedeutet wird, ist nur die Folge einer erworbenen gegenseitigen Anpassung«, erklärte schon 1908 der Kinderarzt Adalbert Czerny[9] (Seite 4).

Diese Anpassung an die Gegenseitigkeit zwischen Mutter und Kind, die als ein Instinkt ausgegeben wird, kann unvollkommen sein, bei mehreren Kindern ein und derselben Mutter ganz verschieden gelingen oder gar nicht stattfinden.

Der Arzt und Kinderpsychologe René Spitz berichtet von einer Mutter, der das Kind wie ein Stein in den Armen lag. Er schildert ein sechzehnjähriges unverheiratetes Hausmädchen, das von dem Sohn ihres Dienstherren verführt und von ihm infolge eines einzigen Geschlechtsaktes geschwängert wurde. Als gläubige Katholikin litt sie während der Schwangerschaft an schweren Schuldgefühlen. Die Entbindung war normal. Aber als die Mutter ihr Kind an die Brust legen sollte, war ihre Haltung abweisend, starr und gespannt. Sie behandelte das Kind, »wie wenn es eine Sache, etwas Fremdes sei und kein lebendes Wesen«. Das Baby trank nicht, obwohl die Mutter Milch genug zur Verfügung hatte. Aus einer Flasche, die man ihm reichte, trank es jedoch. Die Mutter ließ das Kind vor Feindseligkeit regelrecht erstarren. Nach der fünften Begegnung mit ihr geriet es in einen lähmungsähnlichen todesgleichen Zustand, aus dem es »mit Hilfe von Kochsalzzufuhr und Sondenfütterung wieder zum Leben erweckt« werden mußte[66] (Seite 67, 68).

Solche unverhüllte Ablehnung ihren Kindern gegenüber, die bei ihnen zu lebensbedrohlichen Reaktionen führen können, kennzeichnet das Verhalten unzähliger unehelicher Mütter. Aber auch ehelich geschwängerte Frauen können ihr Kind bis zu entsetzlichen Auswirkungen von sich weisen, wenn die Empfängnis und Geburt nicht in ihre Lebenszusammenhänge paßt. Von diesen an der Tagesordnung liegenden Fällen zeugen die unaufhörlichen Kindesmißhandlungen: 100 bis 400 abgeurteilte Fälle pro Jahr in der Bundesrepublik, 1000 Tötungen – so muß man die Dunkelziffer ansetzen. Die Körperverletzungen an Kindern gehen in die Hunderttausende[4,7]. Die Schläger sind nicht nur Väter, sondern auch Mütter. Frauen drücken damit ihre Verzweiflung aus, daß sie, weil sie gebären können, es im Patriarchat auch ununterbrochen sollen.

Bedeutsam für die Beweisführung eines nicht angeborenen Mutterinstinktes ist auch der Fall des »Maschinenkindes« Joey aus der Praxis des Analytikers Bruno Bettelheim[3]. Es handelt sich um einen Jungen, der sich von seinen ersten Lebensjahren an benahm, als sei er eine Maschine, die nur funktionieren kann, wenn sie an das elektrische Stromnetz angeschlossen ist. Joey schaltete sich an und ab, aß zu Mittag nur, wenn er zuvor ein kompliziertes Anschlußverfahren in Gang gesetzt hatte. Das Kind spielte das alles nur. Seine Heimbetreuer mußten über eingebildete Kabel und Apparaturen steigen, um zu ihm gelangen zu können. Joey war so abgeleitet und kontaktlos, wie es ein Apparat selbst ist. Die Umstände, die ihn dazu geführt hatten, lieber eine Maschine als ein Mensch zu sein, reichten bis in die Zeit vor seiner Geburt und haben alle in dem Verhalten seiner Mutter ihre Ursache. Die Mutter hatte ihre Schwangerschaft zuerst gar nicht bemerkt. Nach der Geburt verhielt sie sich ähnlich wie das Dienstmädchen im Falle von René Spitz. Sie behandelte das Kind nicht wie eine Person, sondern wie eine Sache. Die Mutter war bei Joeys Geburt entsetzt über die neue Verantwortung. Gelähmt von der Angst, eine schlechte Mutter zu sein, weigerte sie sich zunächst, die Pflege für das Kind zu übernehmen. Obwohl in eine normale Familienkonstruktion zwischen Vater und Mutter hineingeboren, geriet Joey in eine Welt ohne Liebe, sogar ohne negative Affekte. Die Mutter äußerte ihm gegenüber nur Gleichgültigkeit. Sie ignorierte ihn, wiegte ihn nicht, streichelte ihn nicht, spielte nicht mit ihm. Zwar ernährte sie ihn unter striktem Zeitplan, aber das geschah routiniert und maschinell. Obwohl Joey bei seiner Geburt gesund und stark war und körperlich gut ernährt wurde, litt er unter der mütterlichen Beziehungslosigkeit zu ihm so, daß er kränkelte, mit dem Kopf dauernd rhythmische Bewegungen von vorn nach hinten und von links nach rechts vollführte und mit ihm auch gegen die Wände stieß. Die Mutter war nicht etwa geistesgestört, sondern so in persönliche Probleme zu ihrem Mann und zu ihren Eltern verstrickt, daß sie sich dem Kinde nicht widmen konnte und es als neue Person nicht wahrnahm. Einer später geborenen Schwester Joeys konnte sie pflegerische Aufmerksamkeit zuteil werden lassen.

Bei diesen Fällen könnte man sich auf ärgste Belastungen einzelner Frauen durch das zivilisierte Patriarchat hinausreden, durch die ihnen der Mutterinstinkt bis zur Verkehrung in sein Gegenteil unterdrückt worden wäre. Aber auch in den »primitiven« Gesellschaften, in denen wir den Menschen besonders dicht am natürlichen Ursprung des Lebens vermuten, gibt es Beispiele wie die eben erwähnten. Dort unterbleibt dann sogar die liebende, sorgende Mütterlichkeit bei allen Müttern aus Stammesprinzipien und wird nicht wie in unserem Kulturkreis als eine Abweichung von der Norm behauptet.

Franz Renggli berichtet von den Tepoztlanern in Mittelmexiko. Dort ist die Einstellung der Frau zu ihren Kindern »maximal negativ«. Das Kind ist eine Strafe Gottes. Die Schwangerschaft ist gleichbedeutend mit Krankheit, und Gebären bedeutet Sterben[55] (Seite 164).

Lucien Malson schreibt über die Bevölkerung auf den Inseln der Torres-Straße und den Andamanen, bei denen mütterliche Liebe und Fürsorge für Kinder von den Frauen völlig willkürlich gehandhabt wurden. Wenn es ihnen paßte, boten sie ihre Söhne und Töchter gern den Gästen als Geschenk oder den Nachbarn als Zeichen der Freundschaft an[37] (Seite 29).

Margaret Mead beobachtete bei den Mundugumor auf Neuguinea Zorn, Haß und gleichgültige Routine, mit denen die Mütter das Leben ihrer Kinder von klein auf begleiten. Es beginnt damit, daß Frauen sich über eine Schwangerschaft ärgern, weil dadurch das Einvernehmen mit ihren Männern getrübt wird, die sich sexuell von ihnen abwenden, weil man überzeugt ist, durch Geschlechtsakte nach der Befruchtung Zwillinge hervorzurufen. Während der Schwangerschaft debattieren Mann und Frau darüber, ob sie das Kind töten oder es am Leben lassen sollen. Die Frau würde lieber eine Tochter töten, der Mann lieber einen Sohn. Kommen Zwillinge auf die Welt, was dort viel häufiger als in den benachbarten Bevölkerungsteilen der Insel passiert, wird fast regelmäßig eines der beiden Neugeborenen getötet, wenn es ein Junge ist (oder einer von zwei Jungen). Nach der Geburt wird das Kind in einen für es viel zu engen, schmalen, geflochtenen Tragekorb gelegt, in dem es die Arme aneinanderpressen muß, nur ausgestreckt liegen kann und in den nur ein Lichtspalt durch einen Schlitz im Deckel dringt. Die Mütter säugen ihre Kinder im Stehen, buchstäblich im Vorübergehen, nicht wenn das Kind schreit, sondern nur, wenn man überzeugt ist, daß es jetzt Nahrung braucht. Beim Säugen preßt die Mutter das Kind mit einem Arm lieblos an sich und gibt ihm nur ganz wenig Zeit, die genügende Portion zu erlangen. Verschluckt sich das Kind in der Eile und

muß es husten, geht sofort Gekeife los. Es muß zur Strafe zurück in seine Dunkelzelle. Es wird früh entwöhnt. Wenn es an den Beinen der Mutter hochzukrabbeln versucht, bekommt es Schläge. Wenn es älter wird, setzt die Mutter es auf ihren Nacken. Das Kind muß sich dort aber allein festhalten, klammert sich verzweifelt in dem Haarbüschel der Mutter fest wie jemand, der zum ersten Male auf nacktem Pferde galoppiert und seine Hände in dessen Mähne krampft. Ist das Kind krank, geht die Mutter sogar gegen es los, als würde ihre Persönlichkeit angetastet und beleidigt[40] (Seite 177).
Die Ik-Mütter, die Turnbull beschrieben hat, lassen ihre Kinder sogar noch vor dem dritten Lebensjahr auf dem Feldboden liegen, während sie sich stundenlang ihrer Arbeit widmen. Wenn ein Kind dort hilflos die Beute eines Raubtieres wird, ist die Mutter nicht etwa traurig, sondern freut sich, daß sie nun einen Mund weniger zu stopfen und ein Geschöpf weniger zur Sorge hat. Die Gemeinschaft fand in einem Falle sogar nichts dabei, den Leoparden, der das Kind gerade gefressen hatte, zu erjagen und ihn mitsamt dem Inhalt selbst zu verspeisen[71] (Seite 111).
Nicht erst beim Menschen kann mütterliche Fürsorge fehlen oder aussetzen. Auch weibliche Tiere können sich gleichgültig oder feindlich ihren Jungen gegenüber verhalten. Affenweibchen, die ohne Kontakte zu Artgenossen aufgewachsen sind und als Erwachsene geschwängert wurden, konnten mit ihren Jungen nichts anfangen. Sie hatten Mutterfürsorge nicht am eigenen Leibe erfahren und konnten sie deshalb auch nicht an ihren Kindern praktizieren[48] (Seite 326, Anmerkung 38).
Auch die durch Menschen gestörte Umgebung der Tiere kann sie so blockieren, daß sie sich sozial nicht wie gewohnt verhalten. Ein aus Südamerika in einen niedersächsischen Vogelpark transportiertes Harpyie-Adler-Weibchen zerstörte innerhalb von vier Jahren acht seiner Eier. Eine Nilpferdmutter im Hellabrunner Zoo biß ihr neugeborenes Baby tot.

2. *Das Unglück der Mutterliebe*

Das waren Fälle, in denen der sogenannte Mutterinstinkt nicht in Erscheinung trat, sondern sich sogar als sein Gegenteil äußerte. Sie zeigen, wie die Frau sich überhaupt nicht pflegerisch verhält, wie sie ihrem Kinde gegenüber nicht nur gleichgültig, sondern feindlich sein kann. Entweder seelisch brutal kann sie es unter ihrer eisigen Ablehnung ersterben lassen, wie in den Fällen von Spitz und Bettelheim oder physisch rigoros kann sie auf es einschlagen, wie es die Fälle von Kindesmißhandlungen beweisen. Dieses Verhalten von Frauen wird von der Gesellschaft mißbilligt und zum Einzelfall verharmlost.

Wenn die Frau sich nun verhält, wie sie gesellschaftlich soll, wenn sie »Mutterliebe walten« läßt, daß der Mann vor dem Selbstlauf eines Instinktes zu stehen meint, treten ebenfalls Verzerrungen des allgemeinen menschlichen Pflegeverhaltens in Erscheinung. Auch das »Walten der Mutterliebe«, das die Gesellschaft mit dem positiven Schild »natürlich« etikettiert, erweist sich bei näherem Hinsehen als Verhalten, das unter bestimmten Bedingungen eingeübt wird, um später dementsprechend ausgeübt zu werden. Das Verhalten von Frauen, ihre Kinder mit »Mutterliebe« zu überschütten, ist ungleich viel häufiger anzutreffen als das Verhalten der Ablehnung und offenen Zerstörung. Aber auch dieses Verhalten verursacht Schäden. Sie sind nicht sofort ins Auge fallend wie die durch die ablehnenden Mütter, aber wegen ihrer allgemeinen Verbreitung für die Entstehung des Bösen von viel entscheidenderer Wichtigkeit.

Neueste Schizophrenie-Forschungen der amerikanischen Psychiater Bateson, Jackson, Lidz und anderer haben ergeben, daß das überschwenglich geäußerte Sorge- und Pflegegebaren von Müttern mit der Verursachung der Schizophrenie ihrer Kinder in direktem Zusammenhang steht. Murray Bowen entdeckte, daß als Ursache der Schizophrenie ausschließlich das Verhalten der Mutter in Frage kommt[62]. Beziehungen zu Geschwistern spielen keine Rolle. Er untersuchte Mütter, die sich zu ihren mehreren Kindern unterschiedlich verhielten. Gerade die Kinder wurden schizophren, auf die die Mütter ungehemmt und ungefiltert ihre angeblich natürlichen Muttergefühle niedergehen ließen. »Dieses winzige, winzige hilflose kleine Ding«, beteuerte die Mutter bei der Geburt ihres später schizophren gewordenen Kindes, »ich bin seine Mutter, und ich bin diejenige, die es beschützen und für es sorgen muß.« Sie behauptete, daß eine »überwältigende Woge mütterlicher Triebe« aus ihr hervorgequollen sei und sich über das Baby ergossen habe[62] (Seite 198).

Die Intensität des sogenannten Mutterinstinktes war gegenüber dem zweiten Kinde, das zu einem normalen Menschen heranwuchs, viel geringer. Nach der Einsicht in die Vorgeschichte dieser Frau, die sie bis zur Geburt ihres durch ihr Verhalten schizophren gemachten Kindes zurücklegte, wird auch deutlich, daß dem Verhalten der Frau etwas ganz anderes zugrunde lag als ein Instinkt. Die Mutter war eine unselbständige Frau, die einen ebenso unselbständigen Mann geheiratet hatte. Beide waren stark an ihre eigenen Eltern gebunden. Unter ihren Geschwistern hatten sie die stärksten frühen Bindungen an ihre Mütter und beharrten folglich daraufhin in ihrem Leben in größerer Unreife als ihre Geschwister. Beide Eheleute waren in ihrer Jugend Einzelgänger gewesen und in ihren Beziehungen zu anderen Menschen überdistanziert. Ihre Ehe war ein einziges Schaukeln zwischen ihrer Unreife und einer Übertüchtigkeit, mit der abwechselnd einer nach dem anderen seine Unreife zu kompensieren suchte. War der eine in der Phase der Übertüchtigkeit, betonte der andere seine Unreife, und umgekehrt geschah es genauso. Entscheidungen zu treffen, war das Schwierigste für sie. Auch ihr sexuelles und ihr Gefühlsleben war von einem abrupten Hin und Her gekennzeichnet. Ihr erstes, später schizophren gewordenes Kind wurde in diesem Hin und Her gezeugt und geboren. Die Frau hatte ein großes Verlangen, ein Kind zu bekommen, um, wie sie behauptete, »Erfüllung als Frau« zu finden. Der Mann opponierte gegen den Entschluß der Frau mit der Begründung, sie hätten jetzt zuwenig Geld und zuwenig Zeit für das Kind. Dadurch fühlte sich die Frau geängstigt, vielleicht nicht fähig zu sein, ein normales Baby zur Welt zu bringen. Seit Beginn der Schwangerschaft konzentrierte sie ihre Gedanken heftig auf den sich entwickelnden Fötus. Immer wieder kreisten sie um Normalität und Gesundheit des Kindes. »Sie sorgte sich so sehr, das Baby könne verunstaltet sein oder tot auf die Welt kommen oder abnorm sein und später sterben, daß sie an einen Punkt kam, wo sie sich sagte: Wenn es tatsächlich abnorm wird und stirbt, ist es besser, ich mache jetzt eine Abtreibung; ich weiß, *ich* kann niemals ein normales Baby haben. Ich wollte, ich könnte den Schritt tun und eine Fehlgeburt haben[62]!« (Seite 197)

Das Verhalten dieser Frau unterscheidet sich kaum von dem der Mundugumor-Frau. Was die Frau auf Neuguinea offiziell und im Einklang mit den Kollektivprinzipien erwägt, ob sie das Kind tötet oder es leben läßt, kann die europäisch-nordamerikanische Frau sich nur unbewußt, mit Befürchtungen und Ängsten überdeckt und mit

anschließenden Schuldgefühlen wieder ausgeglichen, leisten. Zum Katalog des »guten Mutterverhaltens« gehört, daß die Mutter sich auf ihr Kind schon vor der Geburt konzentriert. Die Belästigung des Menschen kann nicht früh genug beginnen. Die Mutter soll sich mit dem Leben eines anderen schon beschäftigen, ehe sie ihm die Chance gegeben hat, sich von allein zu einem anderen ausgewachsen zu haben. Was sich als Konzentration ausgibt, sind Stöße der Angst und Unruhe, die das werdende Leben behindern, ehe es sich zur Vollendung seiner physischen Struktur konstruiert hat.
Kaum war das Kind der Mutter im Falle Bowens geboren und erwies sich als gesund, konnte die Frau ihre eigene Unreife kontrollieren, indem sie sich um die Unreife eines anderen kümmerte. Durch ihr Kind bekam sie eine stabile Funktion. Dadurch pendelte sich auch die Beziehung zwischen den Ehepartnern ins Gleichgewicht. Beide konnten angst- und aggressionsfrei miteinander agieren.

»Mutterliebe« ist kein ewig Kraft verströmender Born, sondern eine sehr labile Verhaltensweise, die von vielen Einflüssen bestimmt wird und in Schwankungen versetzt werden kann. Wenn sich die Gefühle der Frau verselbständigen und das Kind zu überwuchern beginnen, als quelle ihr wirklich ein Trieb aus dem Leibe, ist all das nur ein Zeichen ihrer regelmäßigen Unfreiheit. Die Frau braucht das Kind für ihr in der männlichen Gesellschaft zerstörtes Gleichgewicht. Den Schaden an ihrem Ich, der noch gewaltiger ist als der, der dem Manne zugefügt wird, will sie sich einigermaßen durch ihr Kind kurieren lassen. Mit dem Muttergebaren hat das Patriarchat der Frau ein vorzügliches Mittel in die Hand gegeben, die aus ihrer zerrissenen Ich-Geschichte entstandenen Spannungen wieder auszugleichen. Nicht nur das unerwünschte Kind, wie es immer behauptet wird, sondern auch das Kind, das der Mutter etwas erfüllen soll, wächst zu einem bösen Menschen heran. Gerade die sogenannten guten Mütter lassen die eigene Zerrissenheit in ihrem Kinde weiterwirken, setzen unabgebrochen die zerstörten Ich-Geschichten von Generation zu Generation weiter fort. Im allgemeinen mündet die Zerrissenheit der Kinder, hervorgerufen durch die Spannungen der Mütter, nicht in den Ausbruch einer Schizophrenie. Aber das fremd- und selbstschädigende Verhalten der Menschen ist in sich schizophren. Das Leben lebt vom Für-Sich-Sein der Exemplare und vom Für-einander-Sein der Artmitglieder. Das Umgekehrte ist der Tod, und den beschwört die

Frau herauf, wenn sie auf ihr Kind undistanziert einen Schwall von Gefühlen niedergehen läßt. Ihre Gefühle kann sie in der Gesellschaft nicht unterbringen, weder an ihrem Mann noch in befriedigenden sachlichen Tätigkeiten. Das Kind darf ihr noch keine Verweigerung zumuten. Es muß alles annehmen, was auf es zukommt. Wenn es sich an diesem Platzregen weiblicher Gefühlsausbrüche zu verstören beginnt, droht ihm ein erhobener Finger oder eine Tracht Prügel. Es hat sich gegen die Mutterliebe vergangen und damit gegen ein Heiligtum verstoßen, das die Gesellschaft nicht für, sondern prinzipiell gegen das Kind verteidigt und der Frau als letzte Chance gesellschaftlicher Äußerung zur Göttlichkeit lauterster Empfindungen lügt. »Er konnte nur den Tod in der Quelle finden, die ihm das Leben gegeben hatte«, umschreibt schon Pentadius das Verhängnis des Menschen, unter einer zur totalen Mutterschaft geknechteten Frau aufwachsen zu müssen.

In der absoluten Mutterrolle produziert die Frau Menschenmurks. Aus Selbstschaden wird Fremdschaden. Und die in die Mutterrolle hineingepreßte Frau ist ein Trog voll Verzweiflung. Ein nur auf *einen* Vollzug gesetztes Leben, wie das der Frau auf ihre biologische Leistungsfähigkeit, ist immer ein beschädigtes. So muß die Frau, in welcher Form sie auch Mutter ist, den Schaden an ihre Kinder weitergeben. Die beschädigte, zur Selbstschädigung dressierte Frau zieht neues beschädigtes Leben heran. Mütter wollen das nicht absichtlich. Aber sie vollziehen die Weiterleitung der Schäden kraft ihrer autoritären Einwirkung auf das Kind und mit Hilfe ihrer totalen Wirksamkeit.

Die am Anfang dieses Teiles beschriebenen Kindergeschichten geben von dieser Mutterwirkung erschütternde Beispiele. Dagmar nahm die Melancholie und die mit Trotz gelebte Einsamkeit ihrer Mutter Dora in sich auf und trieb diese Charakteristika in die Funktionsweise ihrer Organe hinein gleich einem ihrer ursprünglichen Bestimmung entgegenwirkenden Gesetz, bis sie ihren Körper selber zur Umkehr zwang. Den über ihr ganzes Leben lang nicht aufhörenden Pochzeichen der seelischen Vereinsamung der Mutter ist sie unentwegt nachgegangen und hat dabei versäumt, ihren eigenen Weg zu suchen, hat ihn statt dessen für alle Zukunft mit dem der Mutter verschmolzen. Die Mutter hat damit die Not der Einsamkeit für den Preis einer irrwitzigen Zweisamkeit mit ihrer Tochter bannen können.

Edeltraut lebte noch als Dreißigjährige nach den Wiegungen ihrer

Mutter. Sie verbrachte ihre Kindheit in so seligem Einvernehmen mit ihr, daß sie keine Bedürfnisse für Jungen oder überhaupt für eigene Menschen entwickelte. Ihr Weg war mit guten Eltern und mit vielen Tanten vollgebaut. Als sie zu sich selber gelangen wollte, bemerkte sie die Fülle des Fremden. Sie versuchte, es einzureißen und schuf sich damit zunächst nur Berge von Geröll, die ihren Weg aufs neue verbarrikadierten. Ihr Geist war bei diesen Anstrengungen noch nicht schizophren geworden, aber ihr Verhalten wirkte gespalten, zersetzte sich in seinen Aktionen, die vom einen zum anderen Male mehr einander entgegenwirkten, bis ihre späte Jungfräulichkeit ihrer Existenz immer feindlicher wurde.

Clemens sackte partnerschaftlich gesättigt mit seiner Mutter ins Alter, als hätte er einst alle Hitze erfüllter Geschlechterliebe mit ihr geteilt. Selbstverständlich beabsichtigte Cäcilie das nicht. Sie meinte, daß niemals ein sexueller Schimmer aus ihren Trieben über ihren Sohn gehuscht wäre. Sie schimpfte und nörgelte, als er älter wurde, daß er mit eigenem Geschlecht und eigener Arbeit so zimperlich geblieben war. »Enkel«, war ihre Devise für sein Glied und »Doktor« für sein Portemonnaie. Nur ein kleines, von der Mutter unbewußt umgehängtes Schild klingelte Clemens um den Hals wie dem Parzival die Narrenkleider, auf daß die Umwelt über ihn lachte und er lieber bei der Mutter bleiben sollte. Der Doppelname Clemens Kaspar, mit dem sie hartnäckig nach ihrem Sohne rief, ließ das moderne Kollektiv rüder Jungen oft in beängstigende Nähe des Hohns geraten und bereitete Clemens stets Unsicherheit. Über Clemens' bis in die Vierzig so schwer gelungene Arbeit und Sexualität war sich seine Mutter – solange alles schmerzlich verlief – mit dem Schicksal einig: »Der Jahrgang ist ein allgemein vom Schicksal schwer betroffener und beladener. Auch meine Nichte im selben Alter wie Clemens hat laufend das gleiche Pech in allen Dingen wie er!«

Das Pech für ihren Sohn Clemens war Cäcilie selber. Als sein Leben sich wundergleich gegen Ende seines dritten Jahrzehnts noch fangen konnte, ging das nicht hopp hopp. Die Erschütterungen und Aufbrüche vollzogen sich Bergmanns- oder Pionierarbeiten gleich. Sein Ich mußte sich durch Urwaldsverwachsungen einen Weg zu einer souveränen Geschichte bahnen. Stundenlange Weinkrämpfe, Selbstmordspekulationen und ein Versuch, sich wirklich umzubringen, weil er die Anstrengungen dieser späten Verwirklichungsstrapaze nicht mehr auszuhalten glaubte, begleiteten die Veränderungen.

Wichtig an diesen Geschichten ist, daß die Frauen erst als Mütter in böse Wirkungen gerieten. Auf andere Personen als ihre Kinder übertrugen sie ihre Verzweiflungen nicht. Erna war eine Sozialarbeiterin ohne Heilsarmeeanflug mit soziologischer Analysefähigkeit. Sie betätigte sich beruflich aufopferungsvoll bis zur physischen Erschöpfung. Sanftmütig, gerecht und selbstlos verbreitete sie in ihrer Umwelt nur Wohlbehagen. Sich selbst und ihrer Arbeit stand sie streng, allen anderen nachsichtig gegenüber. In der Familie waltete sie harmonisch. Sie tröstete und kittete. Es war eine Wohltat, mit ihr umzugehen. Dora kannte Eigennutz und Selbstsucht überhaupt nicht. Sie hetzte zwischen ihrer Arbeit, ihren Kindern und den fast pflegebedürftigen alten Tanten im Nachbarhaus hin und her. Ein murrendes Wort kam nie über ihre Lippen. Alle Wünsche der Kinder erfüllte sie, wenn es in ihrer Macht stand. Von vordergründiger Besitzlust an dem Leben der Kinder, wie Horst Eberhard Richter Mütter schildert, die sich an ihren Kindern befriedigen[57], kann bei ihr nicht die Rede sein. Sie ließ ihren Sohn Detlef im Ausland studieren und ihre Tochter Dagmar in fremden Städten arbeiten. Während der Zeit der Abwesenheit ihrer Kinder nahm sie Neffen und Freunde der Familie auf, verpflegte sie wie ihre eigenen Kinder mit leiblicher Kost, seelischem Humor und geistiger Anteilnahme.

Cäcilie war für Scharen von Menschen eine Wohltat, ob kleine Kinder jauchzend auf sie losliefen, sie vor allen anderen Müttern, Großmüttern und Tanten mit Sympathiekundgebungen überschütteten, ob Hausbewohner oder Untermieter ganze Nachmittage mit ihr teilten, viele Menschen sie zur Vertrauten auserkoren, ob öffentliche Personen sie würdigten, ob Cäcilie notleidende Existenzen über längere Zeiträume finanziell förderte, sie tat weit und breit Gutes, und es gab niemanden, der sich über sie auch nur in Kleinigkeiten beschweren konnte.

Doch wenn diese Frauen mit all denselben Eigenschaften als Mütter total und autoritär wirkten, weil ihnen ihre Kinder vollkommen ausgeliefert waren, beschädigten sie deren Leben, als ob ihr Tun allgemein vom Konzept der Unverantwortung durchdrungen gewesen wäre.

Die Frauen bereiten als die Mütter, die sie im Patriarchat sein sollen, ihren Kindern ganz konkretes Grauen. Und in diesem Grauen, das aus der Mutter-Kind-Beziehung die Menschen verfolgt, kommt erst das große Elend der Frau im Patriarchat ganz zum Vorschein.

Die Mütterstürmerei geschieht nicht im gefühlsgeladenen, sondern exakt im patriarchatsgefüllten Raum. Die Frau wird doppelt betrogen, zuerst um ihr eigenes Leben, das ihr blockiert, verstellt und beschnitten wird, und zwar immer mit dem Hinweis auf ihr natürliches Mutterdasein, dem sie alle menschliche Verwirklichung opfern müsse. Als Folge davon geschieht das Gegenteil von dem, was sie mit ihren Opfern zu erreichen trachtet. Ihr erstes Opfer macht mit erschütternder Zwangsläufigkeit ein zweites notwendig. Als Beschädigte kann sie nur beschädigtes Leben aufziehen. Die Fälle ausgenommen, in denen sie existenziell und besonders während ihrer Schwangerschaft so beunruhigt ist, daß sie später körperlich mißgebildete Kinder hervorbringt, muß sie ihre gesund geborenen Kinder mit der nach Vorschrift sie umzingelnden Mütterlichkeit hemmen, beschädigen oder sogar zerstören. Amerikanische Versuche an Rattenweibchen, die man während ihrer Schwangerschaft aggressiv malträtierte, ergaben, daß die Mütter verunstaltete Junge zur Welt brachten. Bowen berichtet, daß die Verzweiflung und Unselbständigkeit der Frauen so weit gehen kann, daß die Geburt eines körperlich verunstalteten Kindes der »Erfüllung« ihrer emotionalen Bedürfnisse näherkommt als die eines normalen Kindes[62] (Seite 211). Dem verunstalteten Kind gegenüber kann die Frau Kraft und Selbständigkeit erlangen, eben jene Eigenschaften, die sie für sich selbst gebrochen bekommt und für die sie in der männlichen Gesellschaft immer noch kaum Chancen erhält, sie zu entwickeln und zu betätigen. Zwischen der körperlichen Verstümmelung, die sie dem Kinde manchmal schon im Mutterleibe antut, und der späteren seelischen, die sie ihm im psychischen sogenannten »zweiten Uterus« aufzwingt, bestehen keine prinzipiellen Unterschiede. »Der Prozeß, in dem das Kind beginnt, ›für die Mutter zu sein‹, führt zu einer Hemmung seines psychologischen Wachstums.«[62] (Seite 210) Die Frau ist nicht sie selbst. Sie braucht das Selbst des Kindes zu *ihrer* Erfüllung. So heißt es ja auch in allen Mutterbüchern. Sätze werden ohne eine Ahnung wiederholt, daß sich hinter ihnen ein Todesprogramm verbirgt.

Der Mensch kann in seiner Kindheit nicht die Kräfte für sich mobilisieren, die er im späteren Leben braucht. Mit den Pauschalsätzen: »Du bist mein ein und alles, ich habe nur dich!«, meinen Mütter, ihren Kindern ihr Bestes gegeben zu haben. Sie verwirren Kinder damit aber nur, vernebeln ihren Sinn, so daß sie als erwachsene

Menschen auf ihrem Lebenswege, der für jeden ein Seiltanz ist, straucheln und abstürzen können. Ganz deutlich setzt Ingmar Bergman in seinem Film »Die Jungfrauenquelle« den Tod eines Mädchens zu dem Verhalten seiner Mutter in Beziehung. Die Mutter liebt und schützt das Kind, umschließt es, bis sie ihm ganz seinen sogenannten sechsten Sinn erdrückt hat. Dieser Sinn wird oft als Restbestand von Instinkten oder als übersinnliche Fähigkeit des Menschen gekennzeichnet, für sich das Richtige zu tun, Gefahren zu ahnen und Wichtigkeiten zu fühlen. Das Mädchen in dem Bergman-Film ist naiv, arglos und wittert keine Gefahren, reitet durch einen unübersichtlichen Wald, aalt sich in seiner Schönheit und Jungfräulichkeit, hat keinen Sinn für Verhältnisse, kann seine eigene Wirkung nicht beurteilen. Wie ein weiblicher Parzival trottet es durch das Leben unter dem Leitsatz: Unschuld währt am längsten. Das Mädchen hört nicht auf die Warnungen seiner Begleiterin, reitet nach deren schlechten Vorahnungen allein weiter und schöpft auch keinen Verdacht, als ihm zwei wilde Männer und ein Junge begegnen. Noch wäre es mit dem Pferd die Stärkere und Schnellere und könnte davonreiten. Es steigt aber herab und ißt mit den Hirten ihren Proviant auf. Die Männer machen sich zur Vergewaltigung bereit.

Wie es in den Augen der Jungfrau dämmert, daß jetzt etwas geschieht, daß sie bald verloren sein wird – dieser für ihr Leben zu späte Erkenntnisakt, der sich stotternd, zäh und schwerfällig durch ihre Sinne müht – ist von Bergman mit anklagender Deutlichkeit gestaltet worden.

Das Mädchen wird vergewaltigt und danach wieder freigelassen. Es rennt aber immer noch nicht in den Wald oder springt auf sein Pferd. Es ist betäubt davon, daß ihm zum ersten Male im Leben etwas Unvorhergesehenes, Schmerzvolles widerfahren ist. Wie zum Spaß haut einer der Hirten ihm mit einem Stock auf den Kopf, daß es tot umfällt.

Diese Anfälligkeit von Menschen für ihre eigene Vernichtung, so als ob sie blindlings einer Selbsthinrichtung zustrebten, kennt die moderne Gerichtspsychiatrie bei Opfern von Gewaltverbrechern. Die Menschen lassen nicht nur als Täter mit ihren Taten, sondern auch als Opfer in ihrer Liquidierung etwas aufblitzen, was ihnen allmählich und langsam vorweg schon dauernd geschehen ist: Aufhebung ihrer Selbstbestimmung.

III Der Horror des »zweiten Uterus«

1. Der Mensch zwischen erster und zweiter Geburt

Was die Mutter organisch in der originalen Gebärmutter manchmal schon vorwegnimmt – Hemmung des *körperlichen* Wachstums –, vollzieht sie mit Sicherheit *psychisch* innerhalb ihres mit »Mutterliebe« umschriebenen »zweiten Uterus«. Die Mutter hemmt die Ich-Entwicklung ihres Kindes. Jetzt geht es um eine Lüge, die nicht so sehr die Mutter, sondern das Kind betrifft: Es gebe ein Entwicklungsgesetz von der Notwendigkeit, dem Kinde in seinen ersten Lebensjahren einen Schutz durch eine einzige Person, und zwar die Mutter, gewährleisten zu müssen. Der Mensch brauche für sein Aufwachsen »Nestwärme«, wie es von den Vögeln auf ihn übertragen heißt, die ihm nur totale Mütterlichkeit garantiert. Ein Uterus sei zu wenig. Der Mensch brauche noch einen zweiten. Aus dem Eindruck, wie die erste körperliche Entwicklung des Menschen verläuft, nämlich in dem geschlossenen Leibe der Mutter, konstruiert man seine beginnende seelische Entwicklung. Auch für die Entstehung des Ichs müsse ein »sozialer Leib«, geschlossen aus einer Person, geschaffen werden. So wie der Mensch am Anfang körperlich wie ein Teil der Mutter wirkt, soll er es anfänglich auch seelisch sein. »Zweiter Uterus« bedeutet: Schließung der sozialen Verhältnisse um das Baby auf die Beziehung zwischen ihm und seiner Mutter.

Dieses Modell geht auf die Verwechslung der Erzeugung, der Differenzierung, der Ernährung und der Geburt miteinander zurück. Außerdem bezieht es sich auf falsche Gleichsetzungen und auf falsche Unterscheidungen zwischen der Körperlichkeit des Menschen und seiner sozial-seelischen Entwicklung.

Wie im Teil A schon miteinander verglichen, laufen die Herstellung des Körpers und die der Person des Menschen nach ähnlichen Gesetzen ab. Am Anfang beider Entwicklungen steht die Erzeugung, die Verschmelzung verschiedener biologischer Angebote einerseits und verschiedener sozialer Angebote andererseits. Es folgt die Komposition einer neuen Struktur, die zur Reifung führt.

Die Geburt ist nichts anderes als ein Verbindungsvorgang zwischen diesen beiden für den Menschen notwendigen Prozessen. Sie zeigt an, daß die Phase des physischen Aufbaus beendet ist und die des seelischen beginnen muß. Die Frau vollbringt während der Geburt eine große körperliche Anstrengung, und doch ist die Geburt selbst kein schöpferischer Akt, sie setzt nur zwei schöpferische Vorgänge miteinander in Beziehung.

Alle Irrtümer über den »zweiten Uterus« der totalen Mutter-Kind-Beziehung wurzeln in der falschen Einschätzung der Geburt. Die Frau hat den Menschen im Mutterleibe weder allein gemacht, noch hat sie ihn mit einer Seele auf die Welt kommen lassen. Die Erzeugung fand im Zusammenwirken zwischen ihren Geschlechtskernen und denen des Mannes statt. Und die Erzeugung des Ichs muß erst noch geschehen. Ei und Samen haben die biologische Schöpfung bereits vollzogen, Männer und Frauen müssen die soziale Schöpfung des neuen menschlichen Ichs noch stattfinden lassen.

Die Verwirrungen über die menschliche Entwicklung rühren daher, daß man die biologischen Schöpfungsvorgänge erst sehr spät in der Geschichte des Menschen entdeckt und von der sozialen Herstellung des Ichs allgemein immer noch keine Kenntnis genommen hat. Noch immer wird nicht begriffen, daß auch die Seele erzeugt werden muß. Das Verständnis von der Entstehung der Seele hat sich seit den Vorstellungen der Römer kaum gewandelt, die meinten, die Seele entstünde bereits im Mutterleib, und zwar – getreu nach dem unterschiedlichen Wert von Mann und Frau im Patriarchat – die männliche Seele im dritten Monat und die weibliche erst Monate später. Diese Vorstellung reicht an die Phase der menschlichen Vorgeschichte heran, während der man glaubte, die Frau machte die Kinder ganz allein. Man kannte den männlichen Beitrag nicht, sah keinen Zusammenhang zwischen Geschlechtsakt und Geburt. In der Natur und unter primitiven Menschen hat nur die Frau ein Hervorbringungsbewußtsein. Männer und Tiermännchen »wissen« nicht, daß sie zeugen. Weil also die Frau als alleinige Hervorbringerin des Körpers angesehen wurde, schloß man daraus, daß sie auch die alleinige Herstellerin der Seele sei. Bis heute hat sich diese Primitivität erhalten, so daß die Frau in der absoluten Mutter-Kind-Beziehung nun auch als die alleinige Gestalterin des menschlichen Ichs gedacht wird. Diese primitive Perspektive wird auch innerhalb der wissenschaftlichen Pädagogik und Psychologie eingenommen. Noch immer starren besonders Männer wie in Urzeiten gebannt auf den Vorgang der Geburt und wollen nicht wahrhaben, daß er nur ein Austritt ist, der die viel wesentlichere Erzeugung der Person des Menschen erst eröffnet.

Fixiert auf die Geburt läßt sogar der Wissenschaftler die Vorgänge der Erzeugung und Differenzierung bei der Ich-Entstehung außer Betracht und spricht wie René König nur von der »zweiten Geburt des Menschen als soziale, kulturelle Persönlichkeit, als sittliches Wesen«[26] (Seite 145). Das Wort »zweite Geburt« ist im Zusammenhang mit der Ich-Entwicklung des Menschen ein zweifacher Unsinn. Geburt kann es nur geben, wenn zuvor Erzeugung und Komposition stattgefunden haben, die König unterschlägt. Eine zweite Geburt ist überflüssig, weil der Mensch bei seiner seelischen Entwicklung nicht mehr wie bei seiner körperlichen von einer Ernährungseinheit (Gebärmutter) in die andere (außerhalb des Mutterleibes) gestoßen werden muß. Die erste Geburt ist eine Notwendigkeit, die sich nur aus einer bestimmten Ernährungsform der neuen Exemplare ergibt. Durch den Sitz des neuen Lebens im Mutterleibe ist Ernährung und Schutz in seinen ersten Zeiten am besten garantiert. Bei Insekten, Fischen und Reptilien findet eine Geburt in diesem Sinne nicht statt, die Weibchen scheiden nur die befruchteten Eier aus oder legen unbefruchtete Eier zur Fremdbefruchtung durch die Männchen ab. Die Eier enthalten selbst die Nahrung für die ersten Zeiten des Wachsens bis zum Ausschlüpfen. Bei Vögeln leiht die Mutter den neuen Exemplaren bis zu deren Ausschlupf aus den Eiern ihre Wärme, und erst bei Säugetieren geben Mütter Wärme, Ernährung und Schutz nicht nur durch und mit, sondern *in* ihrem eigenen Körper. Aber auch bei Säugern leihen die Mütter ihre Körper dem neuen Leben nur, weil die Exemplare erst von einer bestimmten körperlichen Reifung an durch die Gemeinschaft ernährt werden können, ehe sie sich dann selber ernähren. Die Mutter nimmt die Ernährung vorweg. Sie ersetzt also Vorgänge, die zwischen Gemeinschaft und neuem Individuum einmal stattfinden sollen.

Alles auf den Kopf gestellt wird nun, wenn die Gemeinschaft das endlich aus dem Mutterleib getretene Leben mit sozialen und psychischen Ersatzkonstruktionen wieder in uterusähnliche Zustände zurückwirft. Die erneute Mutter-Kind-Verknüpfung nach der Geburt ist widernatürlich.

Das menschliche Leben wird in die psychische Dunkelkammer einer einzigen »Bezugsperson«, wie es wissenschaftlich heißt, verfrachtet. Dort an psychische Nabelschnüre geknotet, soll es jahrelang verbringen, bis es in der Pubertät oder noch viel später beim finanziellen Austritt aus der Wohnung der Eltern wohl endlich den Zeitpunkt

seiner »zweiten Geburt« erreicht haben dürfte. Auch wenn man den Begriff »Geburt« in der Königschen Übertragung aus der Körperlichkeit ernst nimmt, finden diese »zweiten Geburten« kaum jemals statt. Sie fallen meist erst mit dem Tod der Menschen zusammen. Die Nabelschnüre, die Mütter und Kinder im »zweiten Uterus« miteinander verbinden, sind zwar unsichtbar, aber in ihrer psychischen Stärke der Unzerreißbarkeit und schweren Erkennbarkeit von Perlonfäden vergleichbar. Diese Schnüre verwickeln Kind- und Elternverhalten oft unentwirrbar miteinander und können erst mit Hilfe der analytischen Kategorien der »Bindung« und der »Fixierung« im Verhalten der Kinder als noch immer wirksam aufgedeckt werden.
Die Natur hat nicht damit gerechnet, daß der Mensch mit solchen Albernheiten wie einer totalen Mutter-Kind-Beziehung ihre Entwicklung hintertreibt. Extra hat sie die Geburt vorverlegt, damit der Mensch früher kollektiven Einflüssen ausgesetzt werden kann und damit die Chance einer tiefgreifenden und umfassenden seelischen Hervorbringung großzügig eröffnet bekommt. Der Mensch richtet sich danach nicht. Kaum treten seine Jungen aus dem originalen Uterus, stößt er sie in den »zweiten« wieder hinein, den er mit Hilfe der unterdrückten Frau überhaupt erst auswölben konnte. Von Natur her sollte nur ein körperlicher Übergang stattfinden, der die seelische Ausbildung des Menschen weiter nicht hindert.
Bei der Verteidigung der erneuten Mutter-Kind-Verschmelzung nach der Geburt wird das Patriarchat rührselig. Der Embryo hätte sich an die Geräusche und Rhythmen seiner Mutter so gewöhnt, daß er sie beinahe wie echt auch außerhalb des Mutterleibes vernehmen wollte.
Daß die Geburt für das Kind ein überwältigender Einschnitt in seinem Leben bedeutet, ist von elementarer Anschaulichkeit. Bei seinem Übergang von innen nach außen explodiert das Leben tatsächlich wie zu etwas Neuem. Aber ein solcher Fortgang der Geschicke will aus sich selbst heraus keinen teilweisen Rückzug. Daß das Baby wieder wie »drinnen« sein wolle, entspringt der Sentimentalität von Erwachsenen. Das Leben ist direkt und fortschreitend. Das Gewesene ist ihm gleichgültig. An Ammen oder Adoptivmüttern haben Kinder noch nie mehr Schaden genommen als an originalen Müttern, eher weniger, weil der »zweite Uterus« bei denen nicht ganz so fest geschlossen war. »Das Kind kennt und würdigt nur denjenigen, der es nährt und pflegt«, formulierte es Czerny[9] (S. 4). Nachdem der Aus-

tritt einmal gelungen ist, gelten nicht mehr die Stimmen von gestern, das dunkle Unbekannte, sondern »Kennen«-»Lernen« und »Erleben« sind jetzt die Maximen. Das Kind will Anteilnahme, Kontakt, Zärtlichkeit, Affekte, Nahrung, Hilfe, Verständnis, Vielfalt, Sicherheit, Abwechslung und Kontinuität. Von seiner Geburt an will es die neue Verschiedenheit und die Vielfältigkeit seiner Bedürfnisse nicht wieder mit der alten Einheit einer Spenderin und ihrer Eintönigkeit des unabreißbaren Vollzugs vertauschen.

2. Der Ursprung der Gewalt

Wenn der »zweite Uterus« dem ersten gleich nur eintönig wäre, seine Sicherheit nur alle Vielfalt absperrte, wäre das zwar keine natürlich gewollte Phase, aber vielleicht eine für das Kind schlaraffenlandähnlich angenehme. Der »zweite Uterus« ist jedoch ein Gewaltverhältnis. Er hat keine Ähnlichkeit an Frieden, vergleichbar mit der ersten originalen Gebärmuttereinbettung, die Fälle der körperlichen Mißbildung einmal ausgenommen. Was an Spannungen und Unerfülltheiten sich in der Mutter gestaut hat, gewittert auf das in die soziale Zange totaler Mütterlichkeit genommene Kind hernieder. Nicht so schrecklich ist die Eindimensionalität der frühkindlichen Beziehung, zur Strapaze wird dem Kinde erst, daß es alles annehmen, sich auf alles beziehen muß, was auf es zukommt. Jede Handlung, jeder Augenaufschlag, jede Geste stempeln sich in das Plastelin kindlichen Reaktionsvermögens hinein. Es gibt kein Ausweichen. Jede Lust, jede Laune, jeder Mißmut, jede Eigenart ätzen sich dem Kinde ein. Die Prägung ist gewiß. Alle Gewaltakte, zu denen Menschen untereinander und gegenüber sich selbst befähigt werden, haben in dem Verhalten ihrer Mütter ihren Grund, diejenigen ausgenommen, die aus den Beziehungen der Kinder zu den Vätern herrühren.
Die Zusammenhänge zwischen Mutter-Kind-Beziehungen und Kriminalität sind längst aufgedeckt worden. Sehr deutlich machte es Claus Ferdinand Siegfried in seiner Analyse »Sexualmord – Fragen an die Täter, die Opfer und die Gesellschaft«[65], wie der Trieb der Sexualtäter durch ihre Mütter so fehlgerichtet wurde, daß er sich nur noch sadistisch ausdrücken konnte. Die Triebtäter sind Opfer hermetischer Abriegelung des »zweiten Uterus«. Die Mutter-Kind-Beziehung bekam in diesen Fällen tatsächlich Gebärmuttertotalität, in die

kein Licht der Wirkung einer anderen Person eindrang. Das Zuhause dieser Menschen war nicht als System abnorm, sondern in dem hundertprozentigen Gelingen des Mutterlebens nach Vorschrift. Gerade die Sexualtäter stammen in der Regel aus einwandfreiem Familienschema.

Der Richter des Jürgen Bartsch sagte zu dessen Mutter im Prozeß: »Sie sind eine gute Mutter, Frau Bartsch!« Sie hatte ihren Sohn zwischen sich und ihrem Manne im Ehebett schlafen lassen, ihn bis zum neunzehnten Lebensjahr noch gewaschen. Besonders hatte sie ihn nicht auf die Straße hinaus zu den Gleichaltrigen gelassen und ihm dadurch das Jungensein unter Jungen geraubt, bis er es anderen Jungen durch deren Tötung rauben mußte[43].

Die Mutter des Richard Strack hatte gemeint, ihren Sohn besonders behüten zu müssen, weil er eine Zangengeburt gewesen war. Nicht außer Zweifel steht, daß sie vielleicht schon vor der Geburt des Sohnes nicht besonders gestimmt war, ihn später in sein eigenes Leben hineinwachsen zu lassen. Als er dann lebte und körperlich außer ihr existierte, ließ auch sie ihn wie die Mutter Bartschs nicht unter das Kollektiv. Die Schmächtigkeit des Jungen korrespondierte mit ihrer Ängstlichkeit, die ihn wiederum erneut gebrechlich machte und ihn schließlich allgemein lebensängstlich werden ließ. Nachdem Strack zwei Mädchen sexuell mißbraucht und getötet hatte, wechselte er vom psychischen Uterus der Mutter in den lebenslänglichen physischen seiner Zuchthauszelle. Außer den Wärtern hatte nur noch die Mutter zu ihm Eingang.

Auch das sogenannte »Sex-Phantom«, Hans Günther Kock, mußte mit seinem Trieb zum Schaden für andere und für sich selbst herumirren. Er stieg in fremde Schlafzimer ein und verlangte von den dort angetroffenen Paaren, daß sie sich vor ihm weiter sexuell betätigten. Das Schlüsselerlebnis für seinen Voyeurismus entdeckte der Gerichtsgutachter dieses Falles, der Hamburger Sexualwissenschaftler Eberhard Schorsch, in dem Verhalten der Stiefmutter, die sich, was den »zweiten Uterus« betrifft, von einer Mutter, die das Kind schon im ersten Uterus gehabt hat, nicht unterscheidet. Sie ertappte den Sechsjährigen beim Onanieren und nahm von da an regelmäßig in der Weise daran teil, daß sie den Jungen zunächst zwang, es vor ihren Augen zu machen und ihn anschließend dafür bestrafte. So prägte sie ihm Lust, voyeuristische Geilheit und Schmerzen gleichzeitig ein. Die Folterungen, die seine Mutter an ihm vollzog, übernahm Kock später zwanghaft in sein eigenes Verhalten. Die Mutter konnte sich dieses Tun noch verkneifen. Sie mußte es ja auch, als der Junge älter wurde. Aber in ihm wurde die mütterliche Kombination selbst zum Trieb. Das Furchtbare solcher frühen Prägung, die nur bei eklatanten Abweichungen von der gesellschaftlichen Verhaltensnorm ans Tageslicht dringt, aber in jeder Mutter-Kind-Beziehung zwanghaft geschieht, liegt darin, daß Mütter sich ihren Kindern gegenüber in einer Weise verhalten, in der die Kinder daraufhin *werden* müssen. Verhalten der Mütter formt das Sein der Kinder. Der Sexualtrieb von Kock konnte sich nur noch so äußern, verschmolzen mit den Erfahrungen, die ihm seine Mutter in früher Kindheit eingebrannt hatte. Entflechtung des Triebes von dem Kinderschrecken ist in solchen Fällen nicht mehr möglich. Die Gesellschaft stellt dann nur noch das lebenslängliche Gitter oder als Generalentledigung der Mutterwirkung die Kastration zur Auswahl.

Nicht immer antworten Kinder mit den ganzen originalen Verhaltensweisen ihrer Eltern. Mit jedem vorsätzlichen Verbrechen oder Vergehen antwortet der Mensch auf Prägungen in seiner Kindheit, auch wenn die Erkenntniswege zu den Ursachen in den meisten Fällen verschüttet bleiben.

Das amerikanische Ehepaar Glueck untersuchte Familienverhältnisse und sagte für etliche Kinder direkt voraus, daß sie als Jugendliche und Erwachsene verbrecherisch tätig sein würden. Nach Jahren kamen sie auf ihre Fälle zurück und fanden ihre Vorhersage meistens bestätigt[21].

Die Kriminalität im Sinne des Strafgesetzbuches ist aber nur ein kleiner Ausschnitt aus der Vielfalt der Ergebnisse mütterlicher Gewalteinwirkung auf das Kind.

Die Selbstschädigung der Entwicklungsstagnation und sogar der körperlichen Krankheit zeigen die gewaltsamen Auswirkungen der Mütterlichkeit bis in das Innere eines Menschen hinein. Wünsche, Ängste, Versuche und Maßnahmen der Mutter stehen in Wechselwirkung zu Krankheit und akuter Selbsthemmung der Kinder, auch wenn sie schon längst erwachsen geworden sind. Die Selbstschädigung braucht nicht immer deutlich sichtbar und nicht immer direkt an dem Kinde selbst zum Ausdruck zu kommen. Eine Abwandlung erfährt sie in dem Fall der Frieda T., einer Frau, die ihren Sohn Franz, soweit es nur ihn selbst zu betreffen schien, ganz überzeugend ins Leben geleitete. Ihr Mann war Teilhaber einer Weinbrandfirma, so daß sie sich finanziell nicht zu sorgen brauchte. Ihr Sohn wurde Nachfolger seines Vaters, baute die Firma aus und übernahm das Generalmanagement. Ungefähr Mitte Dreißig heiratete er. Die Mutter äußerte sich dagegen, weil, wie sie später behauptete, sie dem Mädchen angesehen hätte, daß es nicht gesund sei: zu rote Backen und plötzliches Zucken am Bein. Franz liebte jedoch und ließ sich nicht bange machen. Er heiratete die mütterlicherseits ungeliebte Frau doch und bekam mit ihr sogar ein Kind. Aber nach einiger Zeit wurde die Schwiegertochter tatsächlich krank. Lähmungserscheinungen, bis sie schließlich mit Multipler Sklerose im Rollstuhl und über lange Strecken ihres Lebens sogar unter der eisernen Lunge festgehalten war. Tante Frieda rühmte ihren Sohn, wie er in seinem Leben nicht einmal fremdgegangen wäre, bedauerte ihn auch, wie er auf keinem Bankett in Begleitung einer schönen jungen Frau auftreten konnte, außer wenn sie dabei ihre kranke Schwiegertochter vertrat. All das könnte auch wieder »vom lieben Herrgott auferlegt« worden sein, wenn nicht ein Ausspruch Friedas die Verwachsungen ihres Lebens mit dem ihres Sohnes im unauflösbaren »zweiten Uterus« deutlich gemacht hätte. Als sie sehr gebrechlich wurde und schließlich ein Altersheim bezog, auf die Neunzig schritt und trotzdem noch nicht an einen Abgang dachte, sagte sie: »Jetzt könnte es doch tatsächlich passieren, daß ich vor meiner Schwiegertochter sterben muß. Nie hätte ich gedacht, daß sie mich überleben würde. Schon vor Jahren mußte man immer mit ihrem bevorstehenden Ende rechnen.« Das, was Frieda immer beklagte, paßte in Wirklichkeit zu ihren Wünschen. Sie selbst war in dieser Kombination die heimliche Partnerin ihres Sohnes geworden, denn ihr Sohn hatte zwar eine Frau, die aber für alle gesellschaftlichen Aufgaben nicht mehr einsatzfähig war. Frieda nahm ihre Stelle organisatorisch und psychisch ein und wollte sie bis ins hohe Alter auch weiterhin behalten.

Die Verschlingungen von Mutter- und Kinderleben durch den »zweiten Uterus« finden im Verbrechen – der Gewalt gegen die Gemeinschaft – und in der Krankheit – der Gewalt gegen die eigene Person – ihren verzerrtesten Ausdruck. Die Fälle sind so abnorm, daß sie höchstens als Entgleisung der Mutter-Kind-Beziehung verstanden, nicht aber aus ihrer Regelhaftigkeit selbst hergeleitet werden können. Der »zweite Uterus« verschafft den Menschen jedoch einen Schaden, der so allgemein verbreitet ist, daß ein Herausreden auf schädliche Ausnahmen nicht möglich ist.

Wenn die Ernährung, die Pflege, die Erziehung, der gesamte für das Aufwachsen erhebliche Umgang, wenn alle Macht des stärkeren Erwachsenenlebens über das schwache Kinderleben in den ersten drei Jahren durch eine einzige Person ausgeübt werden, erfährt sich der Mensch als ausschließlichen Besitz einer anderen Person. Er konstruiert von dieser Grunderfahrung her seine Triebstruktur ebenfalls daraufhin, Personen und Dinge in Besitz zu nehmen. Der Besitz ist die wesentliche Beschränkung des Lebens schlechthin, Spiegelbild der frühkindlichen Erfahrung der beschränkten und beschränkenden Mutterbeziehung. Die Mutter besitzt das Kind und schleift unwiderruflich seinen Sinn auf Besitz ein, so daß er sich in allen seinen späteren gesellschaftlichen Handlungen demgemäß äußern muß. »Lernziel Egoismus« heißt das Programm, das an den Menschen vollzogen wird. Religionen und Revolutionstheorien können später den Menschen nur noch stauchen, um ihm Tropfen von Selbstlosigkeit und Sozialismus aus den Adern zu pressen. Im Prinzip kommt davon aus ihm Wesentliches nicht mehr heraus. Die Gesellschaft braucht den Besitzdrang des Menschen dann nur noch zu kanalisieren. Männer dürfen Menschen und Sachen besitzen, Frauen müssen sich generell mit dem Besitz an Menschen – Ehemännern und Kindern – begnügen. Unterschiedlich wird der Besitz auch zwischen den Klassen verteilt. Die einen, die herrschenden Männer, hatten früher alles, die anderen, die Beherrschten, hatten nichts, heute haben die Herrschenden viel, die Beherrschten fast nichts. Die Einübung in Besitzverhalten, die der Mensch aus der totalen Mutter-Kind-Beziehung unbedingt und unwiderruflich lernen muß, ist der Anfang aller Übel. Im Kapitalismus äußert sich bei Männern der Zwang zum Besitz im Kampf um Privateigentum, um die Besetzung von Land und Produktionsmitteln und Machtpositionen, im patriarchalischen Kommunismus äußert sich dieser Zwang im Kampfe um die Besetzung von Funktionen und Positionen. Revolutionen und Reformen sind umsonst, solange durch die Mutter-Kind-Beziehung der menschliche Sinn auf Besitz dressiert wird. Wie sich in den staatssozialistischen Gesellschaften gezeigt hat, kann das menschliche Leben nicht verändert werden, wenn der menschliche Sinn im Besitz- und Ausschließlichkeitsverhalten befangen bleibt, der sich dann bei veränderten ökonomischen Verhältnissen zwar nicht mehr im Eigentum an Produktionsmitteln äußern kann, aber andere Befriedigungsmöglichkeiten finden muß, wodurch das Leben aller genauso zugerichtet wird wie vor den ökonomischen Veränderungen. Das Eigentum an Produktionsmitteln ist nur eine Folge des Eigentums an Menschen. Die Marxisten verändern umsonst, solange sie das umgekehrte Verhältnis zum Dogma erheben. In der Sowjetunion wurden diese elementaren Eigentumsverhältnisse unter Menschen nach vorübergehender Aufhebung wieder eingerichtet, weil man dachte, die Aufhebung beider mit einem Male nicht verkraften zu können und weil man das Eigentum an Produktionsmitteln für das Grundsätzliche hielt, das die Eigentumsverhältnisse unter Menschen erst schafft. Die Geschichte selbst hat die umgekehrte Abhängigkeit bewiesen. Bleibt das Privateigentum am Menschen erhalten, muß der Mensch sich weiter verfeinden, sich gegenseitig beschränken und einander zerstören. Denn Privateigentum ist nach den Worten von Karl Marx – der zu Unrecht für die falsche Abhängigkeit unter den beiden Eigentumsverhältnissen beschworen wird – Ausdruck davon, »daß der Mensch ... sich als fremder und unmenschlicher Gegenstand wird«[39] (III, 2, Seite 598). Als dieser unmenschliche Gegenstand wütet der Mensch seit Jahrtausenden. Den politischen und wirtschaftlichen Schlachtfeldern des Patriarchats allein ebenbürtig ist das Kinderzimmer. Die Männergesellschaft hört zwar im Kinderzimmer auf, direkt zu wirken, aber die Gesetze der Herrschaft, die in ihr gelten, sind auch in ihm nicht außer Kraft gesetzt. Es funktioniert im Kinderzimmer sogar ein Absolutismus, den sich die Gesellschaft so offen ausgeübt nicht mehr leisten darf. Und der Einfluß auf den Menschen ist nirgendwo so groß wie dort. Die Herrschaft im Kinderzimmer gestaltet die menschliche Natur – produziert seine allseits beklagte böse Verhaltensstruktur –, wie es später in keinem anderen Herrschaftsverhältnis mehr gelingt. So ist der »zweite Uterus« ein Gewaltverhältnis, das die Gewaltverhältnisse in der männlichen Gesellschaft erst zur Folge hat: z. B. die lautlosen geschmeidigen Gewaltverhältnisse, die die Ölgesellschaften um sich verbreiten, die im Jahr 1973 Profite von fünfzig bis einhundertfünfzig Prozent jede einzelne in Milliardenhöhe ergatterten, denen man sogar in aller Öffentlichkeit nachsagen darf, daß sie die Welt beherrschen, Regierungen sich zu Willen zwingen, ja daß sie es gewesen wären, die den letzten arabisch-israelischen Krieg angezettelt hätten. Man muß das Dauerlächeln der Präsidenten dieser Gesellschaften sehen, wenn sie von Vertretern der Öffentlichkeit zu ihren Profiten befragt werden, man muß Verhalten, Gesten und Sprache von Männern wie Getty oder Rockefeller beob-

achten, um feststellen zu können, in welche Kultur die Gewalt sich verfeinert hat. Das Patriarchat hat es sich einfach gemacht: Um der Produktion besitzender, das bedeutet zerstörender Menschen sicher zu sein, zerstörte es zuallererst die Frau und knebelte sie selbst in das absolute Verhältnis Mutter–Kind. Das »Menschenmaterial«, das die Frau nach René König der Gesellschaft »zur immer neuen Verfügung stellen« soll[26] (Seite 124), muß sie bereits defekt anliefern.
Lenin hatte unrecht, als er mit Clara Zetkin stritt, die Frauen verteidigte, weil sie sich unabhängig vom Klassenkampf mit Fragen der Frauenbefreiung auseinandergesetzt hatten, vor allem die Problematik ihrer sexuellen Unterdrückung angegangen waren. »Jetzt müssen alle Gedanken der Genossinnen auf die große proletarische Revolution gerichtet sein«, forderte er[74] (Seite 15). Zur sogenannten »Frauenfrage« heruntergespielt, tat Lenin die Frauenbefreiung ab und verlangte von der Frau die Unterordnung ihrer Befreiungswünsche unter die Befreiung des Proletariats. Das Umgekehrte ist sicher: Wenn die Befreiung der Frau nicht stattfindet, müssen alle anderen Befreiungsversuche an dem gleichbleibend bösen Charakter des Menschen scheitern, den die unbefreite Frau als Mutter produziert. Wer die familiären Produktionsverhältnisse bei der Aufzucht des Menschen bestehen läßt, hat die ökonomischen Produktionsverhältnisse umsonst verändert.

3. Die Zündung des Hasses

In erotischer Hinsicht verursacht der »zweite Uterus« den Menschen den Verfügungswillen über Personen, die sexuellen Besitzwünsche und die Eifersucht. Das Kind erfährt sich als Besitz der Mutter, auf daß es sein Leben lang andere Personen besitzen möchte und von ihnen wiederum besessen werden will. Die Ausschließlichkeit der ersten Bindung zerstört den Menschen jede Fähigkeit zu friedlichem erotischem Beieinander. Das Besitzstreben der Menschen auf Personen gerichtet, ist nicht weniger folgenreich für die Verelendung des Lebens als das auf Sachen bezogene. Dieses Elend wird von den Menschen viel deutlicher erfahren. Es betrifft ihr Herz. Das ökonomische Elend wird oft nicht mehr als subjektives Leid begriffen, sondern als allgemeines Schicksal, als Natur- oder Gottesgesetz aus dem konkreten Bezug des persönlichen Lebens weggerückt. Die pa-

triarchalische Kultur wäre ohne das in persönlichen Verhältnissen erfahrene Leid nicht denkbar.
Der Mensch wird durch die Mutter darauf festgelegt, alles in zwei Polen zu verstehen. Er lernt das Leben an seinem Anfang als ausschließliche Zweisamkeit kennen, woraufhin er meint, auch sein ganzes späteres Leben auf die Zweisamkeit hin drillen zu müssen. Seiner vorzüglichsten, unter allen höheren Lebewesen am weitesten entwickelten Gabe des kollektiven Sinns beraubt, isoliert er sich auch in seinem erwachsenen Leben in abgezirkelten Beziehungen, um für echtes kollektives Verhalten ein für alle Male unfähig zu bleiben. Die wichtigste Voraussetzung für die Lernfähigkeit und die Veränderbarkeit wird ihm von der Mutter zunichte gemacht.
In den Fällen der Triebtäter und der sich krank machenden Menschen geht die Isolierung so weit, daß ein Austausch nicht einmal mehr mit *einem* Vertreter des Kollektivs möglich ist. Der fremdvernichtende Mensch, der Mörder, macht eine Kommunikation durch die Zerstörung anderer unmöglich, und der sich selbst beschädigende Mensch bietet für die anderen keinen Anreiz zum Austausch. In noch viel größerem Ausmaße zeigen Waffenproduzenten und -lieferanten, die Bestimmenden und Besitzenden von Chemiekonzernen, Autoindustrien und Ölgesellschaften, die politisch und wirtschaftlich Herrschenden und alle, die Vernichtung kriegerisch und friedlich um und um betreiben, daß ihr Sinn für das Kollektiv unterentwickelt geblieben oder ihnen ausgegangen ist. Menschen, die andere Menschen wie Gegenstände behandeln, weisen darauf hin, daß sie selbst zum Gegenstand entwürdigt worden sind und dadurch unmenschlich werden mußten.
Die Dressur durch die Mütter hat oft so groteske Folgen, daß Männer wie Göring, Goebbels und der Auschwitzkommandant Rudolf Höß ein geordnetes Leben mit ihren Frauen verbrachten und gleichzeitig versuchten, andere Mitglieder der Menschheit: Minderheiten, politische oder sonstwelche Gegner bis zu ganzen Völkern, wie es ihnen paßte, auszurotten.
Die Mutter-Kind-Beziehung läßt nicht nur die Fähigkeit zum Gemeinschaftsverhalten verkümmern oder vollkommen unentwickelt, sie verzerrt auch das Verhalten innerhalb der Zweisamkeit selbst, wenn der Mensch neue Beziehungen unabhängig von der Mutter eingehen will. Weil die Mutter-Beziehung sich als ewige vorgibt, lernt der Mensch Zweierbeziehungen als lebenslang andauernde zu verste-

hen. Wenn er liebt, gaukelt er sich und dem anderen die Liebe immer als ewig vor, so daß er die Verbindung, wenn die Liebe schwindet, nur mit Haß auflösen kann. Der Haß als schon sprichwörtliche Verwesungserscheinung der Liebe ist weder eine in ihr selbst begründete Begleiterscheinung der Liebe noch, wie Konrad Lorenz es behauptet, ein von ganz allein funktionierender Trieb, der nur nach hassensfähigen Objekten lauert[33] (Seite 15), womit Lorenz auch Rassenhaß und alle Pogromstimmungen naturgesetzlich absichert. Kein Gefühl ist mehr an Unfreiheit und Beherrschtwerden – also an eindeutig soziale Geschehnisse – gebunden, wie der Haß. Der Liebende ist aus seiner Mutter-Beziehung an die Ewigkeit einer Verbindung fixiert, und wenn die Basis der Beziehung, die Liebe, wegfällt, kann er sie nicht in einer Freundschaft weiterführen, sondern kann sich aus ihr nur haßerfüllt und oft ekelgeladen herausreißen.

Der Mensch vollführt das in seinen späteren Beziehungen, was er seiner Mutter gegenüber vergeblich versuchte: Trennung und Ablösung. Der Spruch von den zwei Hälften des Menschen als Mann und als Frau, die im Ehepaar zusammenkommen müßten, um ein ganzer Mensch zu werden, hat höhnische Realität gewonnen. Der Mensch ist Hälfte, weil er Teile seiner Energien bei seiner Mutter lassen mußte. Die Geburt aus dem »zweiten Uterus« findet nie ihren Abschluß. In der Pubertät nennt man die »Wehen«, die erst jetzt beginnen, »Distanzierung« zwischen Mutter und Kind. Die Menschen müssen bei diesen ihren zweiten Geburtsvorgängen ungleich viel heftigere Anstrengungen unternehmen, als bei ihrer ersten Geburt und doch werden sie durch sie kaum jemals zu einer vollkommenen Verselbständigung geführt. Lächerlichkeiten spielen sich während dieser Mühen ab. Menschen wünschen den Tod ihrer Mütter oder befürchten in schuldängstlicher Umkehrung das Gegenteil oder sie halluzinieren den eigenen Tod als Strafe für die versuchte Ablösung. Jungen wehren sich in pubertären Träumen gegen übermächtige Spinnen, strampeln in Sümpfen um ihr Leben, in denen sie zu versinken drohen. Anton, der Sohn Adelheids, der im Teil A erwähnt wurde, empfand seine Mutter in der schrecklichen Zeit der Totalität wie eine Spinne, aus deren Netz er sich nicht befreien konnte. Er träumte oft dieselbe Episode: »Die Spinne umgarnte mich mit weichen schleimigen Fäden zu einem Netz, in dem ich wie in einer Wiege lag, deren Wände sich mir aber immer enger an den Leib heranschlossen, bis ich zu ersticken drohte und aufwachte.« Die

Angst der Menschen vor Spinnen ist allgemein weit verbreitet. Sie ist als natürlich begründete Furcht nicht zu erklären, denn Spinnen werden Menschen gegenüber in der Regel nicht gefährlich. Erst in der seelischen Übersetzung als einfangende, umwickelnde, nicht loslassende Kraft erhält die Spinne für Menschen eine gräßliche Bedeutung. In der Angst vor Spinnen wird wenigstens ein Teil ihrer Angst vor der ewigen seelischen Ausgeliefertheit an ihre Mütter hysterisch verlebendigt. Denn im bewußten alltäglichen Leben der Kinder müssen alle Distanz und alle Kritik der Mutter gegenüber unterbleiben und aller Ärger und aller Zorn unterdrückt werden. Da die Mutter durch ihre Totalität übermächtig ist, fürchtet das Kind, in Ungnade zu fallen, wenn es negative Gefühle äußert. Es will und muß ernährt werden. Und da einzig die Mutter dafür zuständig ist, kann das Kind es mit ihr nicht verscherzen. Die Mutter muß als Dauergute stilisiert werden. Da aber auch die bestsorgende und gütigste Mutter mal irgend etwas macht, das beim Kind Unlust heraufbeschwört, schwelt diese unausgedrückt in der Mutter-Kind-Beziehung und wird außerhalb von ihr entspannt, sowie sich dem Kind dafür eine Möglichkeit bietet.

Wenn das Kind darangeht, seine Unlust der Mutter gegenüber doch auszudrücken, indem es zögert oder sich zu verweigern versucht, also nur durch Passivität seine Unzufriedenheit ausdrücken möchte, prasseln auf es die allen Kindern bekannten Muttersätze nieder: »Nun mach schon!« »Na, wird's bald!« »Kommst du zu Mutti!« »Laß das!« »Wirst du wohl!« »Wie oft soll ich dir das noch sagen?« »Ich mach dir Beine!« »Benimm dich!« »Sei anständig!« »Halt den Mund!« »Hörst du nicht?!«

Die Mutter ist allgegenwärtig und allumfassend. Es lohnt sich für das Kind nicht, dagegen anzuwirken. »Die Aggression wird aus ... der Beziehung zum Liebesobjekt ausgeklammert«, schreibt Alfred Lorenzer, »der böse Anteil von ›Mama‹ wird blind verschoben auf ›Nichtmama‹ und wird dort ... zum Ansatz einer aggressiven Wendung gegen Gruppen jenseits der Mutter-Kind-Beziehung«[35] Seite 138).

In solch einem totalen Verhältnis wie der Mutter-Kind-Beziehung entstehen unter allen Umständen Reibungen, die, weil sie nicht am Ursprungsobjekt ausgelebt werden dürfen, Haß erzeugen. Der Haß wird entweder gegen andere oder gegen sich selbst zur Wirkung gebracht. Weil sich die Mutter-Kind-Beziehung in die Seele des Kindes als Dauererscheinung eingeprägt hat und dort auch beim erwachsenen Menschen so weiterlebt, auch wenn die Mutter längst gestorben ist, wirkt auch der Haß als Dauererscheinung weiter. Dem Menschen bleibt zeitlebens das Bedürfnis unbefriedigt, sich aus der totalen Mutter-Kind-Beziehung zu lösen. Weil ihm das nicht gelingt, bleibt ihm auch der Haß als eine Kraft erhalten, die ständig dagegen wirken will, so daß es einem Mann wie Lorenz, der sich die menschlichen Belange nur von außen ansieht, als Trieb ohne besondere Verursachung vorkommt.

Von einem rührenden Beispiel der Ablenkung des Hasses von der Mutter auf Fremde berichtet Erikson in seinem Buch »Kindheit und Gesellschaft«. Er beschreibt die Nährgebräuche zwischen Mutter und Kind bei den Sioux-Indianern[13] (Seite 130), beobachtet eine Still-Idylle, die über mehrere Jahre, oft bis zum dritten oder fünften Lebensjahr des Kindes anhält. Diese Idylle wird gestört, wenn die Kinder Zähne entwickeln und sie an den Brustwarzen ihrer Mütter ausprobieren wollen. Um weiter saugen zu dürfen, muß das Kind lernen, die Mutter nicht zu beißen. Die Mütter drillen ihren Kindern dieses Gebot unmißverständlich ein. Wenn das Kind zu beißen anfängt, läßt die Mutter seinen Kopf aufbumsen, daß es in eine wilde Wut gerät. Dann wird es bis zum Halse mit Wickelbändern an das Wiegenbrett gebunden, so daß es seine Wut nicht durch heftige Bewegungen seiner Glieder ausdrücken kann.

In diesem Beispiel kommt primitiv körperlich zum Ausdruck, was in ähnlicher Weise bei unseren zivilisierten Kindern seelisch geschieht. Der Haß kann nicht an seinem Ursprungsort und besonders nicht gegenüber seiner Ursprungsperson ausgelebt werden. Bei den Sioux entstand aus dieser Prozedur »ein leicht ansprechbares Quantum unmittelbar zur Verfügung stehenden Jagd- und Kampfgeistes, die Tendenz, dem Feind sadistisch Schaden zuzufügen und die Fähigkeit, extreme Anstrengungen und Qualen in Leid und Selbstfolterung zu ertragen«[13] (Seite 133). Erikson sieht eine Beziehung zwischen der Nötigung, die frühen Beißwünsche zu unterdrücken und der immer wachen Gewalttätigkeit der erwachsenen Mitglieder des Stammes. Die freigebig stillenden und dann plötzlich für das Kind uneinsichtig in ihrem Verhalten in Grausamkeit überwechselnden Mütter selbst erwecken bei ihren zahnenden Säuglingen die Gewalttätigkeit und ermöglichen »eine schließliche Übertragung der erregten Wut des Kindes auf die Idealbilder des Jagens, Einkreisens, Fangens und Tötens.«[13] (Seite 133)

Auch aus diesem Beispiel wird um ein weiteres Mal deutlich, wie das Böse auch als Dauererscheinung von vorangegangenem menschlichem Verhalten unmittelbar abhängig ist.
Mit dem Indianer-Verhalten, das Erikson bis in seinen Prägungsursprung hinein verfolgt hat, kann das Indianer-Beispiel Konrad Lorenz' entkräftet werden. Lorenz berichtet von »Tragödien«, »griechischen Trauerspielen« und »unausweichlichen Schicksalen«[32] (Seite 357) bei den Ute-Indianern, indem er sich an Untersuchungen des amerikanischen Psychiaters Margolin anschließt[32] (Seite 355). Die Utes seien auch, nachdem sie – so schreibt Lorenz – »bereits unter völlig andere Erziehungseinflüsse« gestellt worden sind, unveränderbar aggressiv. Mit einem Melodrama eines zum Polizisten gewordenen Utes will Lorenz nun den Selbstlauf des angeblichen Aggressionsinstinktes beweisen. Bei einer Festnahme hatte der Ute-Polizist einen ehemaligen Stammeszugehörigen in Notwehr erschossen. Ein Ute untersteht noch seinem alten Stammesgesetz: »Ein Ute tötet keinen Uten«. Wer dieses Gesetz bricht, muß Selbstmord begehen. Der Polizist tötete sich also nach der Festnahme[32] (Seite 356).
Lorenz gibt eindeutige Beispiele und fügt ihnen vollkommen zuwiderlaufende Erklärungen an, ja hebt sogar mit seiner zweiten Erklärung die erste auf. Wenn unter erwachsenen, zu Polizisten gewordenen Utes noch solche festgefügten Ordnungen lebendig sind, wie die Regelung im Falle einer Tötung eines ehemaligen Stammesgenossen, dann sind diese Menschen nicht »bereits unter völlig anderen Erziehungseinflüssen großgeworden«. Vom Hörensagen übernimmt Lorenz diesen Satz, den sicher die amerikanische Administration verbreitet hat, um sich damit zu brüsten, wie sehr sie mit der »Zivilisierung der Indianer« vorangekommen ist. Lorenz erkundigt sich weder, wie die ursprünglichen Erziehungseinflüsse der Utes waren, noch wodurch sie »völlig anders« geworden sind. Diesem schwerwiegenden Problem bei der Frage der Entstehung eines Verhaltens widmet Erikson viele Seiten seines Buches[13] (Seite 110). Er schildert, wie die Sioux äußerlich »völlig anderen Erziehungseinflüssen« ausgesetzt wurden, wie man sie unter Hygienevorschriften und in Schulen zwang, und wie sie trotzdem, wann immer sie sich den neuen Anpassungszwängen widersetzen konnten, ihre alten Erziehungseinflüsse auf ihre Kinder wirken ließen. Daß diese Einflüsse auch bei den Utes unvermindert fortgewirkt haben, beweist gerade Lorenz' eigenes Beispiel. Die Dressur zur Aggressivität muß bei den Utes trotz der

neuen Organisierung ihres äußeren Lebens gleichgeblieben sein wie früher. Da Lorenz in den Brutstätten des menschlichen Bösen keine Verhaltensforschung unternimmt, gibt er kein Beispiel, das die Zurichtung der Utes ähnlich wie die der Sioux verständlich werden ließe.

Bei den Sioux-Indianern ist es ein willkürliches Verhalten der Mutter beim Säugen, das den Haß hervorruft. In den zivilisierten Gesellschaften ist es eine Kette von Ärgernissen, die die Mutter dem Kinde zuzumuten gezwungen ist: Entwöhnung, Essensdrill und Reinlichkeitserziehung sind die großen Komplexe, zwischen denen sich eine Vielzahl kleiner Verletzungen begeben, die bei Kindern Wut auslösen. Jeder Mensch kennt die Verzweiflung, bei der Ausbildung seines Geschmackes gestört zu werden. Kinder haben zu essen, was auf den Tisch kommt und noch schlimmer, Kinder haben aufzuessen! Gerade über die absolute Regentschaft über die Ernährung fügen Mütter Kindern Leiden zu, die deren ganzes erwachsenes Leben prägen können. Suppen, Säuren, Fette und Mehlpampse müssen sich die Schlünde der Kinder hinunterquälen, kommen bisweilen wieder hoch. Mutterliebe schließt dann mitunter ein, das Ausgespieene ein zweites Mal hinabführen zu müssen.

Auf den Haß, der dem Menschen durch den Absolutismus und die Willkür in der Mutter-Kind-Beziehung entzündet wird, ist das Patriarchat existenziell angewiesen. Er ist der Treibstoff, der Besitzstreben, Konkurrenzdrang, Eifersucht und Feindschaft zur Aktion und zum Vollzug ihrer Vernichtungsziele hin bewegt. Dem Mann war bis vor kurzem ein gesicherter Platz seines Haßablaufes im Kriege zugewiesen. Da die Vernichtungswerkzeuge immer universeller werden, kann die Männergesellschaft den Krieg nicht mehr als alltägliches Haßausübungsfeld einplanen, ohne dabei nicht ihre eigene Zerstörung in Kauf zu nehmen. Das Haßpotential wird aber gleichmäßig weiter angelegt. Es muß woanders zur Wirkung gebracht werden. Heute wird es in die Produktion und in den Verschleiß von Sachen umgelenkt. Es zeugt von ungeheurem Haß von Menschen auf Menschen, wenn sie ihre Umwelt allmählich zur Jauchegrube verwandeln. Jede in den Wald oder an ein Seeufer geworfene Plastiktüte oder Büchse bis hin zur Benzinverbrennung in der Luft und der Chemikalienergießung in die Gewässer entlarvt den Haß der dieses vollführenden Menschen auf andere Menschen, die einander nicht einmal mehr zu Gesichte bekommen. Der Haß als künstlich produzierter Treibstoff menschlichen Verhaltens muß verbraucht werden wie das aus der Erde gebohrte Öl. Die Gesellschaft benötigt für seine immer raffinierter werdenden Formen der Ausübung heute dringend den Frieden, dessen zukünftige Vernichtungskraft mehr zu fürchten ist als die aller bisherigen Kriege zusammen.

Ein allen Menschen geläufiger Abschlagplatz des Hasses ist auch die erwachsene ausschließliche Zweipersonenbeziehung, die fast jeder eingeht. Der Haßabladung steht in dieser Beziehung, die die Mutter-Kind-Beziehung wiederholen soll, nun keine existenzielle Hemmung mehr entgegen. Der Haß knallt auf die neuen Partner in blinden Wutausbrüchen und Mißtrauensanfällen hernieder, die sie oft nicht einmal durch eigenes Verhalten veranlaßt haben.

Der Haß, den das Kind auf die Mutter entwickelt, wird aber nicht gänzlich nach außen abgetragen, sondern zu Teilen, manchmal sogar in seiner ganzen Auswirkung nach innen auf sich selbst gerichtet. Wenn die Kinder so groß sind, daß sie alle ihre Kräfte für sich brauchen, wenn sie ihren Geist und ihr erstarktes Geschlecht in Einklang mit den gesellschaftlichen Erfordernissen, Verboten und Möglichkeiten bringen müssen, bemerken sie, daß sie ihre Kräfte für sich nicht völlig bereit haben, sondern, daß sie für alle diese Anstrengungen merkwürdig unvorbereitet sind. Sie finden fürs erste nicht die Lust, die sie sich erhofften, und nicht die Balance, die das Leben eines Erwachsenen erfordert. Die Energien fehlen den Kindern aber nicht einfach, sondern sie fließen ihnen unbemerkt wie bisher in die Beziehungen zu ihren Eltern, hauptsächlich zu ihrer Mutter hinein. Erst durch das Fehlen der Kräfte für die neuen Anstrengungen stellen die Menschen fest, daß sie an ihre Eltern »fixiert« sind, wie die Psychoanalyse es nennt. Die Gesellschaft hält dem Jugendlichen ein psychologisches Leistungssoll vor die Nase und klopft ihm mit dem Begriff der »Ablösung von den Eltern« auf die Schulter. Ablösen bedeutet aber, die totale Mutter relativ werden zu lassen. Die Mutter muß zur Tante schrumpfen. Der Mensch wäre zwar jetzt so groß, daß er übersehen kann, wie die Mutter real nicht mehr total ist, und Verweigerung, Distanz, Lösung müßten ihm möglich sein. Jedoch die Totalität der Mutter ist längst zu einer so durchgreifenden seelischen Erfahrung geworden, daß daraus ein Gesetz entstand. Gegen die Mutter zu sein ist eine Todsünde, die mit Selbstschädigung gebüßt werden muß. Und da die Ablösung eine Herauslösung aus der totalen

Mutter-Kind-Beziehung ist, heißt Ablösung gegen die Totalität der Mutter zu sein. Muttersein ist aber mit Totalsein identisch. Also bedeutet gegen die Totalität zu sein gegen die Mutter zu sein. Das will bestraft werden, denn die Mütter sind gut und nicht jemand, gegen den man sein darf. Die Richtplätze sind in den Seelen der Menschen frühzeitig errichtet und die Scharfrichter sind sie selbst. Zwar reißen sie und motzen, lügen und stinken gegen ihre Mütter an, aber verletzen sich dabei doch im stillen selbst, leiden und machen im eigenen Leben, das sie so schwer für sich erringen müssen, oft das Falsche. Wie Parzival und wie die Kinder in den anderen Beispielen hetzen die Menschen los, reißen sich auf, lieben falsch, beginnen glücklos, werden verlacht und zurückgestoßen. Gegen die Mutter, die Beste, kommt kein neues Leben an. Adelheid konnte zeitlebens nicht richtig für ihr und ihrer Partner Glück lieben. Genauso begann es Anton zu ergehen, als Adelheid ihren Sohn in Muttertotalität umschloß. Clemens hing umsonst zwölf Jahre an seinem Freunde, den er nicht erschließen konnte und mit dem er gemeinsam stagnierte. Dagmar traute sich erst gar nicht, eigene Versuche zu machen. Edeltraut mußte sich immer wieder beweisen, daß Männer wohl im ganzen falsch zu sein schienen und der Einsatz für sie nicht lohnte. Oft rasen Kinder triumphierend in Lieben und Ehen mit extrem von ihnen sich unterscheidenden Charakteren, wähnen sich im Gegenteil von dem, was von zu Hause aus sein sollte, und in vollkommener Befreiung aus den Fängen ihrer Mütter, bis sie merken, daß gerade das Extrem sie hilflos unentwickelt bleiben läßt und daß das, was sich als Fortentwicklung von den Eltern ereignen soll, sich als Stagnation erweist. Die Mütter bleiben allgegenwärtig, um im »Siehste!« – Blick bis zum nächsten schiefen, falschen Mal die Kindermühen zu verfolgen und mit dem Satz im Raum der Kinder schweben zu bleiben: »Hättest du damals auf mich gehört . . . !«

Mütter geben Kinder nie ganz her. Da die Kinder aber in ihr eigenes Leben recht und schlecht hinein müssen, werden sie zerteilt, wie es in dem Salomon-Gleichnis die eine böse Mutter wollte. Die Mütter im Patriarchat sind wie die falsche Mutter vor Salomo. Wenn sie schon die Totalität über das Kind verlieren müssen, dann wollen sie wenigstens Teile von ihm behalten. Die Bemühungen der Kinder, aus den Fängen der Mütter sich zu befreien, nehmen oft verheerende Formen an. Die Regisseurin Wilma Kottusch erfuhr bei der Materialsuche zu ihrer Dokumentation über Sterbehilfe[28] von einem Fall, in

dem sich beide Söhne einer Familie als Jugendliche das Leben zu nehmen versucht hatten. Beide schossen aber so daneben, daß sie sich nur zu körperlichen und geistigen Invaliden machten, die nun zeitlebens in der Obhut ihrer Eltern bleiben mußten. Zwischen den Selbstmordversuchen der Jungen lag ein Abstand von fünf Jahren.
Die Ablösung selbst versetzt den Menschen in solche Leiden, daß das Maß des Ertragbaren überläuft, wenn die Versuche, das eigene Leben zu meistern, zu kläglich verlaufen.
Nicht nur die Verzweiflungen aus der totalen Mutter-Kind-Beziehung sind dem Menschen schädlich, sondern auch vor allem die Lüste daraus. Auch das Vergnügen an Mütterlichkeit hat für den Erwachsenen Entsetzen zur Folge, weil auch das Vergnügen absolut ist, gegen das kein Vergnügen einer neuen Person auf die Dauer ankommen kann: »Mutter ist die Beste!« Von frühen Lullungen her umnachtet, die auch später nicht aufhören wollen, wenn das Kind schon größer ist, erwarten die Menschen vom Leben und von den Partnern, mit denen sie umgehen, wieder das Äußerste, das sie meist nicht noch einmal bekommen. Und wenn sie es doch erreichen, fühlen sie es nicht als die alte Seligkeit, die sie mit ihrer Mutter zusammen erfahren haben. Hin und wieder bringen Frauen ähnliche Situationen für ihre Männer zustande, wie Mütter für ihre Kinder, was den Männern aber im Prinzip nur Ärger verschafft.
Was C. G. Jungk paradiesfacettenhaft als »anima« stilisiert – jeder Mensch hätte ein von der Mutter her eingesetztes Urbild seines Partners vor Augen –, verwirklicht sich lächerlich stümperhaft, wenn der Mensch meint, der Verkörperung seines Urbildes begegnet zu sein. Menschen fliegen unter dem Eindruck dieser von den Müttern her eingesetzten Bilder aufeinander, müssen aber feststellen, daß ihre konkreten Verhältnisse oftmals grausam voneinander verschieden sind, so daß ihnen eine längere glückliche Beschäftigung miteinander entweder nicht möglich ist oder zur lebenslangen Strapaze wird.
Der Mißmut an sich selbst ist für die Gesellschaft genauso wichtig wie der Haß auf andere. Die Fremdschädigung braucht das System für seine eigene Stützung. Die Selbstschädigung braucht es, damit die Menschen sich alle Gewalttaten gefallen lassen, die das System blutlos mit Normen und mit seiner eigenen Struktur ihnen zumutet. Der Einzelne soll fähig werden, die ihm unablässig als natürlich oder göttlich oder sonstwie als notwendig eingeredete, künstlich konstruierte Ordnung der Gesellschaft hinzunehmen, was ihm höchste

Schmerzen bereitet und deswegen unnatürlich ist. Er soll die Widersprüche der Herrschaft und die Schmerzen des Beherrschtwerdens aushalten, er soll ohne Widerstand erdulden, daß er sich persönlich und sachlich nicht verwirklichen kann, daß er arbeiten muß, wie es ihn täglich zersetzt und daß er nicht lieben kann, wie es ihm täglich Freude bereiten würde. All das zwingt ihm noch das Gefühl des eigenen Ungenügens auf. Dieses zusammen mit der Schuld seinen Eltern gegenüber lassen dem Menschen den Eindruck entstehen, er wäre tatsächlich von Geburt an böse und verdiente die ihn erdrükkenden Schädigungen. Eine Vorstellung wie die Erbsünde hätte sich der Mensch gegenseitig jahrhundertelang nicht so erfolgreich einreden können, wenn in ihm nicht Gefühle des falschen Seins, des unrichtigen Tuns, der Beschädigtheit und des Unvermögens tief eingenistet wären. Der Mensch soll von Kindheit an böse sein, damit er sich über sein ganzes Leben anstrengt, daß er weniger böse wird. Die Erbsünde zündet im Verhältnis zwischen Eltern und Kindern. Alles, womit das Kind zu seinem Ich strebt, ist Sünde. Die Gesellschaft erteilt Absolution, wenn das Kind mit diesem Streben nachläßt, wenn es den Eltern und später den gesellschaftlichen Normen durch Anpassung und Wohlverhalten gefällig ist. Weil der Mensch gefällig sein und in allen Strecken seines Lebens den Aufbau seines Ichs vernachlässigen muß, verrät er seine Geschichte und wird *dadurch* böse. Der alte Erbsündenglauben ist genauso kurios wie Lorenz' neuer Aufguß vom natürlichen Erbbösen. Aber die in ihren wesentlichen Zügen gleichgebliebene Struktur des Patriarchats zwingt die Generationen zu gleichem Verhalten, das nahtlos fortgeführt wird *wie* vererbt.

IV. Die »Gebärmutter« des Vaters

1. Kulturfesseln um die Söhne

Der Schwindel vom »zweiten Uterus« entlarvt sich sofort, wenn in der Beziehung zwischen Vater und Kind dasselbe geschieht wie in der zwischen Mutter und Kind. Der »zweite Uterus« entpuppt sich als ein Vorwandbegriff, der als biologisches Feigenblatt ein soziales Verhältnis bedecken soll.

Es ist ein altes Verdummungsmittel, das Konrad Lorenz in seinem »sogenannten Bösen« benutzt, den Menschen mit natürlich gewachsener, unveränderbarer Biologie Sand in die Augen zu streuen, damit sie nicht sehen, daß ihr Elend aus willkürlich gemachten sozialen Verhältnissen stammt, das man abschaffen kann, wenn man die Verhältnisse anders einrichtet.

Die Mutter-Kind-Beziehung, die sich nach der Geburt über viele Jahre des menschlichen Lebens hinzieht, ist ein psychophysisches Gewaltverhältnis, dessen Charakter man selten an ihm selbst, generell jedoch an seinen Auswirkungen erkennt. Sie wird eingeschränkt, korrigiert und kopiert durch die Vater-Kind-Beziehung, die jedoch meist erst nach den ersten Pflegejahren entsteht, dann aber alle Merkmale der Mutter-Kind-Beziehung in sich vereinen kann. Den Horror des »zweiten Uterus« verbreitet der Vater ebenfalls, wenn er seinen Sinn, seine Bedürfnisse und seine Qualen in das Kind hineinzwingt. Die Inbesitznahme des Kindes durch ihn kann so rigoros sein, daß dadurch das erste Besitzverhältnis zwischen Mutter und Kind erheblich eingeschränkt, manchmal ganz aufgehoben wird.

Obwohl der Mann gesellschaftlich Herrschender ist, ist er in der Gesellschaft selbst zugleich immer auch Beherrschter, vor allem in dem Raum des Familienverhältnisses nicht selten vollkommen Unterworfener. Das, was das gesamte Geschlecht der Frauen in der von Männern geleiteten Gesellschaft generell zu ertragen hat, rächen oft die einzelnen Frauen in den Familien an ihren Männern speziell. Die infolge seiner gesellschaftlichen Anstrengungen notwendige, sich selbst zugefügte erotische Verkümmerung macht den Mann in der Familie unsicher. Seine Schwäche in der Familie ist trotz seiner auch dort von ihm markierten Stärke der Schwäche der Frau in der Gesellschaft vergleichbar. Ähnlich wie die Frau trägt der Mann seine

Schwäche an seinen Kindern aus. Sie kann die Zeichen der Brutalität und die der Verzärtelung haben.
Vom bösen und bösemachenden Vater zu reden, ist längst keine solche Altarschändung, wie wenn die böse Mutter gegeißelt wird. Die Zeitungen und Prozeßakten äußern schon offen die Zusammenhänge zwischen väterlicher Brutalität und späteren kindlichen Gewalttaten. Im Fall des »Vampirs von Nürnberg«, der ein Liebespaar erschoß und das Blut seiner Opfer trank, vorher in Abständen von Jahren das Blut aus fünfunddreißig in der Leichenhalle aufgebahrten Unfallopfern sog, berichtet die Münchner »tz«: »Als er geboren wurde, war er nach Angaben seiner Mutter so gesund und normal wie andere Babys auch. Doch dann wurde er ständig von seinem Vater geschlagen. Die Folge: der Sohn wurde taubstumm (2. 3. 74).«
Bei Mördern, die von ihren Müttern dazu gemacht worden sind, schreiben die Zeitungen nur diskret, wie bei dem Grazer Postbotenmörder: »Er wohnte noch bei seiner Mutter« (»Bild« 5. 4. 74), um aber meistens hinzuzufügen, wie die gute Mutter aus allen Wolken gefallen sei, die Tat ihres Sohnes nicht fassen könne, da sie für ihn ihr Leben lang immer das Beste gegeben habe.
Die Zeitungen berichten aber nur von bösen Vätern, wenn die Söhne sich nach den Zurichtungen fremdschädigend benommen haben, so als ob es nur dann einen Grund zur Aufregung gäbe. Solche Fälle wie der des Münchner Arbeiters Fred St. bleiben in den Gerichtsakten verborgen und werden kein Anlaß zur öffentlichen Beklagung bösen väterlichen Wirkens: Fred wurde wie der Nürnberger »Vampir« von seinem Vater von klein auf geschlagen. Die Mutter war schwach und konnte gegen den sich innerhalb der Familienwände austobenden Vater nichts machen. Passierte es, daß der Junge zu spät nach Hause kam, mußte er im feuchten Keller übernachten. Auch wenn der Vater sich sonstwie über seinen Sohn geärgert und ihn wundgeschlagen hatte, wurde er in den Keller verbannt, um auf Kohlen und Kartoffeln schlafen zu müssen. Fred wurde nicht wie der »Vampir« taub, sondern fast blind. Als er siebzehn Jahre alt war, schlief er des öfteren mit einem dreizehnjährigen Mädchen mit dessen Einwilligung, bis er es schwängerte. Die Eltern des Mädchens strengten gegen ihn einen Prozeß an wegen Verführung Minderjähriger unter vierzehn Jahren. Das Kind der Jugendlichen wurde geboren. Die Richterin erkannte trotzdem, zwei Jahre Jugendstrafe wären für Fred das Richtige an gesellschaftlicher Reaktion auf sein

Bedürfnis und seine Befriedigung, mit dem Mädchen zu schlafen. Fred saß von seinem siebzehnten bis zu seinem neunzehnten Lebensjahr im Jugendgefängnis und lernte keinen Beruf. Mit Zwanzig passierte ihm in Schweden dasselbe wie in Deutschland mit Siebzehn. Er schwängerte wiederum ein Mädchen, so daß er später für zwei uneheliche Kinder sorgen mußte. In Deutschland heiratete er eine dritte Frau und bekam mit der zwei weitere Kinder. Er litt unter der ständigen Verfolgung der Behörden oder Kindsgroßeltern, die von ihm verlangten, für seine unehelichen Kinder zu zahlen. Er hatte jedoch nichts, verdiente als Hilfsarbeiter nur das Minimum. Die Hetze, unter der er sein Leben durch die Verfolgungen seines Vaters zu leben lernte, blieb auch später als Erwachsener sein Motiv. Andere Jungen schlafen mit Mädchen, ohne daß etwas herauskommt, sollten ihre Kumpaninnen das Gesetzesalter, das noch immer für den Koitus festgelegt wird, noch nicht erreicht haben.
Die Hetze ist bei vielen Menschen Lebenszeichen; nicht nur ein entfremdeter Arbeitsmotor treibt sie, sondern eine innere Pein. Bei Fred wurde sie pathologisch: immer mehr Kinder, für die er nicht sorgen konnte. Gesetze und Ämter übernahmen, womit der Vater begonnen hatte. Fred verursachte einen Autounfall, bei dem er fast zu Tode kam und sich neue Rächer schuf, sich an noch mehr Beobachter und Lauerer auslieferte, die hinter ihm her waren und prüften, ob er sich richtig oder falsch verhielt.

Die Vater-Sohn-Problematik ist als klassisches Gewaltverhältnis im Bewußtsein der Kultur. Die personelle Kontroverse spiegelt die gesellschaftlichen Auseinandersetzungen der Klassen. Zahlreiche berühmte Söhne berichten über nörgelnde Väter, die sie hinderten, beschwerten, ihnen zumindest ihre eigenen Lebensvorhaben ständig versäuerten. Die klassischen Fälle zwischen Peter I. von Rußland und seinem Sohn Alexej, zwischen Wilhelm von Preußen und seinem Sohn Friedrich II. sind als Fingerzeig in Schulbüchern für Generationen von Knaben zum Schrecken erstarrt worden. Franz Kafka hat sich sein Leben lang unter seinem Vater gewunden und trotz massiver Selbstschädigungsneigung und ihrem ständigen Vollzug sich noch Liebe und Achtung für seinen Vater abgerungen. Von grotesker Einnistung des Bösen als Folge fürchterlichen Vaterverhaltens berichtet Morton Schatzman in seinem Buche: »Die Angst vor dem Vater«[61]. Der berühmte deutsche Arzt und Vater der Schrebergärten,

Daniel Gottlob Moritz Schreber, betrieb seine Abrichtungen so weit, daß von seinen zwei Söhnen der ältere Selbstmord beging und der jüngere verrückt wurde. Die Dressuren des Vaters setzten sich hier musterhaft in den Selbstschädigungen der Söhne durch. Was eine ratlose Ärzteschaft mit »Schizophrenie« betitelte, waren späte Eruptionswellen des Geistes, mit denen der Sohn endlich die Erschütterungen, die seine Ich-Geschichte durch die väterlichen Dressuren erfahren hatte, nach außen trug.

In dem Roman »Die Parade« des Österreichers Alexander Sacher-Masoch wird mit klinischer Beobachtungsgabe seziert, wie das Böse durch die Eltern-Kind-Beziehung entsteht, wie die Dressur des Bösen durch die Dressur der Ich-Geschichte vollzogen wird. Die Abrichtung ereignet sich zwischen einem Oberst des österreichischen K.-u.-K.-Militärs und seinem Sohn Ferdinand. Der Oberst bezieht mit seiner Frau, seinem Sohn und seinen Bediensteten ein neues Haus in einer Garnisonsstadt. Der Sohn kommt in eine neue Schule, in der hauptsächlich ungarische Jungen sind. Ferdinand freundet sich mit einem kleinen Ungarn aus seiner Klasse an. Der Ungar erzählt ihm von dem 48er Aufstand seines Volkes, den die damaligen Weltmächte Österreich und Rußland zusammen niedergeschlagen haben. Ferdinand gehört mit seiner Familie zu den die Ungarn unterdrückenden Österreichern. Er sagt: »Ich möchte nicht auf Seiten der Stärkeren sein.« Ferdinand ist glücklich mit seinem ungarischen Freund zusammen. Dieser will Arzt werden, sie schauen sich Anatomiebücher an.

Die Identitätsfindung Ferdinands läuft Wege, die der Vater mißtrauisch überwacht, weil er den Sohn nur in die eine Identität als Militär hineinpressen will, in die gleiche, die seine eigene ist. Wünsche des Vaters und Ich-Geschichte des Sohnes reiben sich bald aneinander.

Zu Besuch kommt eines Tages der Garnisonsarzt, ein alter Freund des Oberst. Er bringt Ferdinand einen Ball mit. Der Arzt ist milde und bei seinem Umgang mit Menschen nicht auf Dressuren gestimmt. Ferdinand fliegt auf ihn, bemächtigt sich seiner nachdenklichen, freundlichen, sinnlichen Art, mit Menschen und mit Dingen umzugehen. Beide kommen vor Zeugen der Eltern in ein Gespräch, dessen freie Gedankenbewegung die Erziehungspersonen schon argwöhnisch macht. Ferdinand und der Arzt benutzen ein von der Mutter begonnenes Gemälde – einen belanglosen Landschaftsausschnitt, angefertigt in Nachmittagspinselei einer tatenlosen Oberschichtsdame – und werfen sich ihre Gedankenbälle zu. Der Oberst verbietet schließlich seinem Sohn das weitere Fragen und schickt ihn hinaus zum Spielen. Der Arzt plädiert noch für eine letzte Frage. Ferdinand beschäftigt der Gedanke, ob man auch unschöne Gegenstände malen könne, ob man sogar Dinge malen kann, die noch nie jemand gesehen hat. Der Arzt antwortet ihm: »Du kannst das vielleicht, du hast Talent, so etwas zu machen.« Dem Oberst stockt das Blut: sein Sohn ein Maler! Sein Sohn sogar ein Maler von etwas, das noch nie gesehen worden ist! Das Kind muß augenblicklich hinaus zu den ihm und dem Vater selbst bekannten Lüsten des Ballspielens, denen sich Ferdinand dann auch lebhaft mit seinem ungarischen Freunde hingibt. Er weiß noch nichts von den Abschneidemanövern seines Vaters, die sich hier erst beispielhaft vorankündigen. Er begreift noch nicht die Geschichtsklitterungen seines Ichs, die ihn zerstören sollen.

In der Stadt wird die Obrigkeit von politischen Versuchen gegen sie erschüttert. Ungarischen Hochverrat nennt man es, sogar Behördenpersonen sind in die Angelegenheit verwickelt. Der Oberst muß tätig werden. Die Schuldigen werden ergriffen. Die Schulklasse, in die Ferdinand geht, ist auf Seiten der ungarischen Verschwörer. Die Jungen wissen, daß der Vater ihres Klassenkameraden Ferdinand über ihre gefangengenommenen Landsmänner die Macht hat. Sie wenden sich von Ferdinand ab, der bald ganz aus dem Kollektiv ausgeschlossen wird. Zugleich verbietet der Vater seinem Sohn den Umgang mit dem ungarischen Freunde. Er fühlt, daß sich von dieser Seite her andere Einflüsse zu dem Ich seines Sohnes bahnen, als die, die er auf es wirken lassen möchte. Der ungarische Freund wird krank. Ferdinand darf trotzdem nicht zu ihm nach Hause. Die Ablehnung seiner Klasse ist für ihn eine tägliche Drangsal. Er will den Vater bewegen, die festgenommenen Ungarn wieder freizulassen. Der Oberst verliert fast die Sprache, daß sein Sohn solch ein amtsfremdes Ansinnen an ihn stellt. Er untersagt ihm diese Fragen ein für alle Male. Ferdinand bittet nun die Mutter, beim Vater für die Ungarn ein Wort einzulegen. Sie lehnt solche Fürsprache ab. Inzwischen wird er in der Schule immer schlechter. Sein Freund stirbt an Schwindsucht. Ferdinand durchbricht das Verbot seines Vaters und geht zu den Ungarn, er sieht seinen Freund erst als Toten wieder. In der Schule bemüht er sich angestrengt, die Anerkennung im Kollektiv seiner Klassenkameraden wiederzuerlangen. Als ein »unanständiges« Buch beim Weitergeben unter den Tischen in der Unterrichtsstunde vom Lehrer entdeckt wird, meldet Ferdinand sich als der Eigentümer. Er wird von den Lehrern abgeführt. Man glaubt ihm jedoch nicht und kommt dahinter, wem das Buch wirklich gehört. Die Klasse denkt nun, Ferdinand habe den echten Eigentümer verraten. Er wird von einigen geschlagen. Seine Wege ins Kollektiv sind daraufhin vollständig versperrt. Einmal locken ihn die Jungen in eine Falle und verprügeln ihn. Wenn solche Schranken zwischen Kind und Kollektiv gefallen sind, haben die Eltern gewonnen. Das Kind kann nicht weiter seine von den Eltern unabhängigen eigenen Wege gehen, nicht einmal heimlich, wogegen die Eltern machtlos wären. Es ist von allem abgeschnitten und kommt zu den Eltern notgedrungen zurück. Die eigenen Ausbruchsversuche, Ich-Geschichte zu machen, sind fehlgegangen. Um zu überleben, willigt das Kind in die Dressuren ein. Ferdinand wird apathisch. Seine Energien, nach außen gestoppt, wenden sich nach innen gegen ihn selbst. Er beginnt dahinzusiechen. Seine Leistungen in der Schule brechen vollkommen zusammen. Die Lehrer versetzen den Jungen nur, weil sie die hohe Position des Vaters berücksichtigen, dem sie ihr Wohlwollen deutlich zum Ausdruck bringen und ihm dabei gleich alle Mahnungen auf den weiteren Erziehungsweg mitgeben, die Abrichtungen des Sohnes zum schulischen Pflichtpensum etwas strikter zu vollziehen. Ferdinand muß in den Ferien zu Hause bleiben und bekommt einen Nachhilfelehrer zugeteilt. Auch mit dessen gutem Zureden läßt er die theoretischen Materialien nicht in seinen Kopf herein. Statt dessen benutzt er die neue Situation zu unverhoffter Fortsetzung seiner abgebrochenen Identifikationswege. Er fragt dem Studenten das Leben aus dem Leibe, will Gott, Huren und die Liebe erklärt haben, besetzt ihn als Freund und geht nach den Nachhilfestunden oft mit ihm mit. Heimlich nimmt er eines Tages aus der Dose des Vaters Tabak und gibt ihn dem Studenten, dem der seinige mitten in einer Unterrichtsstunde ausgegangen war. Die Entnahme kommt heraus. Das Personal wird verdächtigt. Der Vater will tätig werden. Ferdinand entdeckt sich. Der Vater entlädt seinen Zorn auf den Studenten, der ihm sowieso schon ärgerlich geworden ist. Er spürt, daß Ferdinand mit Hilfe des Studenten die abgebrochene Ich-Geschichte wieder aufgenommen hat. Der Oberst entläßt den Studenten. Wieder raubt er Ferdinand einen selbstgewählten Identifikationspartner, schneidet ihm ein Rinnsal ab, der zu dem Strom des Sohnes eigenen Lebens führen sollte. Ferdinand hört von dem Selbstmord eines der ungarischen Inhaftierten, der nach der kleinen Revolte festgenommen war. Den Toten benutzt er als letztes Identifikationsvorbild, das ihm der Vater nicht mehr rauben kann, weil er nichts von Ferdinands Plänen weiß. Der Sohn will sich das Leben nehmen. In seinem Selbstmord fällt die endgültige Verweigerung gegenüber den väterlichen Zurichtungsversuchen mit der vollkommenen Auslieferung an das in ihn eingesetzte Prinzip des Bösen zusammen. Der geschändete Mensch versucht noch im Selbstmord, sich zu seiner Ich-Geschichte durchzureißen, auch wenn er sie mit seinem Vollzug für immer abbricht.

»Die Parade« wird an ihrem Ende zum Märchen. Der Oberst entdeckt Ferdinand mit geöffneten Pulsadern, sieht all sein Fehlen ein und will den Sohn künftighin lassen, wie er wird.

In dieser Geschichte kommt deutlich zum Ausdruck, wie das menschliche Leben sich selbst aufbauen will. Ferdinand möchte seine seelische Struktur mit Verhaltensweisen und Tätigkeiten seiner Mutter, seines ungarischen Freundes, des Arztes, der ungarischen Freiheitskämpfer und des Studenten aufbauen. Vielleicht hätte er auch Teile des Vater-Verhaltens dazugenommen. Passagen aus dessen Dienstredlichkeit, Pflichttreue und Ordnungsbewußtsein hätten ihm eines Tages gut zum Charakter gestanden, wenn Ferdinand Maler, Arzt, Lehrer oder Politiker geworden wäre. Aber daß er den Vater zum Ganzen nehmen muß, erweist sich als ein für ihn sich bösartig auswirkender Druck, der hier zum tödlichen Ausgang zwingt und in Wirklichkeit unzählige Söhne in den Tod oder in einen Lebensschlamassel getrieben hat.

Mythen, Geschichte und Literatur sind voll von Beispielen dafür, wie sinnlos es ist, wenn Väter Söhne zu etwas zwingen oder vor etwas bewahren wollen. Durch die emsige Gegeneinwirkung haben sie erst das gefördert, was sie vermeiden wollten. Der Druck des Bestimmten, das sein soll, der Druck, mit dem etwas erreicht oder etwas verhindert werden soll, hat sich regelmäßig selbst als Hervorbringer des Bösen erwiesen. Entweder die Söhne tun doch nicht, was die Väter wollen, oder sie hetzen den Zielen der Väter nach, reiben dabei ihr Leben auf, weil sie ihr Tun immer als fremdbestimmt empfinden.

In einem modernen Beispiel um 1970 werden noch in der Stärke des Sohnes und in der Schwäche des Vaters die alten unveränderten

Druckverhältnisse als Ursprünge des Bösen denunziert. In dem DDR-Film »Mein lieber Robinson« jongliert ein Sohn in einem Doppelleben, hält seinen Kopf noch unter den alten Druck des Vaters, hat sein Herz, seine Arme und seine Sinne schon in einer zweiten Existenz untergebracht, in der er sich verwirklichen möchte. Der Sohn ist neunzehn, hat mit einer Freundin ein Kind, arbeitet tags oder nachts in Schicht als Krankenwagenfahrer, besucht nebenher die Volkshochschule, um das Abitur nachzumachen. Er will später studieren. Zwischendurch versorgt er in Abwechslung mit seiner Frau das Kind, damit sie ihr Studium nicht abzubrechen braucht. Er hat sie durch seine Arbeit kennengelernt, als sie nach einem Selbstmordversuch ins Krankenhaus transportiert werden mußte. Vor dem Vater wagt er nicht einmal ein Bild seiner Frau in seinem Zimmer aufzustellen. Der Vater führt ein geordnetes Leben als Architekt. Seine erste Frau, die Mutter seines Sohnes, ist vor einigen Jahren gestorben, er lebt jetzt mit einer Freundin zusammen. Er kritisiert seinen Sohn ständig. Er findet ihn kindisch. Alles, was er macht, ist in des Vaters Augen albern. Als der Sohn mit dem Krankenwagen zu einer Brandkatastrophe gerufen wird und löschen und retten hilft, tadelt der Vater das hinterher. Zwischen Unglauben und Ängstlichkeit erteilt er dem Sohn Ratschläge. Er sagt, man solle sich nicht opfern: »Risiko ist immer ein Mangel an durchdachter Form«. Der Vater verfolgt den Sohn mit Neckereien, Unmündigkeitserklärungen und Mißtrauen und will ihn zwischendurch mit Leitsprüchen ins Leben einweisen. Er vermißt ein festes Ziel vor den Augen des Sohnes. Die Freundin des Vaters mildert dessen Trend zur Lebensfront mit dem Satz: »Umwege können auch produktiv sein.«

Väter haben keinen Sinn für Wachstum, sondern nur Interesse an Fertigprodukten. Die Mütter sollen das Leben an sich beschädigen, die Väter sollen es für die Marschrouten der Gesellschaft dressieren. Die Väter zittern. Sie kommen in letzter Zeit nicht mehr ganz nach mit ihrer Ablieferung von Fertigmenschen. Im Film »Robinson« lebt der Sohn immerhin schon unter der Hand sein eigenes Leben. Er muß sich für sein Wachstum, seine Mühe, seinen Einsatz, für all seine Veränderungen auch noch entschuldigen und sie vor dem Vater zum Schein rückgängig machen, ihm Unreife vorspielen, vor ihm so tun, als ließe er sich in gezielte Richtungen drücken. Dabei ist *sein* Ziel *der Weg*, wie es in der alten chinesischen Weisheit heißt. Er stöhnt: »Es ist nicht einfach, das Richtige zu tun und das noch schnell«, wie es die Väter wollen. Am Schluß sind sie noch beleidigt, wenn man ihnen das eigene Leben schonend verheimlicht, weil sie nicht aushalten können, daß es nicht mit dem ihren identisch zusammenfällt. Das mangelnde Vertrauen ist Selbstschutz, denn die Väter haben das Leben der Söhne nicht begleitet mit Anteilnahme und Angeboten, sondern sie haben es verfolgt mit den Interessen der Gesellschaft, der sie es ausliefern sollen.

2. *Naturbänder um die Töchter*

Man könnte die Väter in den Fällen ihrer Söhne entschuldigen, weil sie selber unter dem Druck der Gesellschaft stehen, ihr ständig gute neue Männerzucht zuwachsen zu lassen. Der Druck, den sie auf ihre Söhne wirken lassen, hätte im gesellschaftlichen Gebot sein Motiv, genormtes Männermaterial abzuliefern, das sich an jeden einzelnen Vater eines Sohnes richtet. Erst aus dem Verhältnis Vater–Tochter wird klar, daß die Schäden ihren Ursprung in der absoluten und totalen gebärmuttergleichen Beziehung selbst haben, die Mütter wie Väter mit ihren Kindern eingehen, auch wenn sie nicht unter besonderem gesellschaftlichem Leistungszwang stehen, wie er auf dem Vater lastet, wenn es um die Kontrolle eines Sohneslebens geht. Väter verfahren mit ihren Töchtern genauso willkürlich wie mit Söhnen, auch wenn für den weiblichen Nachwuchs kein festes Programm vorliegt, außer dem, daß die Frau in die gesellschaftlichen Machtverhältnisse des Mannes nicht eingreifen soll. Wenn das allgemein sichergestellt ist, ist es dem Patriarchat gleichgültig, was mit dem Leben einzelner Frauen geschieht, ob sie einem Mann zugeschlagen oder ob sie in eine niedere Arbeitsstelle eingewiesen werden. Der einzelne Sohn *muß* etwas Bestimmtes, wie ins »feindliche Leben« hinaus, die einzelne Tochter noch nicht. Das Patriarchat kümmert sich deshalb nicht darum, wenn Eltern das Leben ihrer Töchter für sich behalten oder wenn sie es unselbständig gelassen, später einem Manne für die Ehe weiterreichen, oder wenn sie es in die Zubringerdienste des Systems plumpsen lassen. Der Druck, den Väter auf Mädchen ausüben, paßt sich dieser allgemeinen gesellschaftlichen Abweisung des Frauenlebens an. Väter wollen Söhne zu etwas bringen und Töchter vor etwas bewahren, und insofern fühlen sie sich auch ihren Töchtern gegenüber mit einem Auftrag bestellt, wenn sie

sie jungfräulich in das nächste Zwangsverhältnis der Ehe geleiten wollen. Die Zucht zum Ziel und die Zucht als Zähmung bricht gleichermaßen Ich-Geschichte und zwingt das Böse in beide Geschlechter hinein. Die französische Bildhauerin Niki de St. Phalle hat in ihrem Film »Daddy« gezeigt, wie ihr Leben von ihrem Vater durchsetzt worden ist. In einer furchtbaren Abrechnung will sie sich freischütteln, was ihr wie im Märchen nicht allein, sondern nur mit einem sie liebenden jungen Manne gelingt. Der Vater erscheint, nachdem sie mit ihm persönlich abgerechnet hat, nur noch als Monster hinter den Burgmauern. Sie muß sich aber vorsehen und unablässig an ihrer Befreiungsgeschichte weiterarbeiten, darf nicht über die Mauer sehen, weil sonst das Monster – was versinnbildlicht heißt, der Vater in ihr – wieder verlebendigt wird. Die meisten Menschen irren und stoßen im Leben herum, welches nie zu dem ihren wird, obwohl sie es so nennen. Es wird für sie gerade erst dadurch zu einer ihnen undurchschaubaren Tortour, weil das Leben ihnen nicht gehört, weil ihre Seele unerlöst in den Fängen der sie umklammernden elterlichen Monster schwebt.

Grausam widersprüchlich verlief die Gefangenschaftsgeschichte einer Großtante von mir.

Der Vater von Gerda S. war Regierungspräsident. Seine Frau war etwas steif und meistens krank. Ansonsten verlief die Ehe gut. Man sagt, daß der Vater der Mutter immer treu gewesen war und sie sein Leben lang geliebt habe. Gerda wurde als zweites Kind nach einem Jungen geboren. Ihre Kindheit verlief komplikationslos. Ein kleines Erlebnis aus dieser Zeit wirft ein Licht auf die frühe Zurichtung des Kindes zur später dem Mann untergebenen Frau. Gerda lief mit fünf Jahren zu ihrer Mutter und teilte ihr mit, daß sie ihren Bruder heiraten wolle. Die Mutter erwiderte: »Den Bruder heiratet man erstens sowieso nicht, und zweitens hat ein Mädchen überhaupt damit zu warten, bis es gefragt wird.« Gerda wollte jedoch auch später nicht warten, bis sie zu Männern oder zu Taten eingeteilt wurde, sondern entflammte von allein für das Theater. Sie spielte auf Schülerbühnen ihre ersten großen Rollen. Die Umwelt war entzückt und sagte ihr eine große Karriere voraus. Aber der Vater fragte: »Du willst doch nicht in der Gosse landen?« Und Gerda lehnte das Angebot eines Schauspielers, sie zu unterrichten, ab. Ihr Mitschüler, der die männlichen Hauptrollen gespielt hatte und dem sie sich verbunden fühlte, ging allein zum Theater. Ein Jahr geschah nichts. Gerda merkte, wie sehr sie am Theater hing und bettelte den Vater, es wenigstens versuchen zu dürfen. Wenn nach ihrer Ausbildung nichts aus ihr werden würde, dann wollte sie in die Krankenschwester einwilligen, die ihr der Vater als Lebensweg anempfohlen hatte. Gerda sprach in der nächsten Großstadt bei zwei berühmten Schauspielern vor. Der eine war jung und forsch und schwor sofort auf sie, spielte mit ihr eine »Faust«-Szene durch, war von ihr so hingerissen, daß er ihr anbot, sie, wie sie war, in seiner eben vorbereiteten Inszenierung die Partie des Gretchen spielen zu lassen, die die dafür vorgesehene Schauspielerin aus gesundheitlichen Gründen gerade wieder abgegeben hatte. Das ersehnte Ziel war Gerda zu nah und die Flamme des Lehrers zu hell. Sie hatte von ihrem Vater gehört, daß die Wege des Lebens steinig seien, nur Tränen zum Erfolg führten und der erste Schein trüge. Gerda sprach auch dem älteren Schauspieler vor, den ihr Vater ihr empfohlen hatte. Der nahm jedoch keine Schüler an, weil er ein zu berühmter und auf den Bühnen überlasteter Mann war. Auf verzweifeltes Drängen Gerdas hin machte er eine Ausnahme. Auch er meinte, sie hätte das Gretchen schon spielen können, lobte aber ihre Zurückhaltung. Gerda sagte dem jungen Schauspieler ab. Das Gretchen wurde mit einer anderen Frau besetzt. Die Arbeit bei dem älteren Schauspieler lief gut an. Aber nach zwei Monaten starb der Mann. Gerda sah darin eine Stimme des Himmels, die sie sich zu Herzen nehmen sollte. Sie schwor der Bühne ein für alle Male ab, bekannte vor ihrem Vater, daß sie einsähe, wie närrisch sie gewesen sei, und nun wolle sie endlich Krankenschwester werden. Vater- und Tochtersinn hakten sich ineinander: von Verantwortung für die Allgemeinheit war die Rede, von Aufopferung für den leidenden Nächsten, von wirklicher Hilfe für den Kranken, von einer Aufgabe, die einen erfüllt und die vor jedermann Bestand hat. Gerda strengte sich an. Sie begann im Krankenhaus mit den Kindern, arbeitete emsig, opferte sich auf, sog die Lebensläufe der Verzweifelten, Geschundenen, Gelähmten und Verstümmelten in sich ein. Eines Tages brach sie zusammen. Das Talent zum Schauspieler steht dem Talent zum Krankenpfleger entgegen. Der Schauspieler hat »eine Haut zuwenig«. Fremder Leute Lust und Leid dringt in ihn schnell. Er nimmt menschliches Agieren ohne Widerstand in sich auf. Er beobachtet und analysiert es nicht, er kann es nicht von sich absetzen, daß er stark bleibt und es dem anderen zu ertragen hilft. Es stürzt tief in ihn hinein, so daß er sich wie ein Kind von ihm prägen läßt. Er selbst wird zum Material fremden Leides und fremder Lust und kann sie dadurch anderen Menschen spiegeln. Er bedarf der Verkünstlichung des Leides durch die dichterische Ebene. Direkt auf ihn zugetroffen, erschlägt es ihn. Er kann es gerade darstellend aushalten, wenn er weiß, in dieser konkreten Form, in der er es spielt, ist es unecht und wird erst in der übertragenen Verallgemeinerung wahr. Das alles bedachte der Vater Gerdas nicht. Seine Gleichungen Bühne–Hurenhaus und Komödie–Unwahrheit entsprach nur *seinem* Winkel der Weltbetrachtung, und sein Talent wird nicht zum Schauspielern gepaßt haben. Aber als er sich mit seinen Anschauungen und Fähigkeiten rigoros übertragen wollte, schuf er seiner Tochter statt einem neuen glücklichen, ein böses Leben. Gerda fühlte nun, daß vor der Krankenschwester sich der eigene Körper entzog. Der Vater sah die physischen Gesetze wirken. Das galt für ihn. Die Tochter sollte erst mal eine Kur machen und war von weiteren Krankenschwesterdiensten befreit. Während der Kur sprach zu Gerda noch einmal die Stimme des Himmels, diesmal aus dem Munde eines freundlichen fremden Ehepaares, dem sie sich anvertraut hatte und das einen mittelalten Theaterleiter und -erzieher kannte, der weder sterben noch Glutaugen bekommen würde, wenn er Gerda unterrichtete. Die Leute stellten die Verbindung her, Gerda machte alles heimlich fest, eröffnete dem Vater ihren heiligen Willen. Der Vater gab seinen Segen. Gerda wurde Schauspielerin.

Der Vater durchwirkte jedoch weiter Gerdas Leben. Sie war längst um die Dreißig, erste Heldin in mehreren Provinzstädten, aber bei ihren Kollegen unbeliebt, die von ihr sagten: »Sie trinkt nicht, sie raucht nicht, sie liebt nicht!« Es ging Gerda fast wie der Sängerin, der man riet, für die Steigerung der Ausdruckskraft ihrer Stimme »das große Erlebnis« über sich ergehen zu lassen. Gerdas Stunde auf diesem Gebiet stand denn endlich auch vor ihrer Lebenstür. Sie lernte einen zehn Jahre jüngeren Schauspieler kennen, der sich an ihr stärkte und von dem sie alsbald ein Kind erwartete. Sie wollte das Kind unbedingt behalten, aber den aussichtsreichen Anfänger nicht weiter mit Familiendingen beschweren. Sie war zu einer unehelichen Geburt entschlossen. Der Schauspieler hatte zunächst den Altersunterschied nicht bemerkt, außerdem war es ihm egal, wenn die Gesellschaft sich über ihn mokieren würde. Er wollte Gerda heiraten. Sie öffnete sich ihrem Vater, der ganz entsetzt und versteinert erblassend ausrief: »Wie furchtbar!« »Er dachte wohl an sein eigenes eheliches Mißvergnügen«, kommentierte die Tochter den Schrecken des Vaters und dachte nicht daran, daß sie seit Jahren die unbekränzte Braut des Vaters war, dem sie nun das uneheliche Vergnügen raubte, sich insgeheim als Gatten der Tochter vorzustellen. Das scheele Gesicht des Vaters war für dieses Mal umsonst. Die Tochter heiratete ihren Geliebten. Gerdas spätes Glück mit dem Jungen verflog gleich nach der Eheschließung. Ihre Familie guckte über den Zaun der neuen Zweisamkeit und fummelte in Gerdas Ställchen herum. Ihr Mann war noch unbesonnen in menschlichem Umgang. Es gab Verwirrungen und Konfrontationen. Gerdas Vater hielt nichts von dem Jungen, wie er es schon von Anfang an gehalten hatte. Gerda bekam eine Tochter und spielte bald weiter Theater, ließ sich kurz danach scheiden und versuchte sich nach ein paar Jahren in einer zweiten Liebschaft mit einem anderen Schauspieler. Obwohl sie gesellschaftlich längst vom Fräulein zur Frau geworden war, erregte sich ihr Vater über diese neue Nachricht, als hätte die Kloake der Unsittlichkeit seine Tochter nun doch noch verschlungen. Diese neue Beziehung ging auch bald wieder auseinander. Aber Gerda spielte wenigstens erfolgreich Theater, jetzt sogar tragende Rollen in den Hauptstädten München, Berlin und Hamburg. Als sie ungefähr vierzig war, starb ihr Vater und hinterließ der Familie ein Vermögen. Von dem Teil, der ihr zufiel, hätte sie mit ihrer Tochter gut bis an beider Lebensende existieren können. Gerda veränderte sich merkwürdig. Auf der Bühne verlor sie allmählich die Energie und gab schließlich ihre Abschiedsvorstellung als Iphigenie, die in den letzten Jahren ihre Lieblingsrolle gewesen war. Niemand hatte ihr gekündigt. Nirgendwo war eine Kollegenhölle ausgebrochen. Ihr Erfolg war nicht zusammengebrochen. Ihr Kind wuchs unkompliziert in einem Internat auf. Ihre siechende Mutter leistete sich Pflegerinnen. Gerda zwang nichts und niemand zu diesem Entschluß. Von allein brach sie ihre Bühnenlaufbahn ab, als ob sie ihrem toten Vater einen Schwur mit in das Grab gegeben hätte. Erst nach seinem Tode schien seine Wirkung auf sie total zu werden.

Gerda schwor dem Schauspielerischen aber nicht vollständig ab. Sie ging wie mit einem Ein-Mann-Theater von Kurortbühnen zu Sanatoriumssälen und rezitierte dort Goethes »Iphigenie«, sprach und gestikulierte alle Rollen des Stückes und allen voran die Iphigenie. Sie gab Wohltätigkeitsveranstaltungen, wie es die Damen der oberen

Zehntausend im 19. Jahrhundert taten, die ohne dafür Geld zu nehmen, ihre Finger über Instrumente streichen ließen oder ihre Münder öffneten. Gerda tat das fast vierzig Jahre lang, wenn auch in ihrem späteren Alter der Kreis der Zuhörer allmählich kleiner wurde. Wie zu dieser Rolle passend, veränderte sie sich körperlich kaum. Ihr Gesicht blieb von weitem gesehen in der Ebenmäßigkeit einer Vierzigerin.

Wie wenig sie mit diesem Leben, das sie führte, identisch war, zeigt ihr künftiges Verhalten zu Menschen. Durch ihre Wohltätigkeitsveranstaltungen wollte sie ihre Begabung zur Schauspielerin mit den sie verfolgenden Bildern der väterlichen Karitas versöhnen. Auch in ihrem Alltag wollte sie nur Gutes tun. Sie trat zum Beispiel in gemeinnützige Vereine ein, spendete hier- und dorthin Gelder, nahm sich der Armenfürsorge an und hielt Zirkel für werdende Mütter ab. Und doch schuf sie sich überall Feinde. Die Menschen hintergingen sie, nützten sie aus, schüttelten sie wieder ab und verspotteten sie auch noch. Gerda wollte nämlich bei und mit ihren Taten alle Menschen zum Guten erziehen, was die sehr belästigend fanden. Für auf die Straße gesetzte Obdachlose schuf sie sogar in einem ihrer Häuser Räume für eine ständige Zuflucht. Trotzdem: »Undank war ihrer Welt Lohn!« Gerda wurde nicht geliebt, obwohl sie schön und gut und reich war. Sie wollte Gutes tun, aber ihre Finger krampften sich dabei. Gerda konnte nicht wirklich geben. Sie hatte den Schleier ihres Vaters nehmen müssen und kein Leben für sich erwerben dürfen. Mit »Iphigenie« zelebrierte sie die Verweigerung zu lieben, bis sie mit diesen Schwüren als ihr eigenes Irrlicht herumgeisterte.

Dieter Duhm schreibt in seinem Buch: »Angst im Kapitalismus« über »Iphigenie«: »Ein schönes Beispiel für diese ›gehobene‹ Art von Sexualfeindlichkeit und zugleich für ihre weihevolle Verschleierung ist Goethes ›Iphigenie‹. Sie wird immer noch im Deutschunterricht der Oberschulen gepriesen wegen ihrer ›hohen Menschlichkeit‹, die hauptsächlich darin besteht, daß sie sich weigert, mit König Thoas ins Bett zu gehen.«[11] (Seite 78)

Gerda wurde von ihrem Vater begehrt und mußte sich ihm in dem einen Punkt verweigern, um ihm aber ihr übriges Leben auszuliefern. Sie übertrug ihr Problem auf Iphigenie, harrte jahrzehntelang auf eine Erlösung, die Iphigenie im Stück zuteil wird. Goethe schuf sich eine Kunsterlösung, im Leben verletzte er sich tief an der Unerfülltheit seiner Liebe zu Frau von Stein. Er glorifizierte den undurchdrungenen Trieb. So hilflos, wie es bei Konrad Lorenz wirkt, wenn er das Böse des Menschen mit Goethe erklären möchte, so wenig erwarb sich die Tante mit Goethe Klarheit. Gerda umnachtete und lebte geistesverwirrt noch jahrelang. Sie bedurfte um der Klärung ihrer Unruhe und ihrer Dunkelheit willen dringend eines ewigen Lebens, in ihrem Falle einer irdenen Ewigkeit, die wie die Klärung ihr niemand geben konnte. Uralt starb sie schließlich doch. Die Fruchtblase ihres »väterlichen Uterus« war nie geplatzt, ernährte sie mit Gedanken und Taten, die ihr Leben lähmten und schließlich auf rigoros lächerliche Weise verkrüppelten.

In Giuseppe Verdis Oper »Rigoletto« wird die »väterliche Gebärmutter« gleichnishaft der Tochter zum Verhängnis. Rigoletto ist Hofnarr beim Herzog von Mantua. Er ist körperlich verunstaltet und gebrechlich, wie sich der Mann allgemein im übertragenen Sinne den familiären Angelegenheiten gegenüber verhält. Rigoletto kettet seine Tochter Gilda an sich. Er treibt es soweit, daß er ihre Wohnung anderen Menschen verheimlicht. Er selbst besorgt ihr alles. Er ernährt sie. Verschlossen vor der Welt lebt die Tochter gleich dem Kinde im Mutterleib nur durch die Zuträge des Vaters. So geschützt, aber ungeübt der Welt gegenüber, sitzt die Tochter sofort einem Manne auf, als sie dann doch mal auf die Straße geht. Der Mann ist ausgerechnet der Herzog, für den Rigoletto den Hofnarr spielt. Der Herzog begegnet Gilda, als er sich als Student verkleidet auf Abenteuerzüge begibt, um auf diese Weise romantische Liebesnächte zu erfahren. Gilda verrät dem Herzog ihre Wohnung. Der Clan des Herzogs plant für ihn die Entführung Gildas. Man gaukelt dem Rigoletto eine Maskerade vor, beschwindelt ihn, man wolle die Tochter eines anderen Mannes entführen und macht sich einen Spaß daraus, Rigoletto an der Entführung seiner eigenen Tochter mitwirken zu lassen.

Das Leben, dem der Fall des Rigoletto nachgebildet ist, ist allegorischer als alle ausgedachte Kunst. Durch die Umklammerung der Kinder in den absoluten Eltern-Kind-Beziehungen töten Eltern mitunter sogar ihre eigenen Kinder, indem sie alle Voraussetzungen schaffen, daß die Kinder sich tödlich für ihr eigenes Leben verhalten.

Der Herzog hat mit Gilda auf seinem Schloß geschlafen und gibt Rigoletto die Tochter zurück. Rigoletto möchte sich rächen und den Herzog für die Entehrung seiner Tochter umbringen lassen. Gilda war die Begegnung mit dem Herzog nicht so unpassend wie dem

Vater. Als fahrender Geselle verkleidet, reist sie dem geliebten Manne nach, erfährt in einer Spelunke, daß der Herzog ermordet werden soll, hört von dem Plan der Banditenbraut Maddalena, die ihren Freund bittet, statt des Herzogs einen anderen umzubringen, da sie sich mit ihm gerade vergnügt und den allseits liebenden Aristokraten selbst liebgewonnen hatte. Der Bandit willigt ein, dem Rigoletto für den Herzog einen Ersatzleichnam zu liefern, wenn in der nächsten Zeit ein männliches Wesen hier vorbeikommen sollte. Gilda benutzt diese Verabredung und läuft – als Mann verkleidet – in ihren Tod hinein. Wiederum ist der Selbstmord ein Zeichen einer gebrochenen, verkehrten, mit ihm zerreißenden Selbstverwirklichung. Die Deutlichkeit der Symbole wird im »Rigoletto« peinlich. Als der Narr die Leiche in einen Sack gehüllt in den See versenken will, hört er aus dem Walde die singende Stimme des Herzogs, öffnet und holt aus der Hülle seine sterbende Tochter heraus.

Die modernen »väterlichen Gebärmütter« schnüren sich ohne Musik- und Dichtungsschleifen um das Leben ihrer Töchter wie im Falle der Hannelore R., die eins, zwei, drei in einem Leben saß, über das sie sich noch immer wundert, wie sie in es hineingeschlittert ist. Hannelore war gutbehütetes Großstadtvorortskind eines praktizierenden Arztes und Geburtshelfers. Hannelores erste Lebenszeit verlief makellos. Gezeter zwischen ihr und ihren Eltern gab es erst, als sie sich mit siebzehn Jahren einen Freund erlaubte. »Es war noch nichts Ernstes«, sagte sie, wie Jugendliche das sagen müssen, wenn sie ausdrücken, daß sie mit ihren Freunden oder Freundinnen noch nicht zusammen schlafen können. Hartmut, der Freund, hatte ein Motorrad, auf dem man zwar nicht wie in einem Auto sexuell etwas probieren, aber mit ihm schnell und weit von den Eltern weggelangen konnte. Die beiden Jugendlichen saßen oft zusammen darauf. Der Ort sprach darüber: »Das nette Paar!« Herr R. und die Mutter des Freundes, Frau Q., kamen überein: »Es ist für unsere Kinder noch zu früh dazu!« An einem Sonntag hatten die Kinder ihre Eltern gebeten, schon am Vormittag zu einer Sportveranstaltung in einen anderen Ort – diesmal mit der Bahn – fahren zu dürfen. Die Sportveranstaltung dauerte in den Nachmittag hinein. Die Kinder kamen gegen 19 Uhr am Bahnhof ihres Ortes an. Herr R., Frau R. und Frau Q. standen dort, wie sie behaupteten, schon mehrere Stunden, um die Züge abzuwarten, mit denen sie ihre Kinder zurückkommen hofften.

Sie hatten sich eingebildet, die Sportveranstaltung dauere nur den Vormittag lang und machten sich nun »Sorgen«. Das Wort »Sorge« nehmen Eltern in den Mund, wenn sie die Keime sexueller Selbständigkeit an ihren Kindern abschneiden wollen. Ehe sich es Hartmut und Hannelore versahen, hatten sie jeweils von ihren Elternteilen links und rechts sogenannte »Lorenzsche Watschen« ins Gesicht bekommen, und das auch noch vor einem reichlich durch die Sperre quellenden Publikum. Einen ganzen Tag ohne Eltern und einen halben ohne elterliche Zustimmung in Zärtlichkeit mit einem anderen Jugendlichen beisammen vor einer Sportveranstaltung zu sitzen, war zuviel, wo doch die Mutter von Hartmut noch im selben Zimmer mit ihrem Sohne schlief und Hannelore die Nächte bis kürzlich in einem Bette am Fußende des elterlichen Ehehafens zugebracht hatte. Nach den Ohrfeigen zerrte jeder sein Kind nach Hause. Die Eltern waren übereingekommen, die Kinder nicht mehr zusammenkommen zu lassen.
Es gab danach einen Motorradunfall von Hartmut, mit dem er sich fast ein Bein vom Leibe riß, es gab einen heimlichen Besuch von Hannelore an seinem Krankenbett, später dann noch an seinem Geburtstag eine Taube in einem Käfig vor seiner Tür, die ihm Hannelore geschenkt hatte, und dann hörten und sahen beide nicht mehr viel voneinander.
Hannelore begann zu studieren und lernte dabei einen persischen Studenten kennen und lieben. Sie wollte den Ausländer heiraten. Sie erwartete von ihm ein Kind. Ihr Vater, Herr R., tobte. Er klärte seine Tochter auf, welch furchtbare Folgen eine solche Heirat für sie haben könnte. Er wies auch auf sich selber hin, auf sein Alter ohne Rente, das ihm als Arzt bevorstünde, Hannelore sei sein ein und alles. Wenn er und seine Frau einmal krank würden und sie nicht erreichen könnten, weil sie weit weg in Persien verschollen sei, dann wäre es für die Eltern furchtbar. Außerdem erginge es ihr dort höllisch. Sie sollte sich und ihren Freund vor so einem schwerwiegenden Entschluß erst einmal prüfen. Er würde ihr bei einer Abtreibung behilflich sein. Man müßte doch nicht gleich ein Kind haben und außerdem: die verschiedenen Rassen sollte sie bedenken. Was ergäbe sich daraus für ein unglückliches Kind.
Der persische Freund wollte das Kind behalten, in Deutschland wohnen bleiben und die deutsche Staatsangehörigkeit erwerben. Er bat Hannelore inständig, das Kind auszutragen. Die Tochter begann, sich dem Vater gegenüber zu versteifen und lehnte die Abtreibung ihres

Kindes durch ihn ab. Als sie nach einiger Zeit den Embryo auf der Toilette verlor, war sie fest davon überzeugt, daß der Vater ihr heimlich abtreibende Mittel eingegeben habe. Ihr persischer Verlobter konnte all das nicht glauben und dachte, Hannelore hätte mit dem Vater gemeinsame Sache gemacht. Das Paar zerstritt sich. Der Perser kam nach ein paar Tagen während eines Autounfalles um. Hannelore heiratete später einen fünfzehn Jahre älteren geschiedenen Mann, der schon zwei erwachsene Kinder in die Ehe mitbrachte und von dem sie selbst noch ein Kind empfing. Sie brachte ein verkrüppeltes Kind zur Welt und brach ihr Studium ab. Ein zweites Kind wollte ihr Mann nicht haben, weil er dann für vier Kinder hätte sorgen müssen. Die Ehe siechte dahin. Hannelore konnte mit ihrem Manne nicht mehr schlafen. Die Flamme einer Episode mit einem anderen Manne trat sie schnell wieder aus, ehe ihr Leben für ihn Feuer zu fangen begonnen hatte. Sie wurde ihrem verunstalteten Kinde eine gute Mutter.

Teil C: Kinder

I Die Unzucht mit Kindern

1. Liebe – durch die Rippen geschwitzt

In sämtlichen hier aufgeführten Fällen erscheint das Böse als Folge des Druckes innerhalb umzirkelter Verhältnisse zwischen Personen, die einander nicht ausweichen können. Es herrscht aber nicht nur ein objektiver Druck – über Jahre gleichbleibendes Beziehungsnetz innerhalb des festgelegten Vater-Mutter-Kind-Dreiecks –, sondern darüber hinaus scheinen die Erwachsenen wie dazu gezwungen, die Kinder auch subjektiv unter Druck zu nehmen. Der Druck entsteht nicht wie im Expeditions- und Gefangenenbeispiel nur, weil die Lage objektiv beschränkt ist, sondern zusätzlich dadurch, daß die Eltern die Kinder unter Druck *setzen*. Es handelt sich dabei nicht nur um den Druck der Gebote, Versagungen und Belohnungen, des ganzen Katalogs von Erziehungsmaßnahmen, sondern viel allgemeiner um die Bemühung der Eltern, das Kinderleben an sich zu ketten, es dauerhaft auf ihr eigenes Leben zu beziehen. Zur objektiv ungünstigen Wirkung der beschränkten Personengruppierung Vater-Mutter-Kind kommt noch eine subjektive Notwendigkeit für die Eltern hinzu, diese Gruppierung, solange wie es geht, bestehen zu lassen. Die Umschließung des elterlichen Lebens um die kindliche Existenz gelingt nicht immer so wie in den Beispielen des Clemens und der Dagmar, die ihr eigenes Leben aus der Hand fallen ließen und sich dem elterlichen Leben dauerhaft unterstellten. Aber die Hineinwirkung des elterlichen Meinens, Wollens und Tuns in das kindliche Meinen, Wollen und Tun gelang auch in den anderen Beispielen so exakt, daß man bei ihnen von einer seelischen Umschließung sprechen kann. In den Fällen der Adelheid (Teil A) und der Dagmar, in der Geschichte des Parzival und der des Rigoletto wurde die Verkettung des kindlichen Lebens an die Mutter oder den Vater dadurch gefördert, daß der Elternteil ohne eigenen erwachsenen Partner lebte und daß dadurch das Kind in vielen Funktionen dessen fehlenden Platz besetzen sollte. In den Fällen der Edeltraut, der schizophrenen Kinder, des Jürgen Bartsch, des Franz, der sich verrückt geschossenen

Söhne, des »Vampirs«, des Hilfsarbeiters Fred, des Ferdinand in der »Parade«, der Gerda und der Hannelore war das Familienmuster über die gesamte Jugendzeit der Kinder intakt, im Falle des Clemens brach es erst nach zehn Jahren zusammen.

Auch und gerade wenn die Vater-Mutter-Kind-Dreieinigkeit unverletzt ist, umschließen ein oder beide Ehepartner das Kinderleben, als wäre es mit ihnen verheiratet.

Daß sich Kinder schwer oder gar nicht aus den elterlichen Einflußbereichen herauslösen können, daß sie an die Eltern »fixiert« sind, wie es die Psychoanalyse nennt, liegt an diesen von den Eltern praktizierten Umschließungen. Die »Fixierung« ist eine der bösartigsten Folgen der familiären Druckverhältnisse.

In einem Beispiel Eberhard Schorschs wird durch die Zuspitzung der Verhältnisse und Wirkungen modellhaft klar, was im Leben der meisten Menschen nur verschwommen zum Ausdruck kommt[63]. Schorsch untersuchte eine Frau, die wegen Unterschlagungen mehrerer hunderttausend Mark verurteilt werden sollte. Ihr Vater war selbständiger Schneider, der durch die beruflich bedingte ständige Anwesenheit im Hause das Familienleben ununterbrochen kontrollieren und beeinflussen konnte. Die Mutter war eine dem Vater unterlegene, allgemein ängstliche und unselbständige Frau.

Ähnlich wie die Mutter des Knabentöters Bartsch interessierte sich dieser Vater für die körperliche Reinigung seiner Tochter weit über ihr Kindheitsalter hinaus. Als die Tochter nackt war und sich vor dem Vater schämte, lästerte er: »Was ist bei dir schon zu sehen.« Die beginnende Schambehaarung kommentierte er: »Ich habe auch so etwas.« Zur Brustentwicklung vermerkte er: »Das bißchen, was du hast, wird wohl bald mehr.« Der Vater beließ seine Anteilnahme am Körper der Tochter nicht nur in Betrachtungen, er bemächtigte sich seiner auch handgreiflich. Bis zum siebzehnten Lebensjahr fand er Vorwände, die Tochter regelmäßig zu bestrafen. Sie mußte sich mit nacktem Popo über seine Knie legen, worauf er sie mit einem Rohrstock oder einer Peitsche schlug.

Bei dem Bestrafungszeremoniell wurde die Entblößung des Gesäßes vom Vater betont in die Länge gezogen. Die Tochter bemerkte dabei eine sexuelle Erregung des Vaters in Form von Erektionen.

Nicht Ordnungsliebe, Sorge und Pflicht waltet in den Sinnen der Eltern, wenn sie sich derart direkt und massiv mit ihren Kindern beschäftigen, sondern Brunst auf die schönen jugendlichen Körper. Beobachtete Waschungen lange über den Zeitpunkt der kindlichen Selbständigkeitsgewinnung hinaus, das gemeinsam benutzte Bett oder gemeinsam benutzte Schlafzimmer, auch wenn es nicht die Raumnot gebietet, und Schläge, besonders auf den Hintern, sind nahezu das Grundvokabular sexueller Sprache zwischen Eltern und Kindern.

Es ist ein Gemeinplatz, daß jede Liebe sich aus den drei Motiven mischt: Sorge für das Wohl des anderen, freundschaftliche Verbundenheit und persönliche Faszination. In jeder menschlichen Beziehung sind diese drei Beweggründe unterschiedlich verteilt in Spuren zu finden. Es ist ebenso allgemeingültig, daß auch in der Beziehung zwischen Eltern und Kindern die dritte Komponente, die persönliche, was meistens heißt die körperliche Faszination, eine Rolle spielt. Die Sexualität in der Eltern-Kind-Beziehung könnte als das Salz gedacht werden, das die anderen, hauptsächlich wirkenden Empfindungen der Verbundenheit und der Sorge erst sinnlich schmackhaft werden läßt.

Die Sexualität hat aber in den Eltern-Kind-Beziehungen nicht die Funktion einer Zutat, sondern sie wird selber zum Hauptmotiv dieses Verhältnisses. Die ungeheuren Spannungen zwischen Eltern und Kindern, die selten je gelöst werden können, entstehen durch den sich im seelischen Bereich abspielenden latenten Inzest, das heißt, durch den unbewußt gewollten und erlebten geschlechtlichen Umgang zwischen Eltern und Kindern. Dieser zwischen Eltern und Kindern lebenslang wirkende Schwebezustand des latenten Inzests ist dafür verantwortlich, daß Menschen es so schwer mit ihren eigenen Trieben haben, daß sie entweder sexuell dahindämmern oder sich und andere Menschen bei den Versuchen ihrer Triebäußerung kaputtreißen müssen. Die Geschichte der Frau aus den Fällen Eberhard Schorschs endete bei den Akten, so daß die Öffentlichkeit von diesem Versuch des Herausreißens aus der allen Menschen zugemuteten Triebgefangenschaft Kenntnis genommen hat. Millionen Menschen aber beschränken sich damit, ihre Triebe in ihren vier Wänden an ihren Kindern auszulassen, auch wenn ihnen die orgastische Befriedigung versagt bleibt, ähnlich wie es bei dem Vater der Frau im vorliegenden Falle geschehen ist. Trotz der Folterungen und der sexuellen Unerfülltheit in dem Verhältnis Eltern–Kinder genügt die ständige sexuelle Stimulation durch die Eltern, die Kinder an sie zu binden. Das kann oft eine tiefwirkende Abhängigkeit der Kinder von ihren Eltern zur Folge haben, die man in der Regel an Erwachsenen nicht so deutlich erkennt wie im Falle Schorschs: »Die innere Abhängigkeit vom Vater führte dazu, daß die Tochter auch in ihrer äußeren Lebensführung dem Vater verhaftet blieb. Sie erlernte den Beruf einer Buchhalterin und lebte fast ohne Unterbrechung mit dem Vater zusammen bis zu seinem Tode. Dabei ist es auffällig, wie wenig sie sich später gegen den Vater gewehrt hat, wie sie Einschränkungen, Ausnutzungen, Drangsalierungen erduldete und wie sie in ihrem gesamten Verhalten auf das Urteil des Vaters ausgerichtet war.« Die unausgetragenen und uneingestanden sexuellen Begierden der Eltern auf ihre Kinder haben für die Kinder eine lebhafte Faszination. Es scheint, also ob sie auf die schwebende unerlöste Triebspannung mit einer anhänglichen, zeitlebens andauernden unterwürfigen Erwartung reagieren, daß diese Spannung doch noch einmal aufgelöst werden wird. Die Tochter im Falle Schorschs bemerkte die Erregung des Vaters beim Züchtigen, und sie ging auch auf seine Gelüste ein, sie beim Waschen zu betrachten. »Denn in solchen Momenten erlebte sie, wie der Vater sich ihr ausschließlich zuwendete, wie er von ihr abhängig war und sie damit in ungewöhnlicher Weise bestärkte. Das Abhängigkeitsverhältnis wurde dadurch gegenseitig ... Aus dieser Verflechtung hat sich die Tochter innerlich nie lösen können. Deshalb konnte ihr eine reife Partnerbeziehung nicht gelingen. Ihre ersten Flirts waren durch auf den Vater gerichtete Gedanken überschattet, umgekehrt spionierte der Vater eifersüchtig hinter ihr her.« Der latente Inzest zeichnet sich dadurch aus, daß er sich nur in den Begleiterscheinungen und Kehrseiten der Liebe ausdrückt, die auch noch emsiger und radikaler wirken als die Kehrseiten sexueller Verbindungen erwachsener Menschen. Es fehlt ihm das Zentrum. Es fehlt ihm die Befriedigung und das Bewußtsein seiner Existenz. Allein darin liegt der Grund, daß Eltern sich so schwer mit Kindern über Sexualität unterhalten können. Deshalb dürfen die Kinder nicht durch eigene offene Sexualität – weder durch Onanie, noch durch Kontakte zu selbstgewählten Partnern – die Eltern an die verschwiegene, sexuell getönte Beziehung zwischen ihnen und ihren Kindern erinnern. Das Geschlecht und das Geschlechtliche der Kinder ist »baba«, weil es das für die Eltern sein muß. Eltern müssen sich ihre Begierde auf das Kind wegen der allen Menschen bewußten Blutschandegesetze in der überwiegenden Mehrzahl ihrer Inzestwünsche verschmerzen. Deshalb tritt folgender Zustand bei erwachsenen Menschen so häufig gemischt auf: Bindung an ihre Eltern bei gleichzeitiger Verachtung des Geschlechtlichen. Eltern und Kinder müssen ihre gegenseitige Sexualität ohne die Werkzeuge dazu austragen. Im Falle Schorschs zeigt sich das darin, »daß das männliche Geschlechtsorgan und die genitale Sexualität überhaupt von der Frau mit Attributen der Abneigung versehen waren: etwas, das wehtut, Angst macht, schmutzig, eklig und bedrohlich ist. Einen Versuch gab es, sich aus der Vater-Beziehung zu lösen: ihre erste Ehe. Aber sie dauerte nur wenige Tage. Die Sexualität, die sie als schmerzhaft, roh und abstoßend empfand, erschien ihr unerträglich. Entsprechend scheiterten auch spätere Ablösungsversuche vom Vater. Als die Mutter in diesen Jahren verstarb, kehrte die Tochter endgültig zum Vater zurück. Von nun an wird die Ausschließlichkeit und Ausweglosigkeit der Bindung an den ständig nörgelnden, kontrollierenden, tyrannischen Vater immer deutlicher. In den zwölf Jahren, in denen sie noch mit dem Vater zusammenlebt, engt sich bei ansonsten völliger sexueller Bedürfnislosigkeit ihr sexuelles Erleben auf einen immer wiederkehrenden nächtlichen Traum ein, der ihr ebenso ein Alptraum wie unbewußt Wunscherfüllung ist: Sie träumt, wie der Vater sie vergewaltigt. In diesem Traum ist auffällig, daß hier erstmals der väterliche Penis isoliert und hervorgehoben wird: ein mächtiger, bedrohlicher und zugleich wertvoller Gegenstand: er sieht im Traum aus ›wie Alabaster‹«.

Es ist interessant zu erfahren, wie die Frau sich nach dem Tode des Vaters verhielt. Der Urheber der latenten Inzestspannungen war nun verschwunden. Damit zerriß auch zugleich der Nebel der unausgedrückten Geschlechtlichkeit. Allerdings machte er nicht dem Lichte einer befreiten erwachsenen Sexualität Platz. Weil alle Sexualität der Tochter vom Vater stimuliert wurde, lähmte sie sich in vollkommener Vollzugsblockierung, solange der Vater lebte. »Bis zum Tode des Vaters verkörperte seine Präsenz die reale, wenn auch abgewehrte Möglichkeit der inzestuösen Beziehung und verhinderte deshalb das konfliktfreie Aufkommen sexueller Wünsche. Daneben führte der Fortfall des kontrollierenden Vaters, der zeit seines Lebens eine Moralinstanz und das nach außen verlagerte Gewissen gewesen ist, dazu, daß sie neue Wünsche und Bedürfnisse erlebte und befriedigen konnte.« Die Sexualität, die sich nun äußerte, war eine durch die ehemaligen Fänge des Vaters erdrückte und verkrüppelte. In den

Träumen der Frau deutete sich an, wie sie jetzt getrieben wurde, in Wirklichkeit vorzugehen. Der väterliche Penis erschien ihr im Traum isoliert als kostbarer Alabastergegenstand. Sie durfte den originalen Penis am Vater nicht einmal in ihre Lustträume miteinbeziehen, weil der ihr niemals Befriedigung verschafft hätte. So stellte sie sich den Vater bei den Vergewaltigungsträumen ohne Penis vor und halluzinierte den Penis abgetrennt vom Vater als alabasterne Kostbarkeit. Demgegenüber verschafften ihr die originalen Glieder ihres Ehemannes und der Männer ihrer vorübergehenden Bekanntschaften, die sie gleichzeitig mit dem Körper der Männer erlebte, Ekel, Abscheu und Schmerzen. Nach dem Tod des Vaters ging die Frau daran, sich den Besitz der von den Körpern abgetrennten Alabaster-Ersatz-Glieder zu verschaffen. Die Vorgänge spielten sich selbstverständlich nicht so generalstabsmäßig ab, wie sie im Fall zusammengezogen werden. Die Frau wurde dazu wie gejagt. Erst in den Zusammenhängen aller ihrer Verhaltensweisen wird deutlich, wie sie durch die Beziehung zu ihrem Vater in ihnen geprägt worden ist. Sie geriet bei der Beschäftigung mit Geld in eine sexuelle Erregung, besonders wenn sie während der Arbeit als Buchhalterin, neue, glatte Geldscheine berührte. Zu Hause begann sie eine bald nach festen Regeln geführte Zeremonie zu veranstalten, um diese Erregung wieder abklingen zu lassen: »Sie trank Sekt, zündete Kerzen an, kleidete sich in neue Gewänder, zog sich aus, streifte sich ein durchsichtiges Nachthemd über und stellte sich vor den Spiegel. Sie nahm neue, glatte Geldscheine, die sie sich durch Unterschlagung angeeignet hatte, wobei nur Scheine mit hohem Wert von hundert DM an aufwärts für sie reizvoll waren, streichelte mit dem Geld über ihren Körper, küßte das Geld und geriet in eine starke sexuelle Erregung. Schließlich drehte sie aus den Geldscheinen Röllchen, wobei sie es so einrichtete, daß der äußere ein Tausendmarkschein war, und masturbierte bis zur Erschöpfung in einer bisher nie gekannten rauschhaften Ekstase. Hinterher waren ihr die Geldscheine maßlos ekelhaft und sie vernichtete sie nach einem Ritual: Sie wickelte sie in Toilettenpapier, zerriß sie in ganz kleine Stücke und spülte sie die Toilette hinunter. Diese Geldrollen symbolisieren für sie all das, was für sie mit dem männlichen Glied verbunden ist ... Auf der einen Seite verlebt sie rauschhafte orgiastische Szenen von ekstatischer Intensität; auf der anderen Seite ist sie angewidert, fühlt sich beschmutzt und vernichtet den Fetisch haßvoll nach einem Ritual.«

Wie sehr die Frau zu dieser sonderbaren Triebbefriedigung gezwungen ist, zeigt sich daran, daß sie Kapitaldelikte – Unterschlagungen – für sexuelle Zwecke begeht. Sie hätte das Geld nach der Masturbation für seinen normalen Zweck benutzen, sie hätte es ausgeben können. Oder was für sie dann sogar unverfänglich gewesen wäre, sie hätte es am nächsten Tage in die Bürokasse zurücklegen können. Die außergewöhnliche vorübergehende Benutzung des Geldes als Penisersatz hätte man ihm schließlich nicht angesehen. Die lange Triebunterdrückung und die durch den Vater ständig betriebene Triebverwirrung ließ die Frau bis in die Fünfzig hinein ohne Vorstellung von einer sexuellen Autonomie, die sie erst nach dem Tode des Vaters erlebte, indem sich bei ihr eine verzerrte Sexualität ihren Durchbruch verschaffte. Anders als im neurotischen Symptom konnte bei der jahrelang gefolterten Frau der Ausbruch nicht geschehen. Schorsch schreibt zu diesem Mechanismus: »Wünsche, die auf eine starke Abwehr stoßen, können nur erfüllt werden, wenn sie auf die symbolische Ebene transponiert und damit verfremdet werden, so daß sie im Bewußtsein nicht mehr als die Erfüllung der verpönten und abgewehrten Wünsche erkannt werden.«[63]
Die Frau in seinem Falle löste die Spannungen aus dem unvollzogenen Vater-Tochter-Inzest ekstatisch in der Geldmasturbation. Im Falle der Gerda S. aus dem Teil B übertrug eine Tochter die Spannungen in die literarische Ebene, indem sie sie dort aber – die Hälfte ihres Lebens eine sexuell sich verweigernde Frau deklamierend – ständig aufrechterhielt und nicht einmal zu pathologischen Durchbrüchen ihrer Sexualität gelangte.

2. *Die Vielfalt der Lust*

Die Psychoanalyse betrachtet das Problem des Inzests nach Sigmund Freuds Beschreibung des Ödipus-Komplexes generell aus der Perspektive der Begierde des Kindes, mit den Eltern sexuell umzugehen[16, 17]. Diese kindliche Begierde ist aber erst eine *Reaktion* auf die elterliche Begierde, mit den Kindern sexuell umzugehen. Ehe das Kind sich verhält – sich zu verhalten lernt –, verhalten sich die Eltern. Die Probleme des latenten Inzests liegen nicht bei den Kindern, sondern bei den Eltern, weil die es sind, die sie verursachen.
Es scheint so, als ob trotz gründlicher biologischer Inzestvermeidung

durch die Natur und trotz gesellschaftlicher Inzestverbote bei den Menschen eine tiefe Inzestneigung wie festverwurzelt triebmäßig eingenistet wäre. Verwurzelt erscheint diese Inzestbegierde nur in einem bestimmten Personenwinkel: Nicht der Wunsch der Kinder, mit ihren Eltern zu schlafen, ebenso nicht ihr Wunsch, mit ihren Geschwistern zu schlafen, sondern der Wunsch der *Eltern,* mit ihren Kindern zu schlafen, lebt von Generation zu Generation wie vererbtes Anlagenmaterial fort.

Die sexuelle Konzentration der Eltern auf ihre Kinder ist weder eine natürlich eingewachsene Triebtendenz noch eine sogenannte sexuelle Verirrung, die moralische oder juristische Mißbilligung verlangte. Sie geschieht aus der Notwendigkeit, die Erfahrungen des Menschen aus seiner Kindheit in der Herkunftsfamilie mit denen in seiner Ehe und neugegründeten Familie in Einklang zu bringen. Außer in den Rumpffamilien, in denen nur noch ein Elternteil das Kind umgibt, wächst der Mensch in einer Dreierbeziehung auf. Vater und Mutter verwickeln beide für sich das Kind in eine Zweierbeziehung, die es befähigt, später als Erwachsener wieder Zweierbeziehungen wie die Ehe einzugehen. Aber das gesamte Beziehungsfeld der Kinder spielt sich zwischen mindestens drei Personen ab, wenn keine Geschwister geboren werden. In seiner Ehe kopiert der Mensch zunächst seine Mutter- oder Vater-Beziehungen und richtet sich auch zum Teil nach dem ihm vorgelebten Verhältnis der Eltern untereinander. Jedoch dieses elterliche Verhältnis ist keine originale Zweierbeziehung, wie man sie rein bei kinderlos monogam lebenden Ehepartnern antreffen könnte. Aber auch dort schimmert die Dreierkonstellation aus der Ursprungsfamilie durch. Ehepartner – besonders, wenn sie selbst keine Kinder haben – nennen sich gegenseitig oft »Mutti« und »Vati«, als seien ihre neuen Partner auch noch zugleich die alten Partner – Vater und Mutter – aus der Herkunftsfamilie. Alle Menschen haben aus ihrer Herkunftsfamilie erfahren, daß Gefühlsbeziehungen zwischen mindestens drei Personen lebendig sind. Sie haben noch ein zweites erfahren, daß nämlich die Gefühlsbeziehungen zwischen ihnen und ihren Eltern unabhängig von der Geschlechtszugehörigkeit entstehen. Sowohl die Mutter als auch der Vater haben zum Kinde Beziehungen, gleichgültig, ob das Kind ein Junge oder ein Mädchen ist, die Beziehung also in dem einen Falle verschiedengeschlechtlich, in dem anderen gleichgeschlechtlich abläuft. Väter wie Mütter gehen zu ihren Kindern Bindungen ein, und diese Bindungen sind – außer im Verhältnis zur Bindung des anderen Elternteiles – ausschließlich. Das Kind wächst dadurch polygam auf, das heißt, mit der Erfahrung mehrerer enger emotionaler Beziehungen. Die Bindungen werden unabhängig vom Geschlecht des Kindes eingegangen. Das Kind wird bisexuell herangezogen, das heißt Zuneigung, Wärme und sinnliche Faszination wirken auf das Kind durch beide Geschlechter. Es lernt sie von beiden kennen. Da die engen Bindungen zwischen Eltern und Kindern weit über zehn Jahre anhalten, wachsen diese Verhaltensweisen in die Struktur des Kindes hinein. Der Mensch *wird* polygam und bisexuell.

Freud bemerkte diese Verschiedengestaltigkeit der kindlichen Sexualität. Ihre Tendenz, sich weder auf Richtungen noch auf Personen festzulegen, nannte er »polymorph« (verschiedengestaltig) und zensierte diese durch die Eltern selbst ausgebildeten Begabungen des Menschen sofort als »pervers«, – zu deutsch verkehrt – und schickte das Kind nun auch mit den Werkzeugen der fortschrittlichsten Theorie des 20. Jahrhunderts – der Psychoanalyse – auf den Weg der Dressur in die Monomorphie oder Eindimensionalität. Sogar ein Mann wie Horst Eberhard Richter bekennt sich nur knapp zur verschiedengestaltigen sexuellen Struktur des Menschen, wenn er von der »Wiederentdeckung der Bisexualität«[58] spricht, aber er eröffnet damit den Menschen theoretisch nicht den Mut zur Vielfältigkeit des *Verlangens,* zu der sein Verhalten geprägt worden ist, weil der Mensch sich als Objekt des Verlangens vieler erfahren hat.

Entgegen seiner von klein auf erlernten Verhaltensweisen, die sich zu einer bestimmten sexuellen Verhaltensstruktur verfestigen, verlangt die patriarchalische Gesellschaft vom Erwachsenen ein Verhalten ausgeübt, daß sie ihm nicht eingeübt hat. Er soll als »reifer Mensch« monogam (in Einehe lebend) und monosexuell (eingeschlechtlich begehrend) sein, er soll nur mit einer Person des sich von ihm unterscheidenden Geschlechts sein Leben lang eine Beziehung eingehen. Das System hat mit der Einübung von Verhalten einerseits und der sich davon unterscheidenden Verhaltensforderung andererseits den Menschen ununterbrochen in Katastrophen stürzen lassen. Der Unterschied zwischen kindlichem Aufwachsen in der Familie und genormtem Verhaltensmodell in der Ehe ist so gravierend, daß sich der Mensch in der neuen Zweierbeziehung der Ehe quälen muß.

Die Situation wird dadurch kompliziert, daß das Kind sich in seiner Herkunftsfamilie weder in einer echten Zweierbeziehung noch in einer echten Dreierbeziehung erfährt. Es wächst in einem Gemisch aus beiden auf, in einer unechten Dreierbeziehung. In dem Verhältnis zu seinen Eltern ist es nicht Partner als ein gleichberechtigtes Subjekt, das wie die Eltern die Beziehung bestimmen könnte. Jeder der Elternteile zieht nur seine Kreise um das Kind, die sich dadurch schneiden. Das Kind weiß sich als Konzentrationspunkt elterlicher Gefühle, wobei die Eltern gegenseitig voneinander nicht genau wissen, wie intensiv beider Gefühlskreise um das Kind geschlossen sind.

Noch während die Eltern selbst das Kind polygam und bisexuell herstellen, sind sie schon Boten der gesellschaftlichen Forderungen, denen sich die Eltern selbst gerade entgegengesetzt verhalten. Sie verstricken das Kind in ihre vielfältigen Gefühle und dressieren ihm gleichzeitig ein, daß es ein »anständiger Mensch« erst dadurch wird, wenn es sich diesen eingeschliffenen Verhaltensweisen der erotischen Kommunikation zwischen drei Personen zuwider später nur mit einer Person beschäftigt. Jedes Kind wird auf die Ehe gedrillt und frühzeitig schon nach seinen Partnervorstellungen abgefragt: »Soll dein Mann (oder deine Frau) blond oder schwarz sein?« usw. Eltern trimmen das Kind auf einen Partner, den es sich im späteren Leben schaffen soll und legen dabei selbst ständig den Grundstein dafür, daß es mit dieser Sollerfüllung unglücklich wird. Kaum äußern sich erste Wollüste, schmieden sich Jugendliche auch schon zu Paaren. Mit Statistiken über Treue und Ehewilligkeit der Unterzwanzigjährigen jubelt das Patriarchat, daß die Monogamie trotz freierem Sexualverhalten eben doch eine Kulturerscheinung sei. Aber Jugendliche zeigen zunächst nur, wie sie den Sprüchen ihrer Eltern aufgesessen sind. Sie lügen mit ihrem Verhalten nicht in der Gegenwart, sondern sie täuschen eine falsche Zukunft vor. Daß sie ineinander verknallt sind, sagt noch nichts über ihre Fähigkeit zur *Dauer*monogamie. Wenn die sexuelle Höhe und die Gefühlsintensität des Anfangs vorbei sind, bemerken sie, daß ihr gelerntes Verhalten zu dem Ehemodell einer lebenslänglichen Zweierbeziehung nicht paßt.

Die Gesellschaft hat für diesen Moment vorgesorgt. Damit die Zweierbeziehung recht und schlecht erhalten bleibt, soll der Mensch seinen dumpfen Drang nach Dreierbeziehungen sporadisch nebenher befriedigen. Besonders für den Mann ist gesorgt. Bordell- und Verhältnisfrauen geben ihm die Lust an Vielgeschlechtlichkeit; Beruf, Sport und diverse Vereine fangen sein Bedürfnis nach gleichem Geschlecht auf. An den Trieb der Frau dachte das Patriarchat bis vor kurzem nicht. Die Problematik Dreierbeziehung–Zweierbeziehung wird deshalb meist an Männern abgehandelt, wenn Menschen die Spannungen zwischen diesen sexuellen Modellen in Kultur umsetzen. Alte und neuere Helden haben meistens einen Dauerkumpan zur Seite, mit dem eine Zweierbeziehungsgrundlage hergestellt ist, zu der der Held dann Frauen hinzubittet. So liebt es sich für ihn nicht schlecht. Auch die unserem Bewußtsein nahen Figuren des Juan, Faust, Don Quichotte, Tamino halten es nach diesem Muster. Die Künste des Dramas, des Romans und des Filmes sind voll von sogenannten Dreierproblemen. Zwei Männer lieben eine Frau, zwei Frauen lieben einen Mann, und immer geht es schief, weil der Mensch echte Dreierbeziehungen nicht leben kann. Der Konflikt beginnt immer, wenn einer der beiden vom gleichen Geschlecht herausbekommt, daß sein Partner des anderen Geschlechts noch ein zweites Exemplar des eigenen Geschlechts liebt. Alle Menschen wollen wieder wie als Kind Zentrum einer Dreierbeziehung sein, sich aber nie einen Partner nur »teilen«. Die Emotionskreise sollen wieder wie einst nur zwischen ihm und jeweils einzeln um die beiden Partner geschlossen sein. Von den Schnitten der Kreise darf keiner der Partner etwas wissen. Jeder muß denken oder so tun, er sei Partner in einer Zweierbeziehung. Besonders der Partner der gesellschaftlichen Pflichtzweisamkeit – der Ehe – darf von der anderen Beziehung nichts wissen. So werden heimliche Dreierbeziehungen mit Huren und Verhältnisfrauen gestückelt. Die Hauptzugänge bei Prostituierten sind Ehemänner.

Helga Goetze, die im Fernsehen darüber sprach, daß sie neben ihrer Ehe andere sexuelle Beziehungen eingegangen ist und das auch weiter zu tun gedenkt, wobei ihr Mann von all dem weiß, traf das System der kasernierten Zweierbeziehung auf den Nerv. Sie selbst schürte in den meisten Männern Bedürfnisse nur nach alter Huren- und Verhältnismasche: Sie berichtet darüber in ihrem Buch »Hausfrau der Nation«: »Im Moment wollen alle mit mir bumsen. Idee der Nation! Mein Bild in der Brieftasche, meine Telephonnummer im Portemonnaie, Helga die Flamme für alle! Fühle ich nun den Herren auf den Zahn, sagen sie, sie lieben mich, mögen mich. Gut, ich sage: ›wir treffen uns morgen, und du gehst mit mir über die Mönkebergstraße in Hamburg.‹ Prima, täte er sofort. ›Gut, aber wenn das nun deine Frau erfährt?‹ Würde sie ja nie. Er sagt ihr doch nichts. Mann, deine Naivität! Jede Nachbarin kennt mich doch, das weiß deine Frau spätestens eine Stunde danach! Die Stimme am Telefon wird unlustig. Hat sie recht, die Frau. Ist also wieder nichts[22].« (Seite 143, 144)

Die Zeitungen haben immer wieder Material für Titelgeschichten, wenn die Nebenbeziehungen herauskommen. Familienväter bringen sich um, weil sie eine »Animierdame« vergewaltigt haben und deswegen vor den Richter müssen (AZ vom 30. 3. 74). Ein Ehemann zündet »aus Angst vor der Ehefrau seine nackte Geliebte an« (tz vom 5. 3. 74). Die Münchner AZ befriedigte das Bedürfnis ihrer Leser nach ständigen »Dreiers« mit einer Serie unter dem Titel »Verbotene Liebe«: Leser berichteten über diverse sexuelle Nebensituationen. Auch die Serie »Der Schock meines Lebens« in derselben Zeitung wimmelte von heimlichen, aber dann doch – deswegen der Schock – herausgekommenen Dreierbeziehungen.

Manchmal äußert sich der Hang zu einem Beziehungsfeld zwischen drei Personen nicht in der Häufung mehrerer Partner, sondern in der Vertreibung des ehemaligen Partners – worin das Hauptziel der Eroberung besteht –, in der Rivalisierung mit dem Geschlechtsgenossen, des bisherigen Partners von dem, den man selber haben will. Wenn der Ausstich gelingt, passiert es oft, daß an der nun eingetretenen Zweierbeziehung kein Spaß mehr gefunden und in eine nächste Dreierzerreißprobe eingestiegen wird.

Die äußerste Opernlustbarkeit des 20. Jahrhunderts, »Der Rosenkavalier« von Richard Strauß und Hugo von Hofmannsthal, lockt mit einer solchen ständigen Zerreißprobe zwischen zwei und drei. Obwohl die Szene im Barock spielt, der einiges für erotische Vielfalt der Beziehungen übrig hatte, wippt der bürgerliche Zeigefinger, der auf Zweierbeziehungen verweist, deutlich über allem Dreiergetobe. Graf Oktavian liebt die ältere Marschallin und die jüngere Sophie. Sophie liebt den Oktavian und muß den alten Baron Ochs heiraten. Sie wird vom Ochs befreit. Wenn die Marschallin und der Baron von der Bühne verschwinden, wird es lieblich dünn. Das Paar hat sich alleine, die Liebe rein und klar macht sich auf den Weg in die gesellschaftliche Auftragszweisamkeit.

Der amerikanischen Gesellschaft ist etwas Neues eingefallen, wie sie den Hang des Menschen nach Nebenbeziehungen abfangen und trotzdem die Kaserne der Zweierbeziehung geschlossen halten kann.

Sie veranstaltet Promiskuitätswochenenden. Ehepaare kommen zuhauf und befriedigen sich mit jedermann aus anderen Ehepaaren.

Partnertausch und Gruppensex, unter diesen Begriffen man auch in Europa Nebenbefriedigungen von Eheleuten kennt, ändern an den personellen Eigentumsverhältnissen in den Ehen nichts. Personen besitzen einander zu Hause weiter, auch wenn ihre Sexualität zueinander verkümmert oder zusammengebrochen ist. Diese Tauschungen haben etwas Zwanghaftes an sich. Menschen werden wie Waren körperlich wahllos verzehrt. Unter dem Slogan: »Seitensprünge tun der Ehe gut« soll jetzt mit gänzlich umgedrehten Geboten die Institution des hermetisch abgeriegelten erwachsenen Zweierlebens ebenso gesichert werden wie früher mit den strengen Verboten. Gerade in der Umkehrung in sein das Gegenteil anempfehlendes Gebot wirkt das Verbot strikt weiter. Gruppensex und Partnertausch geschehen blind, so sehr auch die Annoncenvielfalt mit diesem sexuellen Verfahren darüber hinwegtäuschen könnte. Mit den Annoncen ziehen Menschen sich Menschen wie Lutscher aus Automaten. Der Sexualität in ihrer Beweglichkeit und Verschiedengestaltigkeit wird damit noch lange nicht ins Auge gesehen. Den Menschen ist es immer noch prinzipiell undenkbar, ihre Begierde in die allgemeinen öffentlichen gesellschaftlichen Beziehungen hineinzubringen. Es ist dem Freund nicht möglich, zum Freunde zu sagen, er begehre dessen Frau und daraufhin unter seiner Zustimmung mit ihr zu schlafen, ohne die seine zu verlassen. Wie wankten Männerherzen erst, wenn Frauen in das Gesicht ihrer Ehemänner sagen würden, sie wollten mit dem und dem schlafen, sie täten es und sprächen darüber, ließen es künftighin oder täten es wieder! Die zwangsmonogamen Beziehungen sind immer noch Beziehungen von Typen, die den Partner sowenig als Person erfahren – ihn einzig sexuell besitzen –, daß ihnen die Person verlorengeht, wenn sie sich sexuell mit jemandem anderen beschäftigt.

Die Ehe spielt in der Gesellschaft fortgesetzt die maßgebende Rolle. Geschiedene Frauen sind nichts mehr wert. Sie werden von den gesellschaftlichen Amüsements einfach ausgeschlossen. Männer, die Karriere machen wollen, können sich Scheidungen schwer leisten. Und Verhältnisse bringen sie noch immer zu Fall, wie es die englische Profumo-Affäre gezeigt hat. Was vor dreißig Jahren Eisenhower noch kalt in sein Kalkül nehmen mußte: Affäre und Scheidung oder Karriere, und was man der sexmuffigen Vergangenheit anheimgegeben dachte, bricht im scheinbar liberal gewordenen 1974 auch über einen der lautersten Männer der Geschichte hernieder. Willy Brandt soll neben seiner Frau geliebt haben! Daß das Lieben eines Menschen außerhalb der Ehe mit der Androhung der Enthüllung zum Gegenstand von Erpressungen gemacht werden kann, zeigt, welche Stacheldrähte noch immer um die Ehe gezogen sind.

Für das elementare Bedürfnis der Menschen, wie in ihrer Kindheit in Dreierbeziehung zu leben, hat die Gesellschaft auch heute kein Verständnis, sondern nur scheinbefreienden sexuellen Hokuspokus zur Verfügung, der doch nur anstrengt und schließlich aufreibt. Das alte Modell des Verhältnisses bringt immer noch die gleichen Komplikationen mit sich. Die Zeitungen alarmieren dann hämisch: »Wissenschaftler stellten fest: Wer seine Frau betrügt, stirbt früher« (tz vom 6. 2. 74). Außerdem sind diese außerehelichen Nebenbeziehungen meistens nicht von Dauer. Manche Menschen behelfen sich im Einklang mit ihrer Ehe, indem sie in der Wohnung noch einen Elternteil eines der beiden Partner mitleben lassen. Auch wenn der in die Ehe mitgebrachte Elternteil für einen der Partner das Ertragen von Strapazen eröffnet, rebelliert er meist dagegen nicht, weil auch für ihn dadurch das alte kindliche Beziehungsfeld zwischen drei Personen wiederhergestellt ist. Aber auch das sind nur Ausnahmelösungen.

Die glücklichste und überall stattfindende Befriedigung des Bedürfnisses nach dauerhaften und sogar sexuell unausgelebten Dreierbeziehungen verschafft sich der Mensch in seinem Verhältnis zu seinen Kindern. Die Dreierbeziehung ist aus der eigenen Kindheit als eine sexuell latente erlebt worden. Der Mensch bemerkt bei den außerehelichen Nebenverhältnissen, daß er damit sein ursprüngliches Bedürfnis nicht trifft. In der Dreierbeziehung zu seinen Eltern schwebten die sexuellen Spannungen unbefriedigbar, und so soll es nun mit den eigenen Kindern wieder geschehen. Der Mensch kann den latenten Inzest mit seinen Kindern ertragen, weil er ihn im Verhältnis zu seinen Eltern auszuhalten beigebracht bekommen hat.
Die sexuelle Begierde der Eltern auf ihre Kinder ist nicht Anzeichen dafür, daß der in der Natur grundsätzlich verhinderte geschlechtliche Umgang zwischen nahen Blutsverwandten beim Menschen üblich

wäre. Das Inzestgelüst entsteht nicht aus einem Bedürfnis nach Sexualität ausgerechnet mit den Exemplaren, die man hervorgebracht hat. Es entsteht auch gegenüber adoptierten oder Stiefkindern, was oft zur Folge hat, daß die Beziehungen zwischen nicht blutsverwandten Eltern und Kindern noch eher ins Grausame umschlagen, weil es hier kein Blutschandeverbot gibt.

Das, was als Inzestgelüst gekennzeichnet wird, ist streng genommen kein Bedürfnis nach Inzest, sondern ein Bedürfnis des Menschen danach, sich seinem eingeübten Verhalten als bisexuell und polygam ausgerichtetes Lebewesen entsprechend zu äußern. Da diese Bedürfnisse von der Gesellschaft nicht akzeptiert werden, versucht der Mensch sie in seinem von ihr nicht eingesehenen Lebensbereich der Familie unterzubringen. Das Inzestbedürfnis ist ein mühsamer Versuch des Menschen, zwischen dem von ihm in der Kindheit erfahrenen Verhaltensmuster und der von der Gesellschaft verlangten Verhaltensäußerung eine Harmonie herzustellen. Die sexuelle Konzentration von Eltern auf Kinder wird es so lange geben, wie die Gesellschaft die Aufzucht in der Familie und die erwachsene Verhaltensform der Ehe so unterschiedlich voneinander erzwingt.

3. Der Terror des latenten Inzests

Der Wechsel vom Verhalten in der Herkunftsfamilie zum Verhalten in der selbstgegründeten Familie ist für den Erwachsenen von einigem Erfolg, seine Triebbedürfnisse zu harmonisieren. Er hat in seiner neuen Familie zum Ehegatten und zu den Kindern wieder eine Mehrpersonenbeziehung, und ein Ehepartner mindestens befriedigt auch sein Bedürfnis nach der Beschäftigung mit dem eigenen Geschlecht. Der Erwachsene hat die sexuelle Latenz in seiner Kindheit geübt und kann sie jetzt seinen Kindern gegenüber anwenden. Außerdem kann er es doppelt treiben. Wie Goethe es in seinen »Wahlverwandtschaften« unter Erwachsenen ablaufen läßt, halten es Eltern in der Familie. Sie lassen sich durch die Faszination über ihre Kinder sexuell mit aufladen und schlafen diese Ladung dann bei ihren Ehepartnern ab. Das geht. Außerdem haben sie die Möglichkeit, ihre Erregung an den Kindern aggressiv abzulassen. Das geschieht ununterbrochen. Und noch mit einer dritten Möglichkeit verschaffen Eltern sich Ablaß. Verhinderter sexueller Einklang, Kontakt, Austausch und Durchdringung werden auf andere Gebiete übertragen. Eltern verfügen über das gesamte Leben ihrer Kinder. Sie bestimmen, was Kinder tun, was sie werden und wer sie sind.

Für die Kinder sind die Auswirkungen der sexuellen Konzentration der Eltern auf sie ohne Befriedigungsmöglichkeit böse. Zunächst wirkt es sich für den Triebhaushalt des Menschen sehr ungünstig aus, wenn ein Bedürfnis ständig da ist und sogar noch geschürt und seine Befriedigungsmöglichkeit ausgeschlossen wird. Kinder haben keine der drei Möglichkeiten, die durch die sexuellen Bedürfnisse der Eltern auch in ihnen entfachten Begierden wie die Eltern abzuleiten oder nebenher zu befriedigen. Sie können mit keinem der Eltern schlafen, wie die Eltern es untereinander tun. Eigene Sexualität mit sich selbst und ihren Geschwistern oder Freunden wird schon vom Kindesalter an von den Eltern verfolgt, verboten und bestraft. Aggressive Ableitungen auf ihre Eltern sind wegen des umgekehrten Gewaltverhältnisses nicht möglich. Ebenso haben Kinder keine Macht, ihre Eltern so allgemein zu bestimmen, wie umgekehrt es mit ihnen geschieht.

Kinder straucheln und stagnieren, weil sie an die Erfüllung ihrer durch die Eltern entzündeten sexuellen Bedürfnisse mit den originalen Hervorrufern glauben. Sie werden ständig gereizt und unbefriedigt gelassen, zusätzlich gejagt, wenn sie sich mit ihrem eigenen Geschlecht beschäftigen wollen, oft geschlagen und rundherum gegängelt. An dieser sexuellen Zerreißprobe, der jeder Mensch in der Kindheit mehr oder weniger ausgesetzt wird, beschädigt sich sein Geschlecht. Das menschliche Geschlecht ist für Lust, Harmonie, Freude und Frieden unter den Individuen gedacht. Aus seiner Beschädigung durch die Familie wird es zu dem Umgekehrten befähigt: zu Verbrechen, Krieg, Mord und Unterdrückung. Die Menschen wundern sich, zu welchen Verrücktheiten ihr Geschlecht fähig ist. Solange sich die Beschädigung noch im Bereich des Komischen aufhält – wie bei der durch ihr Leben als Iphigenie geisternden Gerda S. oder der es mit den Geldscheinen treibenden Frau im Falle Eberhard Schorschs –, genügte ein achselzuckendes Bedauern, aber alle Grausamkeiten, die blutigen und die institutionellen wie die von Konzernen und anderen wirtschaftlichen Unternehmungen, haben ihre Ursache im verunstalteten Geschlecht. Ein Triebtäter benutzt es direkt, ein mordender Soldat erinnert in seiner Tat noch an geschlechtliche Zusammenhänge, und ein hortender Monopolist ist gezwungen, bei seiner Befriedigung ganz vom Geschlecht abzusehen und sich auf die in den ökonomischen Bereich übertragene Dauerbeschädigung anderer Menschen zu konzentrieren.

Es ist nun nicht mehr wunderlich, daß diese drei Formen der Gewalt, die aus beschädigtem Geschlecht erzwungen werden, sich unter Menschen dauerhaft einnisten. Der Sexualmörder übt Gewalt über Minuten oder Stunden, der Mann im Krieg übt Gewalt über Tage oder Jahre, der Kapitalist, der Unternehmer, der Gesellschafter üben Gewalt über Jahrzehnte aus. Sie alle kennen bei der Durchsetzung ihrer Gewalt keine Gnade, weil auch ihre Eltern ihnen gegenüber bei der grausamen Spannung des Geschlechtes keine Gnade kannten, sondern unentwegt stimulierten, reizten, unerfüllt ließen, verboten und prügelten. Die Zurichtung ihres Geschlechts für ihre eigenen späteren Gewalttaten dauerte über Jahre.

Das System interessierte sich schon immer für die Form der Gewaltumsetzung aus beschädigtem Geschlecht, wenn dabei das Geschlecht selbst noch erkennbar mitwirkte. Der Sexualtäter gruselt, und man will sich bequemen, allmählich zwischen seinen geschlechtlichen Äußerungen und der elterlichen Gewalteinwirkung Zusammenhänge zu akzeptieren. Beim Krieger ist man grundsätzlich abgeneigt, zu forschen, woher plötzlich seine Grausamkeit kommt, wenn Fälle wie das vietnamesische My-Lay ans Licht der Öffentlichkeit dringen. Und beim die Umwelt und Menschen allmählich vernichtenden Ökonomen untersteht man sich, nach seinem geschädigten Geschlecht zu fragen, das man bei seinen Taten weder direkt wie beim Sexualmörder noch übertragen wie beim Krieger zu sehen bekommt. Und der noch viel größere Schaden, der krebsartig durch die Gesellschaft wuchert, den die Menschen jeder allein sich selbst antun, wird mit Ausnahme der Irrenhausfälle überhaupt nicht wahrgenommen. Die Selbstschädigung ist so grundsätzlich allgemein verbreitet in jedem Menschen wirksam, daß sich ihrer nicht einmal Revolutionstheorien annehmen können.

Der latente Inzest, der in den Familien herrscht, entwürdigt den ihm als Objekt ausgesetzten Menschen so sehr, daß er ein für alle Male den Eindruck seiner Niedrigkeit, den Zwang zur eigenen Geringschätzung eingestampft bekommt. Das Kind kann wohl keine Gedanken, aber Gefühle lesen. Es durchschaut die Begierden und Absichten des Erwachsenen, die dem nicht einmal bewußt sind, und brennt sein Ungenügen, ihnen gerecht zu werden, als permanentes

Lebensgefühl des Unbedeutendseins in seine Verhaltensstruktur hinein.
Latenz und Vollzug der Sexualität unterscheiden sich wesentlich voneinander. Die schwebende Begierde bei ständiger Nichterfüllung des Bedürfnisses machen das Kind als Ziel der Begierde zum Objekt. Niemals hat es die Chance, den Eltern gegenüber zum Subjekt zu erstarken. Im Vollzug des Inzests würde sich der Erwachsene zu erkennen geben, würde seine Begierde, die das Kind klar fühlt, sich und ihm eingestehen. Und was noch wesentlicher ist, im Vollzug würde der Erwachsene – wenn auch nur in Momenten – *vor* dem Kinde schwach werden. Er würde die Unausweichlichkeit seiner Begierde zugeben, die das Kind in die Wirklichkeit seiner Bedeutung erheben könnte. Der Nichtvollzug des Inzestgelüstes aber demütigt und betrügt das Kind. »Man hätte mich nicht betrügen dürfen«, sagte einer der Sexualtäter in Claus Ferdinand Siegfrieds Sendung[65], als er gefragt wurde, ob er Zusammenhänge zwischen seinen Taten und seiner Kindheit festgestellt hätte.
Der lüsterne Elternteil, der durch seine Rippen dem Kinde deutlich fühlbar Begierde entgegenschwitzt, irritiert das Kind zutiefst, wenn er sie nicht nur verleugnet, sondern sich auch noch als »Reinen« und »Klaren« vorgibt und umgekehrt das Kind zum bösen Lüsternen stempelt, zu dem die Lust hervorrufenden Unwesen, das dafür bestraft werden muß.
Die Gängelung des Kindes durch den Erwachsenen, um sich seiner Reize zu erwehren, kann vielfältige Formen annehmen. Prinzipiell muß es beschränkt werden, denn nur dadurch kann seine sexuelle Wirkung auf die Eltern eingeschränkt werden. Aus diesem Hin und Her von Begierde und Ablehnung, von Stimulierung und Unerfülltheit entsteht den Menschen erst der Gummizaun zwischen sich und ihren Eltern, wie Wynne die unauflösbare Verkettung des Menschen an die Personen, die ihn hervorgebracht haben, verbildlicht[62] (Seite 56). Während in der Kindheit dieser Gummizaun ein bestimmtes Aktionsfeld zwischen Eltern und Kindern markiert, das die Kinder nicht verlassen können, so schrumpft im Laufe der Reifung des Kindes der Gummizaun immer mehr um seinen Leib. Die Eltern können personell ganz aus dem Aktionsfeld verschwinden. Der Zaun bleibt und wird für den Erwachsenen sogar zu einer Gummi*haut*, die ihm dicht um den Leib gespannt ist und nun seine eigenen Aktionen ziemlich eindeutig bestimmt. »Der Mensch kann nicht aus seiner

Haut!«, wie es der Volksmund sagt und damit nicht die angeborenen eigenen Häute des Menschen meint, die mit seinem Verhalten nichts zu tun haben, sondern früh schon prophetisch diese fremde, von den Eltern übergestülpte, zum Zwangsverhalten bestimmende Gummihaut treffen wollte. »Aus der Haut fahren«, heißt es dann, wenn ausnahmsweise spontan und ungehemmt reagiert wird.

Der französische Filmregisseur Louis Malle entwarf mit seinem aufsehenerregenden Film »Herzflimmern« eine Utopie, wie mit vollzogenem Inzest das Gewaltverhältnis des latenten aufgehoben werden kann. Er bereitet den Geschlechtsakt zwischen einer Mutter und ihrem fünfzehnjährigen Sohn mit vielen kleinen Begegnungen der beiden vor, die den Sohn allmählich aus der Übermacht der Elternfigur befreien, so daß der sexuelle Vollzug schon wieder überflüssig wird. Die Lage unterscheidet sich deutlich vom Aktionstypischen in den normalen Familien: Mutter und Sohn werden im Laufe gemeinsamer Erfahrungen einander ebenbürtig. Sie reisen zusammen zu einer Kur, die der Sohn machen und die die Mutter beaufsichtigen soll. Dort kommen sie einander näher. Die Mutter trifft sich mit ihrem Geliebten und gesteht dem Sohn ihren Kummer über ihre Ehe und die üblichen Dreier-Zerreißproben zwischen dem Mann und dem Geliebten. Sie berichtet von ihren Verzweiflungen, leidet vor dem Jungen, erzählt bei den Mahlzeiten ihr Leben. Sie gibt sich zu erkennen, gesteht Schlappen ein. Der Sohn verrät sie nicht, achtet sie und lernt sie zu begreifen. Die Mutter geht mit ihm ganz freiheitlich um, läßt ihn streunen, eigenen Entdeckungen nachgehen, schlafen und lieben, wo und mit wem er will. Sie tut es ja auch und verbirgt es sogar nicht. Mutter und Sohn erleben echte Gemeinsamkeit. Und ihre körperlich ausgedrückte »eine« Nacht ist dann die Folge dieses Erkennens, Liebens und gegenseitigen Verstehens, auch wenn Malle seine Utopie dadurch wieder einschränkt, daß er Mutter und Sohn angetrunken in die Umarmung taumeln läßt. Aber der Grund dieses Ereignisses stimmt, ebenso der Satz, den Malle zu seinem Film vor der Öffentlichkeit sagte: »Es ist besser, einmal mit seiner Mutter geschlafen zu haben, als sein ganzes Leben lang davon zu träumen.«
Künstlerisch drückte Malle die Vermeidung einer Fixierung aus. Das Kind ertastet noch unter den erbärmlichsten Brutalitäten gegen es die in Wirklichkeit entzündete und auf es gerichtete Begierde der Eltern. Es harrt vergeblich des Umschwungs von Brutalität in offen-

gelegte Begierde und tut das manchmal ein Leben lang. Unzählige Menschen haben ihre zerstörte oder verunstaltete Triebapparatur auf Empfang der elterlichen Lustsendungen eingestellt. Der Mensch würde auf echte elterliche Ablehnung unwiderruflich mit Fortgang von zu Hause reagieren, sobald er physisch dazu in der Lage ist. Und er würde auch innerlich nicht an sie fixiert sein. Aber verborgene, verlogene Liebe und nur vorgegebener Haß und getäuschte Gleichgültigkeit durch ihre Eltern verwirren Menschen und lassen sie mit ebenso verborgener, sich selbst und den Eltern uneingestandener Anhänglichkeit reagieren.

Die Eltern rauben ihren Kindern durch den latenten Inzest die Sinnlichkeit. Wie viele Menschen sind sogenannt »kalt« oder verzweifeln daran, daß sie unglückliche Erlebnisse haben und von anderen Menschen für sexuell unattraktiv gehalten werden. Sexappeal wird nicht durch Schönheit oder Häßlichkeit, sondern durch sinnliche Ausstrahlung bestimmt. Die in der latenten Inzestbeziehung zu ihren Eltern gefangenen Menschen können ihre sinnlichen Strahlen nicht so frei zu anderen Menschen wirken lassen, wie sie es möchten. Die Kinder in den Fällen des Teils B hatten ihre Sinnlichkeit nicht für sich. Edeltraut hetzte sich umsonst. Wenn sie becircend gewesen wäre, hätten ihre falschen Sätze den Männern nichts ausgemacht. Sie wären wiedergekommen, hätten alles noch einmal versucht. Clemens wurde unter der Hülle seiner Mutter gänzlich unattraktiv, und Dagmar bemühte sich schon gar nicht mehr, weil sie wußte, sie wirkte nicht erotisch anziehend. Alle ihre bewußt unternommenen Mühen wären umsonst gewesen. Mit der Sinnlichkeit rauben Eltern ihren Kindern die Möglichkeit des Glückes. Bei dieser Verzweiflung der Menschen geht es nicht um die Strapazen der sexualverneinenden Gesellschaft, nicht um Reibungen des Einzelnen mit Versagungen und Verboten. Ehe alle Einschränkungen von außen wirken, stoppt und blockiert schon eine innere Hemmung den Menschen auf seinem Weg zum glücklichen Geschlecht. Dieser Weg ist aber der Lebensweg. Der Mensch, dem er abgeschnitten wird, ist zu allen Aktionen fähig, die sein Leben und das Leben anderer verneinen.

4. Das verirrte und gespaltene Geschlecht

Nicht immer hängen Menschen mit ihrer Sexualität apathisch herum wie die »Geldscheinfrau« und die »Iphigenieanbeterin«. Auch das Gegenteil, wenn sie mit ihm von Abenteuer zu Abenteuer rasen müssen, zeigt ihre Fixierung an ihre Eltern. Der Unterschied besteht darin, daß das erstgenannte Verhalten die Gesellschaft als Tugend preist und das Gegenteil als Laster verurteilt. Die Frau des folgenden Falles wird wie selbstverständlich als »Flittchen« tituliert und sucht doch mit anderen Mitteln genauso nach der Lust ihres Vaters wie die Jungfrauentypen, die sich nur einem imaginären Einzigen öffnen wollen, der in Wirklichkeit doch immer nur der eigene Vater ist; weil sie den nicht kriegen können, öffnen sie sich keinem.

Irmgard O. ist eine Frau, von der die Umwelt meint, sie begriffen zu haben, denn »die geht mit jedem ins Bett«. Was nach Lust aussieht, ist jedoch ein Amoklauf ihres Geschlechts. Sie rast auf Männer zu und nimmt sich zur Scheide, was sie nur ins Bett bekommen kann. Meist nach jedem Geschlechtsakt, jedes Mal jedoch nach kurzer Zeit einer Verbindung, stößt sie die Männer wieder von sich. Die sexuelle Begierde hält nur so lange an, wie sie die Männer erobert, und bricht meist noch vor dem Geschlechtsakt zusammen und verwandelt sich dabei in Ekel. Sexuelle Lust erlebt sie während des Zusammenseins mit einem Mann nicht. Einen Orgasmus hat sie nur dann, wenn sie in öffentlichen Bedürfnisanstalten masturbiert. Der Rausch überschüttet sie aber auch erst, wenn sie sich hinstellt und zugleich an brutale Vergewaltigungen durch ihren Vater denkt, die in der Wirklichkeit nie stattgefunden haben. Anders kann Irmgard sexuelle Lust nicht erfahren. Der sowohl wissenschaftlich gebräuchliche wie volkstümliche Begriff »Nymphomanin« soll Frauen wie Irmgard treffen, die nur Begierde auf Partner kennen, aber die mit ihnen zusammen keine Lust erleben können. Irmgard bezieht dieses Verhalten auf ihren Vater. Sie meint, sie sei an die Nichtliebe ihres Vaters fixiert und müsse im Sinne des Freudschen Wiederholungszwanges jeden Partner verstoßen, weil sie dadurch die originale Situation kopiere, in der sie sich vom Vater verstoßen gefühlt hat.

Aber an die Nichtliebe eines Elternteils gibt es keine Fixierung. Jedes Zuwenig an Gefühlen von seiten der Eltern kann später durch eigene Beziehungen im erwachsenen Leben des Menschen korrigiert werden. Das Zuviel und die Verbergung dieses Zuviels fixiert. Irmgard kopiert mit ihrem Verhalten zunächst ihren Vater, der auf sie zuraste und sich immer wieder frustriert abwenden mußte und seine Unerfülltheiten dann gereizt in Aggressionen auf Irmgard entlud, so daß sie bewußt nur die negativen, zersetzenden Gefühle erlebte, unbewußt aber die ursprüngliche positive Begierde sehr wohl registrierte. Was bei ihr wie Panik aussieht, ist die Sysiphusarbeit ihres Geschlechts, an diese positiven Gefühlsströmungen des Vaters heranzukommen. Am Original ist allein schon der Versuch unmöglich, und mit den Ersatzobjekten erzwingt sie nur eine scheinbare, in der Wirklichkeit nie stattfindende Veränderung der sie schmerzenden verlogenen ehemaligen väterlichen Verhaltensweisen. Irmgard will an den sexuellen Kern der *väterlichen* Emotion. Kaum geht ein Mann auf sie sexuell ein, ist sie zwar am Kern, aber diese emotionelle Äußerung findet bei einem Fremden statt. Ihr kommt es auf die Hervorlockung der Begierde bei einem neuen Partner gar nicht an. Sie hat dann zwar den gewünschten Vorgang erreicht, Lust auf sie ist ihr sichtbar geworden, aber das befriedigt sie nicht, weil die Fremden ihr das Original nicht ersetzen können, bei dem allein sie auf diesen Vorgang angewiesen ist. Irmgard will mit Hilfe der Partner nicht sich selbst, sondern ihren Vater verändern, ein erschütternd aussichtsloses Unterfangen. Gerade durch die mit dem Ersatz gelungene Vorführung der beim Original versteckten Begierde erlebt Irmgard zwar eine Teilbefriedigung, aber zugleich unerbittlich die Unmöglichkeit der Korrektur des Originals. Die Partner werden verstoßen, weil sie nicht der Vater sein können, obwohl sie tun, was Irmgard will, was sie aber nicht von ihnen, sondern zwanghaft vom Vater herauszulocken versucht.

In Märchen und Sagen werden Fixierungen oft durch Verwünschungen, Erstarrungen oder Verstecke, in denen die Kinder verschwunden sind, verbildlicht. Der Fall Irmgards ähnelt der Prinzessin Turandot, die sich erst nach der Lösung eines Rätels – wie einer Festung gleich – einnehmen lassen wollte. Die Lösung des Rätsels verlangt geniale Subjektivität, zu der die Menschen nach ihrer Zurichtung durch ihre Eltern in der Regel nicht ausgebildet werden. Das Märchen kann die dauerhafte Unerlöstheit nicht aushalten. Die Prinzen steigen über Hecken, klettern auf Zöpfen hoch, holen von Bäumen herunter und lösen die Rätsel, durchbrechen also die Hüllen, Zäune, Schleier und Erstarrungen, die den Kindern die Verstrickung in den elterlichen Inzestwunsch aufgebürdet hat.

Im Leben gibt es für verwunschene Irmgards meist keine Prinzen. Es hätte ein Mann kommen müssen, der sie zutiefst lieben, der zugleich zu analytischer Hellsicht begabt ihre Misere erkennen, sich daraufhin väterlich verhalten müssen, seine Sexualität schillern und nur nicht ausüben dürfen, sie aber nicht wie der Vater in Aggressionen umwandeln, sondern sie für später in Aussicht stellen und so lange warten müssen, bis Irmgard sich an den Partner gewöhnt hat, als wäre er ihr Vater, mit dessen Verhalten dann aber die aufgenommene Sexualität nichts mehr zu tun haben dürfte. Bei all dem ist vorausgesetzt, daß Irmgard diesen Mann so sehr bejahte und er sie ständig aufs neue faszinierte, daß sie dessen analytische Liebe über die lange Strecke der nachgespielten Vater-Tochter-Latenz platonisch erwiderte und trotzdem ihr die Begierde auf ihn blieb.
Das wäre in der Fülle der guten Voraussetzungen ein modernes Märchen. Erlösende Märchen sollen helfen, das nach seiner Beschädigung verunstaltete Leben unerlöst auszuhalten. Auch der Psychoanalytiker ist kein Märchenprinz, wie es immer wieder von ihm erwartet wird. Ihm fehlt die sinnliche Begierde auf den Patienten und meist auch dessen Begierde auf ihn. Den grundsätzlich beschädigten Trieb kann er nur in der Beschädigung selbst einigermaßen balancieren, daß er nicht zur Dauertortur des einzelnen gegen sich selbst und zum Dauerterror der Individuen untereinander ausartet. Die Gesellschaft bildet sich heute leicht ein, sie könnte das Dressurmuster Vater–Mutter–Kind ruhig beibehalten, die allerärgsten Beschädigungen am Trieb des Menschen bügelten Analytiker später wieder aus.
Wie hilflos der Analytiker vor der Rigorosität der Verklammerung zwischen Eltern und Kindern regelmäßig stehen muß, beweist Horst Eberhard Richter mit seinen Fällen in seinem Buch: »Eltern, Kind und Neurose«. An einem seiner Fälle wird besonders deutlich, wie sowohl Freud als auch Lorenz sich bei der Behauptung der *Kultur*schicksalhaftigkeit des Ödipuskomplexes und der *Natur*schicksalhaftigkeit der Aggression irrten. Aber die Irrtümer der Väter nimmt die Gesellschaft des Patriarchats selbstverständlich wichtiger als die Richtigstellungen der Söhne. Richter beschreibt einen Jungen, der von seiner Mutter ähnlich wie im Falle Cäcilies besetzt wurde. Obwohl zu Anfang ein Ehemann und Vater da war, spielte der weder für die Mutter noch für den Sohn eine wesentliche Rolle. Die Mutter stilisierte den Sohn Karl vom kleinsten Alter an zu einem Quasi-

Geliebten, der »sie bereits mit drei, vier Jahren oft ›wie ein kleiner Mann‹ umsorgte (Seite 119). Die ängstliche unreife Mutter klammerte sich um so fester an ihren kleinen Sohn, je mehr sie sich von ihrem alternden Mann entfernte«[57] (Seite 120). Der Sohn richtete sich vollständig darauf ein. »Die Mutter sollte ganz ihm gehören – und diese benahm sich im allgemeinen auch danach.« Als der Sohn sieben bis acht Jahre alt war, starb der Vater, und die Mutter nahm einen neuen Mann ins Haus, mit dem sie sich schon zuvor angefreundet hatte. Ohne Vorbereitung konfrontierte sie ihren Sohn mit diesem radikalen Szenenwechsel und ließ ihn »recht rücksichtslos sogar zum Zeugen ihrer häuslichen Flitterwochen« werden[57] (Seite 121). Sie verstieß ihn aus der Quasi-Geliebten-Position, in die sie ihn von seiner ersten Lebenszeit an bis zum Alter von acht Jahren hineingehoben hatte. Schon Erwachsene können sich schwer daran gewöhnen, wenn sie plötzlich von ihren Geliebten verstoßen werden. Wenn das aber Kindern geschieht, denen von klein auf diese Position eingeräumt worden ist, brechen für sie Katastrophen herein. Karls Verhalten macht nun deutlich, wie er Partner der Mutter nur weiterhin sein wollte, weil die Mutter ihm diese Partnerschaft zuerst viele Jahre lang aufgedrängt hatte, und nicht weil sich im Sohn die angeblich schicksalhafte Begierde auf seine Mutter entzündet hätte, die nach Freud in allen Männern schlummerte. Der nun in der Wohnung lebende neue Freund der Mutter war selbst so nett und vorsichtig zu Karl, daß er ihm keinen Anlaß bot, Aggressionen auf ihn zu zielen. Karl konnte die durch die plötzliche Veränderung seiner Lage hervorgerufenen Spannungen nur chaotisch in die Gegend abreagieren. Er schmierte mit Apfelmus herum, er veranstaltete Feuerwerke in der Wohnung, vernachlässigte die Schularbeiten, begann zu stehlen, am Anfang sogar wieder »einzunässen« und »einzukoten«[57] (Seite 122).

Das Wichtige bei diesem Fall ist, daß das Kind diese Symptome »mit einem Schlage produzierte«[57] (Seite 121), und zwar von dem Zeitpunkt an, als der Freund in die Wohnung der Mutter einzog. Karl spielte mit gekneteten Männchen Krieg und begann mit den einzelnen Gestalten brutal umzugehen. In der Schule wurde es furchtbar. Seine Leistungen siechten dahin. Die Kontakte zu Mitschülern problematisierten sich. Er stänkerte herum, ärgerte die anderen und phantasierte sich als Supermann, der alles um sich herum beseitigt. Krieg, Cowboy, Schießen wurden zu seinen Maximen. Richter entdeckte eine prototypische Entwicklung der Geschichte männlicher Brutalität, deren Ursprünge in den »zweiten Uterus« einer Mutter führen, die sich nur um Nuancen zugespitzter verhalten hat als es ihre Kolleginnen-Mütter mit ihren Söhnen tun.

Für Karl gab es keine andere Lösung, als den Weg in rigorose Selbst- und Fremdschädigung einzuschlagen. Er bekam Gespensterfurcht, konnte im Dunkeln nicht mehr einschlafen, und »schließlich konnte er überhaupt keinen dunklen Raum mehr betreten«[57] (Seite 125). Zugleich ließ er seine Wut auch an Tieren und Mitschülern ungehemmt aus, wurde von der Klasse »wegen seiner Jähzornanfälle gemieden« und war dort bald »völlig isoliert«. Er entwendete der Mutter »heimlich ein Taschenmesser und nahm es täglich zur Schule mit. Eines Tages zog er das Messer im Streit mit einem Mitschüler und stach auf den anderen Jungen ein. Er verletzte ihn damit am Arm, worauf ihm ein Schulverweis drohte«[57] (Seite 125).

Seine »chaotischen Aggressions-Eruptionen«[57] (Seite 128) gehen irgendwohin, treffen Tiere und Mitschüler. Wenn Lorenz sich die Mühe gemacht hätte, wie Richter nicht in Aquarienbecken, sondern in Bürgerstuben zu gucken, hätte er sehen müssen, wo sich der sogenannte »Aggressionstrieb« auflädt. Ronald D. Laing hat in England ein neues Heilverfahren für Geistesgestörte erprobt. Er hat Patienten, Analytiker und Pfleger untereinander gleichberechtigt in einem Hause wohnen lassen. Stadien dieses Experimentes ließ er mit der Kamera aufnehmen und veröffentlichte sie in dem Film »Asylum«. Während eines Gruppengesprächs begehrte ein Patient jähzornig auf und fing an, um sich zu schlagen, ohne daß ein äußerer Reiz erkennbar wurde, so als brodelte es ihm – um in Lorenz' Vorstellungen zu reden – einfach von innen daher. Als Laing ihn fragte, was ihn reizte, und der Arzt in die Geschichte des Patienten drang, sagte dieser plötzlich: »Meine Mutter hat mir das eingeheizt.« Eine exaktere Erklärung für die aggressive Eruption, zusammengefaßt in einem Satz, ist kaum denkbar. Auch die Mutter des Karl in dem Richter-Fall hat ihrem Sohn eingeheizt, seinen Trieb auf ein einziges Objekt, nämlich sich selbst, eingeschliffen. Dann ließ sie ihn unerfüllt in Erfüllungssehnsucht herumirren und explodieren. Die Libido auf die Mutter gerichtet und die Aggressionen auf die Allgemeinheit abgeleitet werden hervorgerufen durch die Willkür der unausgedrückten sexuellen Überschüttung mit mütterlichem Trieb und durch die Nichterfüllung der im Sohn geweckten Begierde.

Kühl schließt Richter diesen Fall mit den Sätzen: »Seine weitere Charakterentwicklung wird förmlich erstickt unter dem Druck des Konfliktes ..., so fehlt es ihm an der notwendigen neutralisierten Energie für die Bewältigung der schulischen Leistungsanforderungen sowie für eine angemessene Anpassung an die übrigen Ansprüche der sozialen Realität[57].« (Seite 129.)

Beispiele sind dazu da, daß sie im Besonderen das Allgemeine erkennen lassen. Dafür sind sie selbst übersichtlicher, zugespitzter, auch simpler, als die allgemeine Realität. Im Falle Karls wird klar, wie es für den Menschen belastend ist, wenn zu dem Druck des gleichbleibenden Personenverhältnisses noch der Druck auf seinen Trieb durch die unausgelebten Inzestwünsche seiner Eltern hinzukommt. So übertrieben zärtlich und dann ein für alle Male rüde abstoßend verhalten sich Mütter in der Regel gegenüber ihren Kindern nicht. Der radikale Umschwung und die auf die Spitze getriebene Gefühlsäußerung dieser Mutter sind abnorm. Die Fixierung auf die Mutter und die Abreißungsversuche, die bei jedem Menschen mit Aggressionen einhergehen, sind jedoch normal.
Durch den latenten Inzest zwischen Mutter und Sohn wird erwachsenen Männern die gesamte Gefühlswelt für ihr späteres Leben durcheinander gebracht. Sigmund Freud klagt darüber, »daß das Liebesverhalten des Mannes in unserer heutigen Kulturwelt überhaupt den Typus der psychischen Impotenz an sich trägt. Die zärtliche und die sinnliche Strömung sind bei den wenigsten ..., gehörig miteinander verschmolzen; fast immer fühlt sich der Mann in seiner sexuellen Betätigung durch den Respekt vor dem Weibe beengt und entwickelt seine volle Potenz erst, wenn er ein erniedrigtes Sexualobjekt vor sich hat«[20] (Seite 85).
Freud meint damit die allgemein schon geläufig gewordene Zerspaltung der männlichen Gefühlswelt in Mutterehrfurcht und Hurengeilheit. Diese Spaltung ist dem Manne nicht angeboren, wie Freud es glaubte, weil er sie überall wie eingewachsen vorfand. Sie wird dem Manne erst durch den latenten Inzest zwischen Mutter und Sohn in das Gefühlsleben eingerissen. Der Junge erfährt den auf ihn konzentrierten Trieb der Mutter von klein auf gespalten. Die Mutter spendet zärtliche und sinnliche Gefühle, muß aber ihre sexuellen Empfindungen dem Kinde gegenüber stoppen. Das Kind kennt noch keine Unterscheidungen zwischen ihnen. Lust wird ihm durch Lip-

pen, Brust, Streicheln, Hätscheln, Ernähren und Reinigen beigebracht. Es richtet seinen noch ungespalteten und unzensierten Trieb einheitlich auf die Mutter. Wenn das männliche Kind nun im dritten Lebensjahr seinen Penis entdeckt, darf dieser Körperteil der Mutter plötzlich nicht mehr angetragen und von ihr dafür keine Anteilnahme wie für alle anderen körperlichen Angelegenheiten erwartet werden. Es heißt für das Kind völlig überraschend mit einem Male: »Pfui!« und das auch noch unwiderruflich! In diesem Moment beginnt die Spaltung der männlichen Sexualität. Die Mutter behält die alten Gefühlsqualitäten auf sich konzentriert, verhindert aber, daß die neue Qualität des Geschlechtsapparates mit in die alte Zärtlichkeit eingeschlossen werden kann. Wenn die Mutter sich nicht nur der neuen Entdeckung des noch unausgewachsenen Lustzentrums verschließt, sondern sogar auf es noch mit »Pfui, pfui« zetert und den Vater einschaltet und der am Ende noch selber mit Abschneidungsdrohungen auftritt, fällt der Junge in eine Verstörung, durch die er sein ganzes weiteres Leben mit seinem Trieb hin und her gerissen wird. Die sogenannte sinnliche Strömung macht sich selbständig und beginnt sich von der zärtlichen zu entfernen. Wenn es dann dem pubertierenden Jungen nach der endgültigen Trennung der Ströme nur um das »Aufreißen« oder »Anhauen« von »Schnallen« geht, klopft die Gesellschaft ihn nach »hohen Gefühlen«, nach »wirklicher reiner Liebe« ab. Sie schickt ihn in den »langen schmerzlichen Prozeß, in dem die Sexualität ... gezähmt und gehemmt wird, bis sie schließlich der Verschmelzung mit Zärtlichkeit zugänglich wird.«[38] (Seite 259) Herbert Marcuse, dem dieses Zitat aus seinem Buch »Triebstruktur und Gesellschaft« entnommen ist, unterläßt es wie Freud bei der Beschreibung der Zusammenführung der Ströme ein *»wieder«* einzusetzen. Denn wenn die Mutter die sexuellen von den zärtlichen Empfindungen nicht abgestoßen hätte, als diese begannen sich über die Geschlechtsapparatur original zu profilieren, hätte es keine Spaltung der Ströme gegeben. Nun muß sich der Mann auch noch mit Schuldgefühlen herumschlagen, während er um die Wiedervereinigung der Triebströme kämpft. Entweder er hat Schuldgefühle gegenüber seiner Frau, wenn er die Zusammenführung der Strebungen nicht zustande bringt, weil er für die Frau als Ehefrau nur ein funktionelles Verständnis aufbringt und sich für die unvermittelte Äußerung seiner Sexualität an Nebenfrauen halten muß. Oder er hat Schuldgefühle gegenüber seiner Mutter, wenn ihm der Abzug seiner zärtlichen Wünsche von ihr und ihre Harmonisierung mit den sinnlichen bei seiner Frau gelingt.

Philip Roth zeichnete in seinem Roman »Portnoys Beschwerden« seine Verzweiflungen nach, die ihm daraus entstanden, in seiner Kindheit und Jugend keinen Atemzug für sein Geschlecht tun zu dürfen, ohne daß die Mutter ihn nicht sofort verfolgte. Wenn er dann schließlich nur noch auf dem Klosett onanieren konnte, stand die Mutter vor der Tür und klopfte, ob er Durchfall hätte, oder ob es ihm sonst nicht gutginge. Portnoy onanierte sich später als Erwachsener aus Verzweiflung, keine Beziehung zu Frauen aufbauen zu können, fast zu Tode.
Nehmen die inzestuösen Wünsche der Eltern das Maß einer Verfolgung an, wie bei der Mutter Portnoys, dann können die Kinder überhaupt keine Beziehungen mit neuen Personen eingehen, nicht mal ein neues eheliches Besitzverhältnis. Das Geschlecht irrlichtert wie bei Portnoy oder wie bei der Irmgard O. und bei dem »Sex-Phantom« Kock durch das Leben oder es gerät in die Schrulle wie das der Gerda S. und der »Geldschein-Frau«.

Wie wenig die Triebzerspaltung nur des Mannes allgemeingültiges Schicksal oder sich wiederholende Natur ist, zeigen die verschiedenen anderen Triebdeformationen sowohl bei Männern wie bei Frauen. Die Form des Gewaltverhältnisses »Familie« drückt sich in dem wiederkehrenden Schema Vater–Mutter–Kind aus. Der Inhalt dieses Gewaltverhältnisses hat unzählige Abwandlungen. Latenter Inzest spielt sich nicht nur zwischen Mutter und Sohn ab, womit sich Freud ausschließlich beschäftigte. Seine anderen Formen sind ebenso verbreitet, obwohl sie noch vollkommen im Dunkel der analytischen Forschung liegen. Vater-Tochter-Inzest-Formen gestalten die Triebdramatik der Frau. Eine ebensolche Bedeutung für die Triebschwankungen der Menschen haben auch die Äußerungen des gleichgeschlechtlichen latenten Inzests. Hierbei stoßen die zwei größten Tabus des Patriarchats zusammen: das Tabu des Inzests und das der Homosexualität. Die homosexuelle Inzestbegierde wird im täglichen Leben eine größere Rolle spielen als die ausgeübte homosexuelle geschlechtliche Beziehung unter Erwachsenen. Gemeinhin kann der Mensch seine homosexuellen Interessen, die ihm durch das Vater-Mutter-Dreieck in seiner Herkunftsfamilie geschürt und eingelebt worden sind, in seinem erwachsenen Dasein überhaupt nicht unterbringen. Die Gesellschaft hat die Zäune um die Triebäußerungen für Erwachsene hochgezogen: auf der einen Seite des Zaunes muß die Heterosexualität existieren, auf der anderen Seite wie ihr Abfallprodukt die Homosexualität. Wenn ein fünffacher Familienvater – wie seinerzeit der parlamentarische Bundeswehrbeauftragte – plötzlich mit einem siebzehnjährigen Kellner ins Bett geht, wankt das Patriarchat in seinen Grundfesten. Das Kapitel »Bisexualität« muß noch viel mehr in den Familien abgehandelt werden als das Kapitel der Polygamie. Das Bedürfnis nach mehreren Beziehungen deckt die Gesellschaft noch kläglich ab, wenn die Menschen alle Verzerrungen des »Verhältnisses« ertragen. Die Bisexualität darf nicht einmal eingestanden werden. Der homosexuelle latente Inzest hat deshalb eine viel größere Bedeutung als der heterosexuelle. Die Störung der Dagmar V. (siehe Teil B) wird mit dem latenten Inzest zusammenhängen, der zwischen ihr und ihrer Mutter schwebt. Die Mutter wählte sich in diesem Falle nicht den Sohn, sondern als heimlichen Partner die Tochter aus, mit der sie jahrelang das Schlafzimmer teilte. Auch diese Variante des zwischen Eltern und Kindern schwebenden Inzests ist nicht selten, wenn man die Scharen von Mutter-Tochter-Ehen betrachtet, die weit über die Zeitspanne einer »goldenen Hochzeit« hinaus Bestand haben und oft länger halten und gediegener sind als die Ehen zwischen Mann und Frau. Oft kehren die Töchter nach knappster Ehezeit zur Mutter wieder zurück, oder die Mutter drängt sich der Tochter unter dem Vorwand der umgekehrten Versorgung wegen ihrer beginnenden Gebrechlichkeit für ihre letzte Lebenshälfte auf. Es wird nicht als Schaden erkannt und kein Aufsehen gemacht, wenn Frauen ihr Leben lang in solchen Verhältnissen leben, – die ja nicht mit sexuell erfüllten lesbischen Ehen zu vergleichen sind – und wenn sie dabei den Ausdruck einer befreiten Sexualität nie gelernt haben.

Männer sind meist nicht so duldsam und bescheiden in der Verbildlichung ihres Schadens wie Frauen. Sie lassen ihre Triebzerrissenheit sehr viel mehr durch Taten oder durch Kulturprodukte zum Ausdruck kommen. Daniel Paul Schreber[64], dessen Leidensgeschichte schon Freud untersucht hat[19], wurde von seinem Vater zwangshomosexuell gemacht. Die Äußerungen des Vaters bei der Erziehung des Jungen verschleiern den übertragenen geschlechtlichen Vorgang schon längst nicht mehr. Der Vater drückt sich »beinahe so aus, als

ging es darum, eine Frau sexuell zu erregen«[61] (Seite 126), wenn er vorgibt, den Leib seines Sohnes für die Erziehung körperlich empfänglich zu machen: »Der Boden des zu behandelnden Feldes muß gehoben, empfänglich, durchdringbar, saft- und kraftvoll sein, wenn ein Samenkorn hineingelegt werden und aufgehen soll«[61] (Seite 126). Schreber wurde die Homosexualität durch die auf ihn gerichtete homosexuelle Begierde des Vaters zur Strapaze gemacht. Der Vater verkehrte seine Gelüste auf den Sohn in körperliche Traktierungen, Geradhaltungs- und andere Mannhaftigkeitstorturen, die er dem Sohn zumutete. Durch alle scheinbar rührungslosen Zuchtmaßnahmen, als ob er eine Soldateska zu drillen hätte, funkte der Vater dem Sohn doch seine Begierden in die Sinne. Der Sohn hatte in seinem Leben keine Objekte, an denen er seine Homosexualität indirekt oder direkt auslassen konnte. Der Bruder Schrebers, dem der Vater dieselbe Spannung in den Trieb zog, nahm sich das Leben. Schreber selbst wurde schizophren. Freud erklärte sich »für berechtigt, an einem Ausbruch einer homosexuellen Regung als Grundlage der Erkrankung Schrebers festzuhalten«[19] (Seite 280). In der Nervenheilanstalt hatte Schreber dann nur noch die Religion als Bett, in dem er seine Homosexualität gegenüber dem Vater ausdrücken konnte – der nun metaphysisch zu Gott verwandelt worden war. Damit das Verbot der Homosexualität aber auch während der Glaubensinbrunst weiterwirkt, mußte sich Schreber psychosexuell als Frau halluzinieren. Eltern üben ihren Kindern etwas ein, was sie ihnen zugleich auszuüben verbieten. »In Beziehung zu Gott nimmt der Sohn die Rolle einer Frau ein, nicht weil er dies möchte, sondern weil er muß . . ., für ihn besteht die ›Notwendigkeit‹, den ›göttlichen Strahlen von mir möglichst fortwährend . . . den Eindruck eines in wollüstigen Empfindungen schwelgenden Weibes‹ zu geben. Gott verlangt ein ›beständiges Genießen; es ist meine Aufgabe, ihm dasselbe . . . in der Form ausgiebigster Entwicklung der Seelenwollust zu verschaffen‹.«[61] (Seite 126)
Morton Schatzman betrachtet das Verhalten des Vaters als Ursache dieser in die religiöse Ebene übersetzten homosexuellen Ekstase: »Die ›Pflege weiblicher Gefühle‹ Gott gegenüber ist beim Sohn . . . eine Version des Erwachsenen, ein verschleierter Ausdruck von Vorgängen, die die Worte (und Handlungen) des Vaters Jahre zuvor im Körper des Sohnes ausgelöst haben mochten«[61] (Seite 126). Die Einwirkungen des Vaters auf den Sohn begannen »schon im zartesten

Alter« – wie der Vater es selbst schreibt –, ehe der Sohn sie als sexuelles Motiv entziffern konnte. Der Vater lieferte dem Sohn die Voraussetzung der Spaltung gleich mit, indem er unbewußt dessen Begierde auf das männliche Geschlecht entfachte und ihm bewußt die Ängste vor dem Bannfluch der Homosexualität einjagte.

Ganz besonders deutlich wird diese Mischung aus eingeübten Lüsten und vor ihnen entfachten Ängsten der Kinder durch gehemmte Begierden der Eltern auf sie in dem nächsten modernen Fall: Das Verhalten des Lotar N. ähnelt in der orgastischen »Stillegung« seines Geschlechts den Zurichtungen der Töchter in den Fällen der Gerda S,. der Irmgard O. und der Frau in der Schorsch-Analyse. Lotar war auf männliche Körper und männliche Körperteile versessen, konnte aber mit dem Geschlecht seiner Liebesobjekte nichts anfangen, ekelte sich sogar vor den Genitalien seiner Partner. Obzwar er sich als ausschließlich homosexuell verstand, hatte er einen ausgeprägten Hang zur Scheide der Frau, wurde aber von weiblichen Körpern nicht gereizt, es sei denn, wenn sie sich ihm mit gespreizten Beinen präsentierten. Da das aber keine Stellung ist, in der man Frauen fürs erste begegnen kann, war er für sie generell unempfänglich. Der Vater dieses Mannes hatte den Sohn neben sich im Ehebett schlafen lassen, zunächst zwischen sich und seiner Frau, später als die Mutter gestorben war, blieb er allein mit dem Sohn in dem Ehehafen zurück. Der Sohn mußte auch weiter an dieser Stelle schlafen, als er nach einem eigenen Bett und einem eigenen Zimmer begehrte. Der Vater veranstaltete mit dem Sohn häufig morgens im Bett sogenannte »harmlose Spiele«, aus denen die Genitalien selbst ausgeschlossen waren. Später bellte er die Freunde des Sohnes immer wieder weg, machte ihm die eigenen Beziehungen madig und äußerte sich noch mißtrauisch darüber, ob der Sohn »am Ende homosexuell« sei, da er keine Freundin hätte.

Diese Situation spiegelt die Gewalttat, die schon bei der Einübung einer Dreierbeziehung und der gleichzeitigen abstrakten Forderung nach Zweierbeziehungen aufgedeckt wurde. Eltern schleifen ein Verhalten, eine Verkümmerung, eine Zerrissenheit, eine Kuriosität in die Triebstruktur ihrer Kinder ein und verurteilen gleichzeitig das, was sie selber verursacht haben. Diese Grausamkeit ist allen anderen überlegen, die sich Menschen ausdenken und die sie mörderisch ausführen. Sie zerreißt das Kind: es hört auf die Eltern, glaubt ihnen, will gut sein, ihnen angenehm werden und bekommt ein Verhalten beigebracht, mit dem all seine Mühen, den Eltern und der Gesellschaft zu entsprechen, umsonst sind. Der entfachte Trieb wird dem Kinde, wenn es ihn zeigt, als böse ausgeschlagen. So wird das Bewußtsein vom eigenen Bösen in einer Frühe in den Menschen hineingesenkt, in der er weder sich selbst noch die Verhältnisse um sich erkennen kann. Wieder besonders kraß treten die Ereignisse in dem Fall des Lotar N. zutage. Sein Vater machte ihn durch eigenes Verhalten zwangshomosexuell und verdammte wörtlich dazu gleichzeitig die »schwulen Säue, die mit ihren Schwänzen an den Klappen fuchteln«. Meist tragen Väter ihre Homosexualität an ihren Söhnen nicht so aus wie in diesem Falle. Daß Väter auf Söhne einschlagen, sie auszanken und verprügeln müssen, zeugt davon, wie Väter *sich* etwas abschlagen müssen. Wenn sie behaupten, der Sohn »reizte sie bis zur Weißglut«, dann stecken dahinter in Wirklichkeit sexuelle Motive. Männer werden viel körperfremder aufgezogen als Frauen. Als Mutter hat die Frau Möglichkeiten, sich dem Kinde gegenüber körperlich auszudrücken. Der Kontakt zwischen Vätern und Kindern sieht keine körperlichen Berührungen vor. Die Enthaltung von der Kinderpflege, die der Mann aus seinem patriarchalischen Gesellschaftsprogramm heraus übt, wirkt als Bumerang auf ihn zurück. Er hat keine Möglichkeit, über Zeremonien sein Verhältnis zu Kindern leiblich auszudrücken. Will auch er mit den Körpern der Kinder Kontakt haben, muß er auf ihn einschlagen. Besonders wenn er spürt, daß er von einem Sohn, also einem männlichen Wesen, angeregt wird, muß er diesen Reiz von sich abschütteln.

II Aufzucht ohne Inzest

Bei der Entstehungsgeschichte des Bösen spielt innerhalb des allgemeinen personellen Drucks durch das beschränkte Eltern-Kind-Verhältnis der besondere Triebdruck, mit dem Eltern ihre Kinder an sich binden, eine wesentliche Rolle. Sind Eltern schwer in der Lage, den allgemeinen Druck ihrer ständigen Gegenwart um das Kind aufzuheben, so müßte es ihnen leichter möglich sein, die Erhöhung des Drucks durch ihre sexuelle Konzentration auf das Kind rückgängig zu machen. Das nun folgende Beispiel zeigt, daß diese Entlassung des Kindes aus der schwebenden inzestuösen Beziehung zu seinen Eltern möglich ist und daß sogar durch die Aufhebung des Triebdrucks die Eltern sich erheblich aus ihrer Verabsolutierung lösen und dadurch Schritte zur Aufhebung ihrer Totalität unternehmen können.

Ich habe dieses Beispiel schon oft erzählt und dadurch Eltern in Empörung und Bestürzung gebracht und werde wohl auch durch die Niederschrift Entrüstung entfesseln, sollte sie durch alles bisher Gesagte sich noch nicht erhoben haben. Eines Abends bekamen sich bei einem Essen in meiner Wohnung zwei Freunde von mir in die Haare. Beide waren Beamte im Alter zwischen dreißig und vierzig und Väter von Söhnen im Pubertätsalter. Die Söhne waren ihnen ganz unterschiedlich geraten. Der eine Vater, Herr M., erzählte von seinem Sohn Matthias, daß der noch sehr zurück sei, obwohl er nun schon vierzehn geworden wäre. Vor einem Jahr sei er sitzengeblieben. Er könne nicht lernen, wenn der Vater nicht neben ihm sitzt und ihm alles erklärt. Der Sohn wolle, daß der Vater ihn jeden Morgen mit dem Auto in die Schule fährt. Er leide darunter, daß der Vater nicht pausenlos bei ihm sein kann. Sexuell sei noch gar nichts in Gang gekommen. Aufklärung habe Herr M. noch nicht für notwendig gehalten, da sein Sohn nicht danach gefragt habe. Er warte darauf, daß Matthias ihn anspricht. Herr M. erstaunte, daß Matthias gerade an ihn so gebunden sei und nicht an seine Frau, und daß er mit seinen zwei Töchtern nicht annähernd solche Schwierigkeiten hätte, obwohl die Töchter sonst ganz unterschiedlich begabt seien.

Der andere Vater, Herr L., erzählte eine gegenläufige Entwicklung bei seinem Sohn Norbert: Norbert ist Einzelkind und insoweit besonderes Objekt der Konzentration und Aufmerksamkeit seiner Eltern. Mit elf Jahren begann er zu onanieren. Das erfuhren die Eltern, weil er seine Mutter manchmal »zufällig« davon Kenntnis nehmen ließ, indem er sich mit aufgerichtetem Gliede vor dem Badezimmerspiegel betrachtete und dabei die Tür offenließ. Auch weiter bemühte er seine Mutter um Aufmerksamkeit für seine Leiblichkeit, indem er mit seinen körperlichen Ausscheidungen generös umging. Er spuckte in die Gegend, pinkelte auf dem Klosett daneben und ließ das Fenster nach Sitzungen geschlossen. Ermahnungen und Geschimpfe waren immer wieder aufs neue erforderlich. Norbert wusch sich nur unter der Kontrolle der Mutter. Sie gab zu, daß ihr das auch Spaß machte, ihn dabei zu streicheln und durch seinen Wuschelkopf zu fahren. Mit dem Vater tobte er herum, arrangierte es aber immer so, daß er ihn nie Zeuge seiner Spiegelspreizungen werden ließ. Norbert machte gerne Verkleidungsspiele und liebte es, die Eltern beim Zubettgehen noch mit Bauchtänzen zu erfreuen. Die Mutter gestand dem Vater, als sie eines Tages mal allein mit einer Bauchtanzeinlage ihres Sohnes beglückt worden war, daß sie dadurch sexuell erregt worden sei. Frau L. wollte aber die entwicklungspsychologische Notwendigkeit berücksichtigen, daß dem Kinde bei seiner sexuellen Entfaltung nicht nur Duldung, sondern offene bestätigende Anteilnahme gebührt. Trotzdem peinigten sie die Verfolgungen des Sohnes mit seiner »Marke« einerseits und mit seinen ihm bewußt gewordenen neuen instrumentellen Errungenschaften andererseits. Der Vater nahm sich den Sohn vor und gratulierte ihm zu dessen Neuigkeiten und bestätigte ihn in seiner reizvollen Wirkung auf alle Welt im allgemeinen und auf Mutter und Vater im besonderen und sagte: »Wir würden ja gerne mit dir schlafen, aber, weißt du, das ist einfach zu viel, zu anstrengend und auch schließlich zu langweilig für alle Beteiligten. Und außerdem bringt es noch Scherereien mit dem Gesetz mit sich. Aber davon mal abgesehen. Auch für dich wäre das gar nicht spannend. Das Kind ist in so vielen Dingen von seinen Eltern abhängig: Ernährung, Erziehung und was sonst noch damit zusammenhängt. Wenn dann noch das Geschlecht hinzukommt, ist das Verhältnis überlastet. Außerdem ist es sicher mit anderen Menschen viel interessanter als mit den eigenen Eltern. So schön wie du bist, findest du die sicher, wenn es mit der Verhütung bei Mädchen am Anfang auch noch Schwierigkeiten macht. Man braucht ja nicht alles auf einmal zu haben. Allein macht es auch ein bißchen Spaß ...« Und es mündete in einem allgemeinen Aufklärungsgespräch.

An dem Satz: »Wir würden gerne mit dir schlafen ... «, gesagt zwischen einem Vater und einem Sohn, gehen Eltern hoch. Sie fangen an zu schreien. Sie wehren sich und behaupten, so etwas ginge nicht. Ihnen stößt ihr inzestuöses Verlangen nach ihren Kindern so heftig auf, daß sie den lebenswichtigen Vorgang, der hinter diesem Satze steht, nicht begreifen. Der Satz gibt dem Kinde zu erkennen, daß sich die Eltern wie über alles Wachsen und Werden des Kindes, so auch über seinen nun anfallenden geschlechtlichen Gedeih zunächst simpel erfreuen. Sie nehmen seine Vorführungen – seine Spreizungen und Bauchtänze – als Ovationen an, weisen aber gleichzeitig darauf hin, daß sie selbst aus vielen Gründen als Sexualpartner nicht in Frage kommen, *was das Kind nicht weiß.* Wenn die Eltern in allem die größten und besten sein sollen – und diesen Glauben dem Kinde durch Rede und Tat ständig abverlangen –, warum dann nicht auch im Geschlecht?! muß das Kind folgerichtig denken. Gerade durch die heimtückische inzestuöse Verschlingung, die generell nirgendwo richtig aufgelöst wird, verknäulen sich elterliche und kindliche Triebe und Wünsche unentwirrbar, daß immer und immer wieder diese beschämenden pubertären Ablösungsschlachten stattfinden müssen, die bei den meisten Menschen das ganze Leben über andauern. Durch ein die Sexualität wirklich betreffendes Gespräch kann solch eine Verknäulung gelöst werden, ehe Eltern-und-Kinder-Begierden sich ineinander verzahnen. Jede ausgelebte sexuelle Beziehung ist dem latenten Inzest weit überlegen. Die Erwachsenen sind auf ihn nur deswegen so angewiesen, weil sie eben keine eigenen glücklichen sexuellen Beziehungen in ihren Ehen mehr haben und ihr Trieb aber noch so stark ist, daß er sich wenigstens unorgastisch an den Kindern auslassen muß. Sowie das Kind zu eigenen Entdeckungen mit Freunden und Freundinnen ermuntert wird und erste Erfahrungen macht, spürt es den Vorteil des sexuellen Vollzuges gegenüber der Latenz. Und mit diesem freigelassenen Geschlecht beginnt sein Weg in die eigene Person. Umgekehrt – wie es uns eingeredet wird, daß es geschehen müßte – führt der Weg weder zum befreiten Geschlecht noch zur eigenen Person. Die Person bleibt gefangen und wird zwischen fremden und eigenen Wünschen gehetzt und das Geschlecht bleibt ewig am Baum der Eltern hängen. Eltern erschrecken sich über diesen ungewöhnlichen Satz deswegen so, weil sie erstens ihre inzestuöse Begierde auf das Kind diesem selber eingestehen und weil sie zweitens dem Kinde mit dem Satz die Freilassung aus der Welt des latenten Inzests verbriefen sollen. Das gerade können Eltern nicht. Ihre Triebbalance hat sich auf den latenten Inzest eingependelt. Das zuzugeben, würde den latenten Inzest in die Gefahr des akuten Inzests rücken und schlimmer, würde die schwebende gegenseitige Triebkonzentration zwischen Eltern und Kindern durch die Übertragung der kindlichen Begierde auf andere Personen aufheben. Wäre ihre eigene Trieblage erfreulicher, könnten Eltern ungehindert sinnlich mit den Kindern umgehen, ohne die Verkleisterung der Beziehung mit dem latenten Inzest zu betreiben.

In einer öffentlichen Badeanstalt beobachtete ich einen indischen Vater, der minutenlang an dem Penis seines drei- bis vierjährigen Sohnes zog, streichelte und rieb. Dabei redete er mit seiner Frau und anderen Angehörigen der Gruppe und kümmerte sich sonst nicht um seinen Sohn. Die Penismassage geschah wie beiläufig. Zwischendurch kitzelte der Vater den Sohn mal hier, mal da, schäkerte ein Wort zu ihm hin und redete dann mit den Erwachsenen weiter. Als ich den Mann ansprach und fragte, warum er diese für europäisch-amerikanische Patriarchate ungewöhnliche Beschäftigung mit seinem Sohn betriebe, antwortete er, das machte er, damit der Penis des Sohnes schön und groß werden sollte. Der Spaß, den beide bei der Massage offensichtlich ganz unkompliziert genossen, hat nichts mit dem latenten Inzest unserer Gegenden zu tun. Der Vater ist davon überzeugt, daß durch das Ziehen und Streicheln der Penis besser wächst als ohne diese zärtliche Aufmerksamkeit. Zugleich befriedigt er sein Interesse am Geschlecht des Sohnes auf eine simple Weise. Dem Sohn geschieht dadurch dreifach Gutes: 1. Aufmerksamkeit, Kitzeln und die Garantie eines gutgewachsenen Gliedes. 2. Ihm wird der eigene Geschlechtssinn hervorgelockt, ohne daß der Vater ihn – dem Sohn und ihm selbst unbewußt – auf sich lenkt. 3. Zugleich wird die Sinnlichkeit gehätschelt und nicht in diese allen Wachstumsgesetzen zuwiderlaufende Tortur des Reizens und anschließenden Draufschlagens und Bestrafens gehetzt.

Dieses Beispiel hat Parabelkraft und könnte Eltern zeigen, wie sie es im übertragenen Sinne mit ihren Kindern halten sollten. Eltern dürfen das Geschlecht ihrer Kinder nicht auf eine noch so versteckte Weise *für* sich selbst benutzen. Sie müssen es hervorlocken und dürfen es mit ihrer eigenen Lust nur begleiten, die als Nebenerscheinung bei den Hervorlockungen sozusagen abfällt.

Die Mutter in der indischen Gruppe erzählte von einer Zeremonie, die die Ablösung von Mutter und Sohn gleichnishaft darstellt. Wenn ein Sohn geschlechtsreif wird, fastet seine Mutter einige Tage und geht dann zu dem Sohn, nimmt einen Apfel, ißt ihn aber nicht selbst, sondern gibt ihn dem Sohn. Die Geschichte zeigt, daß die Ablösung nicht das Kind zu leisten hat, sondern die *Eltern*. Die indische Mutter hält ihre Sinne für die künftige Zeit vom Sohn zurück – symbolisiert in ihrem Fasten. Mit der Frucht, die sie dringend für sich selber brauchte, ernährt sie dann den Sohn, bevor sie wieder ißt. Sie enthält sich und gibt ihn dadurch her. Die Ablösung, die im westlichen Patriarchat immer vom Kinde verlangt wird, kann diesem allein gar nicht gelingen. Die Bande zwischen ihm und seinen Eltern haben *diese* geknüpft und müssen deshalb von ihnen wieder gelöst werden.

Von dem Umgekehrten, der Ablösung des Kindes von den Eltern zu reden, ist ein Unsinn, wenn man sieht, wie viele Menschen in den Netzen des Geschlechts und der Moral ihrer Eltern verfangen bleiben und dadurch ihr ganzes Leben nicht zu sich selbst kommen.

Herr L. erzählte, daß es ihm nicht leicht gefallen sei, so mit seinem Sohn Norbert zu reden, sondern daß er mit roten Ohren und anfänglichem Stottern dagesessen hätte und der Sohn mit Ausrufen wie: »Na ja, oh so, hi hi!« verlegen auf seinem Stuhl herumgehopst sei. Die Entspannung des Verhältnisses zwischen Norbert und seinen Eltern sei dann aber wirklich sehr zugunsten des Sohnes in den nächsten Monaten und Jahren verlaufen. Herr L. gab zu, daß es schwierig sei, mit dem Sprengstoff einer pubertären Entwicklung eines Menschen in einer bürgerlichen Dreieinhalbzimmerwohnung umzugehen. Und doch hatte sie schließlich auch ihn und seine Frau beflügelt. Nicht nur Vertrauen, Schutz und Anteilnahme sind für die kindliche Entwicklung notwendig, sondern vor allem eigene unbeobachtete Räume. »Gebt ihnen Raum, Spielräume zu ihrer Entfaltung!« »Gebt ihr ihnen Räume zum Lieben?«, klopfte Helga Götze Eltern ab, wenn sie sich fortschrittlich und emanzipiert brüsteten[22]. Darauf kommt es an, obwohl das oft Schwierigkeiten mit sich bringen kann, die die Eltern nicht nur allein meistern können. Herr L. erzählte, wie Norbert eines Tages mit mehreren gleichaltrigen Kindern in seinem Zimmer probierte, was er allein schon kannte. Die Erlebnisse waren für einige der Kinder so aufregend, daß sie noch laut auf dem Treppenhaus davon redeten. Der Hauswirt hörte es und wurde bei Herrn L. vorstellig. Die berühmte Kuppeleimisere lebte noch einmal auf, obwohl es für die Familie L. keinen Skandal oder einen Wohnungshinauswurf gab. Herr L. berichtete, wie er Norbert nun mit diesen äußeren Schwierigkeiten einer Entwicklung vertraut machte, wie er jetzt den Sohn bat, daß die Eltern nicht für die unübliche Befreiung des Sohnes im familiären Innenbereich durch seine Unachtsamkeiten nach außen von der Gesellschaft verantwortlich gemacht werden dürften, weil sie das übliche Unterdrückungssoll dem Kinde gegenüber nicht leisteten. Er setzte Norbert in eine Verantwortung hinein, die der Sohn bei seinen neuen Erlebnissen nicht nur sich selbst, sondern umgekehrt auch den Eltern gegenüber hatte. Das stärkte den Jungen enorm. Herr L. erzählte, daß entweder kein zweites Gruppenereignis von den Ausmaßen des ersten stattgefun-

den oder der Sohn es so geschickt arrangiert habe, daß es nicht einmal die Eltern bemerkt hätten.
Mit großem Erstaunen sah Herr L. zwei Vorurteile zusammenbrechen, mit denen Eltern sich erfolgreich immer wieder gegen die sexuelle Freilassung ihrer Kinder wehren:
1. Sexuelle Praxis in so frühem Alter eröffnete Perversionen aus Übersättigung die Entwicklung und verhinderte alle Romantik sogenannter erster und deswegen »hoher« und »reiner« Liebe.
2. Die ausgeübte Sexualität der Jugendlichen beeinträchtigte ihre geistige Entwicklung, machte sie lernunwillig und leistungsgehemmt, selbstsüchtig und unverantwortlich.

1. Das Vorurteil der Übersättigung

An welche Perversionen gedacht wird, ist unklar. Nach der Definition der Perversität von Hans Giese ist nur das verkehrt, was gegen andere Menschen sich äußert. Nicht die Freilassung des kindlichen Triebes eröffnet Perversionen, sondern seine Gefangenschaft im latenten Inzest der Familie. Wenn Menschen ihr Leben lang an anderen Menschen herumreißen und -zerren, sie schlagen, zerstören, beschränken und behindern müssen, weil sie vergeblich gegen die Triebfänge ihrer Eltern ankämpfen, dabei aber nie die Originale ihrer Fesselung treffen, sondern unschuldige Dritte, zeigen sie, daß sie pervers geworden sind. Sie müssen bei ihrer versuchten Selbsterfüllung immer wieder anderen Menschen schaden, die Triebtäter sofort und direkt, die Öl-, Chemie- oder Automobilkonzernherrn und alle anderen wie ihre Produkte allmählich und indirekt.
Wenn bei dem Wort »Perversion« an Homosexualität gedacht wird, so erzählte dazu Herr L. aufschlußreiche Begebenheiten im Verhalten Norberts. Der Sohn bemerkte eines Tages ärgerlich, er sei doch nicht schwul. Auf die Frage seiner Mutter: »Wieso nicht?«, erzählte er, daß er immer von schwarzen Männern so angeglotzt werden würde, besonders Fremdarbeiter verfolgten ihn mit Blicken, wenn er in der Straßenbahn zur Schule führe, und neulich in der Bundesbahn hätte man ihn sogar angequatscht. »Wegen sexueller Sachen?« »Nein, nur so!« Die Mutter erwiderte, daß Norbert sich auch äußerst apart zurechtmachte: Lange hellblonde Haare und ritzenpralle Hosen! Wenn er keinen schwarzen Männern auffallen wollte, sollte er die

Haare scheren und die Hosen beuteln lassen. Es sei außerdem nicht klar, ob die Männer ihn als Jungen erkannt hätten. Auf dem Eisplatz war es passiert, daß Männer hinter Norbert herpfiffen, weil sie angenommen hatten, er wäre ein Mädchen. Auch bei anderen Gelegenheiten hatten sich Menschen auf den ersten Blick in der Geschlechtsbestimmung Norberts während dieser Entwicklungsphase geirrt. Die Mutter gab zu bedenken, Schönheit verpflichte auch, man müsse die Menschen nicht noch damit reizen. Es könnte aber umgekehrt sein, daß Norbert sich für schwarze Männer interessierte. Norbert gab das schließlich auch zu und erzählte ein Erlebnis, das der Mutter das Herz »in die Hose fallen ließ«. Norbert schwärmte für Neger. Und als ihn eines Tages einer mal in Englisch ansprach und Norbert sich freute, daß er sich ganz gut mit dem Fremden unterhalten konnte, ging er auf dessen Bude mit. Norbert beschwichtigte die Mutter, Neger seien besonders gutmütig und es sei ein Vorurteil, daß die Schwarzen böse wären. Es sei bei dem Neger auch gar nichts passiert. Sie hätten etwas getrunken und der Neger hätte von Amerika erzählt, warum er hier in Deutschland sei usw. Die Mutter lobte Norbert, daß er es so gut vorausgefühlt hätte, daß der Neger ihm nicht schaden würde. Aber ob es nicht noch besser gewesen wäre, die Leute erst zu sich nach Hause zu bringen. Aber Norbert wollte andere Menschen auch ohne elterliche Sicherheit kennenlernen und im übrigen mal etwas Spannendes erleben.

Die Doppelgleisigkeit von inneren Triebvorgängen und Erlebnisinteresse der Kinder einerseits und der Einschleifung mit Verabscheuungen und Vorurteilen andererseits wird an diesem Vorgang deutlich: Völlig abstrakt drückt die Gesellschaft in die Vorstellungen des Jugendlichen Abwehrstimmungen gegen etwas hinein, mit dem er sich gerade selbst aktiv auseinandersetzt und von dem er nicht einmal weiß, daß es unter dasselbe Wort »homosexuell« fällt, vor dem er sich zu schauern lernen soll. Norbert hatte sogar einen gleichaltrigen Freund, mit dem er sich manchmal in seinem Zimmer auszog, Verkleidungs- und Mann-Frau-Spiele trieb und mit ihm zusammen oder wechselseitig onanierte. Er hatte beruhigenden Spaß an etwas und wußte nur noch nicht, daß das mit dem ihn beunruhigenden Wort »homosexuell« beschrieben wird. Er lernte, daß »homosexuell« als ihm noch völlig unerklärter Begriff etwas Übles sein müsse.

Das Wort »Übersättigung« in dem ersten Vorurteil bemäntelt einen Irrtum von Eltern, die damit ihren Ekel und ihre eheliche Unlust treffen wollen und meinen, die überkäme auch das Kind. Es ist rührend, wenn sie ihm die Verkümmerung ihrer eigenen Sexualität ersparen wollen, aber sie vergessen, daß die in der Verschließung der ehelichen Verhältnisse ihren Grund hat und bei ihrer Wiedereröffnung wegfallen würde. »Übersättigung« gibt es schon beim elementaren Bedürfnis des Hungers nicht exakt. Leute, die dauernd essen und noch viel dazu, tun das meist mit Lust. Mit Ekel und Abscheu ißt niemand viel und häufig. Diese Stimmungen gibt es nur während der sogenannten ehelichen Pflicht im Bett. Sexualität wird lustlos abgeleistet, obwohl die Partner nicht der Funke eines Reizes mehr zueinander treibt. Aus einem Gemisch von Häufigkeit und Unlust der ehelichen Sexualität ist dieser nach allen anderen Seiten hin falsche Begriff der »Übersättigung« entstanden, der Jugendliche überhaupt nichts angeht, weil er sie nicht betrifft, denn entweder sie geben sich der Sexualität mit Lust hin oder sie unterlassen sie.
Zur Frage der »hohen«, ersten Liebe erzählte Herr L., daß sie seinen Sohn sehr wohl befallen habe und sie dadurch nicht gehindert worden wäre, daß Norbert mit faunischer Regelmäßigkeit schon lange vorher onanierte. Als Norbert dreizehn war, lernte er während eines Ferienaufenthaltes, den er mit seinen Eltern zusammen verbrachte, ein Mädchen von fünfzehn kennen. Er entflammte und hatte erste ausgedehnte intime Begegnungen. Er und das Mädchen waren jeder für den anderen die ersten, wenn man die vorherigen Hopsereien Norberts nicht mitrechnet. Sehr im Gegensatz zur Phase seiner wilden Erprobungen nach allen Seiten hin lebte er nach diesem Ferienaufenthalt nahezu mönchisch. Er konzentrierte sich nur auf dieses Mädchen, verzehrte sich und schrieb Briefe, besuchte es in den nächsten Herbst- und Weihnachtsferien, aber trieb es sonst mit niemandem. Wenn er von dem Mädchen sprach, so geschah das mit allen Anzeichen der Anbetung. Es war für ihn »die Schönste, die Allerschönste«. Für seine Mutter hatte er nur noch ein müdes Lächeln übrig und klopfte sogar seinem Vater eines Tages auf die Schulter, daß er ihn bedauere, mit so einer verheiratet zu sein, und daß er ihn nicht verstehen könne, wie seine Wahl auf seine Mutter überhaupt gefallen sei. Er hatte in diesem Moment längst vergessen, daß er noch vor einigen Jahren die Oktavianhymne für Sophie aus dem »Rosenkavalier«, »da sie doch immer die Schönste, die Allerschönste

sein wird«, seiner Mutter selbst dargebracht hatte. Das Exzentrische wechselte ganz von allein in das »Keusche« über. Der Trieb hat viele Facetten. Wenn man ihn freiläßt, schillert er in allen. Die romantische Liebe, das Kapitel der Sehnsucht und Inbrunst, ereignet sich auch auf dem Fundament einer frei entwickelten Lustfähigkeit. Sie kann sich mit all ihren großen und kleinen Erschütterungen lebendiger entfalten und gleitet nicht ab in Hysterien, mit denen Jugendliche ohne Triebsicherheit in ersten Lieben herumschwanken. Und sie kann auch schmerzloser beendet und ihr Ende besser überwunden werden. Die Liebe ist dann keine Kopie der ewigen Elternfixierungen und hängt den Menschen nicht unerfüllt ihr Leben lang vor ihrem geistigen Auge. Aber auch sie hängen ihr nicht ewig nach, wenn die Liebe voller Erfüllungen war und die Partner sich wieder voneinander entfernt haben. Sie klammern sich nicht an diese eine Seligkeit, die sie nicht mehr original zwischen denselben Personen wiederholen und dadurch nicht mit neuen Personen neu erstehen lassen können.

2. Das Vorurteil der geistigen Hemmung

Auch die Vorstellung, jugendlich ausgeübte Sexualität beeinträchtige die geistige Entwicklung, verhindere die allgemein menschliche Reifung zum sogenannten »sittlichen Wesen«, das Verantwortung für sich und andere übernehmen kann, ist ein Nebelgespinst. Die Entwicklung von Norbert L. verlief umgekehrt. Die schulischen Leistungen hielten sich um die Note »Gut«, obwohl Norbert nicht als jemand bezeichnet werden konnte, der angepaßt war. Einigen Lehrern gegenüber war er aufsässig, besonders bei denen, die ungerecht oder grundlos autoritär waren. Regelmäßig verteidigte er die Schwächeren gegen die Stärkeren. Da beide Eltern berufstätig waren, verwaltete er sich selbst und kochte sich zu essen. Er half dem Vater bei Reparaturen in der Wohnung und am Auto, ohne zu quängeln. Er bastelte und malte, spielte Gitarre, ging abends in einen Club für Arbeiter und Schüler, spielte in der Schule Theater und beteiligte sich aktiv an den schulpolitischen Auseinandersetzungen.

Herr M. bemerkte zu den Schilderungen des Herrn L., Norbert sei besonders früh entwickelt, sein Sohn Matthias sei eben noch nicht so weit. Herr M. verwechselte aber Ursache und Wirkung. Man muß seine Kinder weit bringen und das gelingt einem, indem man sie weit von sich wegwachsen läßt. Herr M. hielt seinen Sohn gerade durch die enorme Besorgnis zurück, mit der er ihn umgab. Die Natur kann alles Mögliche. Man sollte sich der originalen aristokratischen Zeiten erinnern, als der Adel sich noch nicht für die bürgerliche Regenbogenpresse verspießert hatte. Die jüngsten Geliebten der Margarethe von Valois, der Frau Heinrichs IV. von Frankreich, waren neun und elf Jahre alt. Von Dante bis Lord Byron liebten in ihrem Leben später hervorragend gewordene Leute ebenfalls um die zehn zum ersten Male. »Matthias ist noch zurück«, weil er zurückgehalten wurde. Die Volkssprache ist verräterisch. Von alleine unterläßt der Mensch das Wachsen nicht. Herr M. hatte seinen »väterlichen Uterus« um seinen Sohn so zugeschlossen, daß der nun nicht von selber aufbrach und schon alarmierende Unselbständigkeiten bei Matthias zur Folge hatte, wie nicht allein in die Schule gehen und die Schularbeiten nur im Beisein und unter Anleitung des Vaters machen zu wollen. Da hatten Vater und Sohn bis in die Nacht ständig Zeremonien, die aber für keinen von beiden recht lustvoll waren. Wenn ein Beamter um 17 Uhr nach Hause kommt und nun mit seinem Sohn stundenlang Schularbeiten machen muß, dann wird mit der Duldung dieses Ansinnens im Sohn die Tendenz zu Rücksichtslosigkeit und Unsolidarität geschürt und bestärkt. Der Vater kann sich weder erholen noch eigenen Interessen aktiv nachgehen noch sich mit Frau und Töchtern befassen. Der Sohn hat zwar den Vater für sich, aber wobei und wofür? Schularbeiten bringen für jedes Kind Unlust mit sich. Für Matthias kam noch der Eindruck hinzu, selber zu dämlich zu sein, sie allein machen zu können. Jede solche Hilfeleistung wird Matthias dem Kollektiv gegenüber unsicherer gemacht haben. Die Klassenkameraden hänseln ihn sowieso schon wegen seiner Zimperlichkeit. Er macht Fahrten nicht mit, ist unsportlich und spielt keinen Fußball ... Herr M. sträubte sich heftig dagegen, von allein mit dem Sohn über sexuelle Probleme zu sprechen. Aber damit gab er zu erkennen, daß er die inzestuöse Verquickung zwischen Vater und Sohn nicht stören wollte. Beide lebten in einer unbewußten Übereinstimmung. Der Sohn fühlte sich in der Vaterbeziehung latent sexuell gebettet, so daß er auf eigene Versuche ohne den Vater nicht erpicht war. Mehr konnte er zwischen sich und dem Vater nicht erreichen, das spürte er, also gab es für ihn keinen Grund, an die Sexualität zu rühren. Der Vater hätte die »psychische Fruchtblase« durch Aufklä-

rungsgespräche zerreißen können. Je später, um so schmerzlicher und irritierender wäre solch ein Gespräch geworden. Herr L. erzählte, daß sein großes Gespräch mit Norbert über den Inzest nicht die erste sogenannte Aufklärung war, sondern daß es eingebettet wurde in eine lange Reihe von Zwanglosigkeiten, die Sexualität als Tageserscheinung dem Sohne bewußt zu machen. Es gab nie so ein krampfhaftes »Komm mal her, mein Junge«, mit dem die meisten Väter Aufklärungsgespräche einleiten. Herr und Frau L. behandelten auch ihre intimen Probleme im Beisein des Sohnes, aber sie richteten es so ein, daß er sie nicht mit anhören mußte, sondern es nur *konnte*, wenn er es wollte. Sie behielten es sich zum Beispiel für den Nachtisch auf, wenn es sich beim Mittagessen ergab, darüber zu sprechen. Als kleiner Junge von sieben bis acht zeigte Norbert kein Interesse zuzuhören. Er stand auf oder verließ den Raum oder lenkte auf andere Dinge über. Später mit neun bis zehn blieb Norbert sitzen, wenn das Gespräch auf sexuelle Dinge kam, und noch später schaltete er sich in die Diskussion mit ein. Er tauschte mit dem Vater sogar Onaniepraktiken aus und erzählte, nachdem seine erste Liebe ein Jahr verflogen war, daraus einzelne sexuelle Vorgänge, wobei er sich selber in seiner Anfängertaprigkeit karikierte.
Aufklärung geschieht nicht durch eine Eröffnung von Fakten, sondern durch ein dauerndes unverschleiertes und unverfälschtes Vorleben der Eltern und durch freies Lebenlassen des Kindes. »Die von Freud empfohlene ›Aufklärung‹ hat nicht den Charakter der Mitteilung eines Wissens, sie hebt ein Verbot auf, das über dem Wissen liegt«[37] – erst recht über dem Tun. (Mannoni in Malson, Seite 239)
Norbert hatte sein Geschlecht ein für alle Male für sich. Nun konnten sexuelle Probleme überhaupt wahrgenommen, besprochen und gelöst werden. Bei allen Phasen der Entwicklung erwies es sich als enorm erleichternd für die Eltern L., ihrem Sohn auf seinem Wege zu sich selbst beizustehen, daß sie von den wesentlichen Ereignissen seiner Entwicklung wußten. Er erzählte freimütig von sogenannten Unanständigkeiten. Die Eltern lachten noch über die dreistesten Gruppensexszenen während einer Klassenfahrt und konnten bei aller Freilassung doch immer noch lenken, besänftigen und raten. Norbert zeigte dann mit Fünfzehn sogar eine väterliche Gelassenheit gegenüber der Sexualität und sagte: »Geistige Dinge sind ja zum großen Teil viel spannender.« Er begann sich mit existentiellen Problemen auseinanderzusetzen und las philosophische Bücher. Er litt nicht

unter dem sonst so verbreiteten Pubertätsdösen Jugendlicher, weil angeblich sein Geschlecht in ihm tigerte, so wie es das an der Sexualität immer noch verstockte Zeitalter meint, daß es naturzwangsläufig in Jugendlichen geschehen müßte. Erst wenn der Sexus im Käfig von Vorurteilen gefangen wird, rast er. Und wenn ihm noch die nassen Tücher des latenten Inzests umgeworfen werden, überschlägt er sich. Dann erst gerät der Geist in den Nebel, so daß er dem Menschen zur Gewalttat mit Pistolen oder mit Bilanzen die Hand führt.

Eltern sollten den Satz: »Wir würden gerne mit dir schlafen ...« als Rorschach-Test ihrer inzestuösen Verstrickung mit ihren Kindern verwenden. Wenn sie ihn mit allen Konsequenzen sagen können, zeigen sie dem Kinde, daß sie den Nebel des latenten Inzests von ihm reißen wollen.

III Die Kultur der elterlichen Gewalt

1. Das Böse zwischen Heim und Elternhaus

In dem Beispiel der Familie L. treten die zwei Merkmale hervor, die an der elterlichen Erziehung gelobt und die in anderen Aufzuchtsmodellen vermißt werden. Es ist das Merkmal der Dauerhaftigkeit der Beziehung und das Merkmal der reichen Affektzufuhr. Die Eltern L. begleiten das Leben ihres Sohnes und besonders seine sexuelle Entwicklung über einen langen Zeitraum, und sie verwenden innige, personell gezielte, unverwechselbare Anteilnahme auf alle seine Angelegenheiten. Sie interessieren sich nicht mit gleicher Heftigkeit für den Sohn von Herrn M., raten höchstens dies, das und jenes, aber schreiten nicht zur Tat, erregen sich nicht, wenn Herr M. ihnen nicht folgt, und sprechen zu sich selbst die Begründung, die schon fast zum Sprichwort geworden ist: »Es ist ja nicht mein Kind, was kümmert es mich!«

Die Merkmale Kontinuität und Affektreichtum bei der Kinderaufzucht, die gleichgesetzt werden mit Glück und Segen im Elternaus, fehlen in der Regel in den öffentlichen Unterbringungsstätten. Kinderheime oder Waisenhäuser kennen sie nicht. Dort herrschen zwar keine personellen Druckverhältnisse in immer denselben Beziehungsmustern wie in der Familie, aber das Einerlei der Beschäftigung mit Kindern, die beliebige Auswechselbarkeit der betreuenden Personen, die Amtlichkeit der Verhältnisse, die autoritäre Fremdheit, die Unfestigkeit der kindlichen Position, die Austauschbarkeit seines Platzes innerhalb des Heimes oder von Heim zu Heim, all diese Beziehungslosigkeit provoziert beim Kinde böses Verhalten, das dem Verhalten der in den Familien aufgewachsenen Kinder sehr ähnlich ist, auch wenn es sich über ganz andere Entwicklungswege festsetzt. Über diese Schäden ist reichhaltig geforscht worden.

René Spitz' Untersuchungen unter seinem schon klassisch gewordenen Begriff des »Hospitalismus« sind bahnbrechend gewesen[67, 68]. Gemeint sind damit die Heimschäden an Menschen, die vom Kleinkindalter an in Waisenhäusern untergebracht waren.

Das übliche Heim ist eine Strafe für Menschen, die selbst meist nichts anderes getan haben, als in einem Vorgang auf die Welt gekommen zu sein, den die Gesellschaft mißbilligt. Dieser Vorgang der Unehelichkeit selbst soll gesühnt werden, noch allgemeiner, der Zustand der Elternlosigkeit, gleichgültig ob die Eltern das Kind verstoßen oder ob das Kind seine Eltern durch Unglück verloren hat. Unfreundlichkeit der ganzen Anstaltslage, Unpersönlichkeit der Erzieher und Rigorosität des Betreuungsablaufes dienen der Abschreckung. Wer elternlos ist, wird bestraft. Das Patriarchat braucht für seine Übereinanderschichtung der Menschen einen Bodensatz, auf den jeder herabgucken soll. In den Heimen wird ein »Lumpenproletariat« absichtlich herangezogen – wie Alfred Lorenzer schreibt, Verwahrlosung hat »systemstabilisierende Funktion«[35] (Seite 146). Das Böse in der übersichtlichen Form der Kriminalität, auf die sich alle stürzen können, muß sein, um für die Fremd- und Selbstschädigungstendenzen der Menschen generelle und gemeinsame Affektkonzentrate wie Müllabladeplätze bereitzuhalten. Eine Erziehungsstätte, die so offensichtlich böswillig lieblos eingerichtet wird, *soll* böse Menschen hervorrufen. Wenn die Gesellschaft es wollte, könnte sie den gegenwärtig 130 000 deutschen Heimkindern Aufwachsensbedingungen der israelischen Kibbuzim oder des Neillschen Internates schaffen. Aber das Böse soll ganz simpel faßbar gemacht werden. Dazu eignet sich das Heim besonders gut, weil man es in negativen Gegensatz zum Elternhaus stellen kann, das mit dem Schatten des Heimes alles Gute gepachtet zu haben scheint. Dieser Umkehrschluß, der bei den Diskussionen über Hospitalismus immer unter dem Gemeinplatz

»das schlechteste Elternhaus ist immer noch besser als das beste Heim« mitschwingt, ist falsch. Der Satz ist von Eltern für Eltern gesprochen worden. Das bekam ich in der heftigen Reaktion von Eltern zu spüren, als ich in einer Fernsehdiskussion über dieses Thema sagte: Über die Schäden, die im Patriarchat unterdrückte Frauen in der totalen Mutter-Kind-Beziehung dem Menschen verschaffen, ist noch nicht gebührend geschrieben und gesprochen worden. Die sofort von den Studiorängen, durchs Telefon und später durch Briefe geäußerten Empörungen zündeten in mir wesentliche Gedanken für dieses Buch. Mit Trauer stellte ich fest, daß alle Reaktionen aus der Perspektive der Eltern formuliert worden waren. Niemand der sich Entrüstenden bemerkte, daß diese Sätze damals für *jeden* Menschen gesprochen waren, denn jeder ist ein Kind und bleibt sein Leben lang Kind im Sinne der Geformtheit und Gemachtheit, der unwiderruflichen Bestimmtheit durch seine Eltern. Vater oder Mutter ist der Mensch viel kürzere Zeit. Die Phase der Konstitutionsbeeinflussung des menschlichen Charakters durch die Eltern beläuft sich um zehn bis zwanzig Jahre.

Auch dieses Buch richtet sich nicht gegen Menschen als Mütter und Väter, aber sehr wohl gegen die Institution »Eltern«, wie sie im Patriarchat bisher geläufig ist. Wenn die in dieser Institution handelnden Menschen sich mehr als Kind fühlen würden, hätten sie mit *ihrem* Kind mehr Mitgefühl. Sie würden sich mit ihm verschwistern und es bitten, daß sie gemeinsam mit ihm nicht nur sein neues Leben aufbauen, sondern in Wechselwirkung der Erziehung »Teufelsaustreibung« probierten, das heißt die Aufhebung der noch anhaltenden seelischen Umklammerung durch ihre eigenen Eltern versuchten. Sie würden sich nicht groß-, sondern kleinmachen, als ob sie beginnen, selbst noch einmal von vorne zu wachsen, diesmal ohne Gewaltverhältnisse, so als würde ihnen körperlich ein zweites Leben zuteil, das ihnen Religionen nur mit Engeln und mit Geistern versprechen können. Aber solche durch das Kind einmalig eröffnete Erlösungschance wird nicht wahrgenommen. Eltern sind sosehr die Schatten ihrer eigenen Eltern, daß sie sich aus Verzweiflung darüber aus ihrer Kindheit weglügen müssen, der sie in Wirklichkeit dadurch niemals entwachsen. Die einzige Schuld der Menschen ist, wenn sie zu Eltern geworden sind, daß sie ihr Kindgewesensein vergessen, vor allem ihr Kind*gebliebensein* verdrängen und an ihren Kindern das Gleiche vollziehen, was ihnen durch ihre Eltern angetan worden ist.

Der folgende Fall ereignet sich täglich abgewandelt und gemildert millionenhaft: das Mädchen Petra ist technische Zeichnerin, neunzehn Jahre alt, lebt in einer mittelgroßen Stadt bei seinen Eltern mit drei Schwestern. Als Achtzehnjährige mußte sie bei der Schulabschlußfeier schon um 20 Uhr zu Hause sein. Generell muß sie nach Feierabend sofort heimkommen, darf nirgendwohin ausgehen und bekommt von den Eltern Schwierigkeiten gemacht, wenn sie an einem achttägigen Berufsschulseminar teilnehmen will. Sonnabends erlauben die Eltern der Tochter, der Wohnung bis 21 Uhr fernzubleiben. Die einundzwanzigjährige Schwester Petras darf bis 23 Uhr sonnabends ausgehen. Ab und zu prügelt der Vater auf seine Töchter ein, besonders dann, wenn sie sich auf die Seite der Mutter stellen. Die Töchter müssen ihr Geld zu Hause abliefern, Petra bekommt pro Monat davon 50 DM als Taschengeld und für Kleider von ihren Eltern ausgezahlt, die den Rest für den Haushalt verwenden.
Das Geschlecht, der Wille, das Geld und – wenn überhaupt noch etwas davon da ist – der Geist der Töchter sollen bei der Stange der Eltern bleiben. Und wie machten es die Eltern selber? Sie »mußten« heiraten, als der Vater achtzehn und die Mutter sechzehn waren. Ihre eigenen Eltern hatten sie geschlagen, geschubst und gehalten, daß sie sich ihnen frühzeitig zu entreißen versuchten. Nun dachten sie, ihren Eltern entronnen zu sein, die ihnen höhnisch aus den eigenen, sie kopierenden Verhaltensweisen wieder entgegengrinsen. Eltern mit zerstörter Kindheit halten das Böse nicht auf, sondern leiten es weiter. Nicht eine Erbsünde verfolgt uns von Geschlecht zu Geschlecht, der wir passiv ausgeliefert wären, sondern der Mensch verfolgt seine Nachgeborenen mit der *Ver*erbungssünde, seine Verzweiflungen und Beschädigungen, seine Wut und seinen Haß nie bei sich in seinem Leben aufzuhalten, sondern sie prompt und gründlich an seine Kinder weiterzuleiten.

Von der absichtlich eingerichteten Schlechtigkeit der Hospitäler, Kinderhäuser, Heime und Internate auf die existenzielle Güte der Elternhäuser zurückzuschließen, ist eine Täuschung. Beide Aufzuchtsstätten stellen böses Verhalten her. »Im Heim und in den Elternbeziehungen (werden) die fundamentalen Wurzeln des Charakters« (gelegt)[53]. (Glueck, zitiert in Rattner Seite 130) Janusz Korczak vergleicht beide Erziehungsmodelle treffend miteinander. Das Internat sieht er als »Gefängnis-*Kaserne*« und die »Familie, in der sich die Kinder von heute eingesperrt fühlen«, als »Gefängnis-*Zelle*«[27] (Seite 151). In den Kasernen leben in Deutschland 130 000 Kinder, in den Zellen aber Millionen. Es ist deshalb ziemlich unwesentlich, dauernd nur die Heimbedingungen als Ausnahme der Entstehung des Bösen zu untersuchen, viel wichtiger ist es, die regelmäßige Herstellung des Bösen in den Elternhäusern zu beleuchten.

Die in der Familie angetroffenen Merkmale der Kontinuität der Verhältnisse und der reichen Affektzufuhr sagen allein nichts über die positiven oder negativen Aufwachsensbedingungen dort aus. Sie sind grundsätzliche Voraussetzungen, ohne die die Beschäftigung mit Kindern nicht zu denken ist. Weil die Gesellschaft die Menschen in Ehe und Familie – in lebenslänglich anhaltenden Dauerbeziehungen – organisiert sehen will, fällt das Merkmal der Kontinuität der Beziehung mit Kindern nebenbei ab. Die Kontinuität des familiären Zusammenseins ist aber aus ganz anderen Gründen eingerichtet worden, als aus dem der Kindererziehung. Die Familie war eine ökonomische Einheit, noch in der Form der Großfamilie oder Sippe, um ihre Mitglieder zur gemeinsamen Bewältigung der Ernährung aller beieinander zu halten. Sie ist erst viel später eine sogenannte sittliche Einheit geworden. Jetzt im Nachhinein wird so getan, als ob das kontinuierliche Zusammenleben der Ehepartner in der Familie wirklich, wie es in den Familien- und Ehegesetzen heißt, zum Schutze des Kindes gedacht ist. Zum Schutze des Kindes gibt es im Patriarchat nichts, vergleichbar einem Grundrecht auf unbelästigtes Aufwachsen. Es gibt nur ein Grundrecht der Ehe und Familie. »Unter dem besonderen Schutz der staatlichen Ordnung« stehen nur »der Wille des Erziehungsberechtigten«, allgemein das »natürliche Recht der Eltern« auf »Pflege und Erziehung der Kinder« (Artikel 6 des Deutschen Grundgesetzes). Auch die bürgerlichen Gesetze schützen eindeutig die Eltern vor dem Kinde und sogar gegen es, wie es im Deutschen Familienrecht ausdrücklich festgehalten worden ist. Im angeblichen »Jahrhundert des Kindes«[25], das mit dem 20. angebrochen sein soll, schämt sich eine Gesellschaft nicht, das Wort »Gewalt« immer noch zu gebrauchen, wenn sie vorgibt, etwas für die Kinder rechtlich zu regeln. Das Wort zeigt ganz deutlich, daß die Gesellschaft etwas für die *Eltern* regelt. Gewalt ist ein Zustand, der den Eltern hilft, und nicht den Kindern. Im Paragraphen 1626 des Deutschen Bürgerlichen Gesetzbuches heißt es: »Das Kind steht, solange es minderjährig ist, unter der elterlichen Gewalt des Vaters und der Mutter.« Im Paragraphen 1632 verrät der Gesetzestext, wie das Kind von der Gesellschaft als Sache behandelt wird, die den Eltern als Eigentum gehört: »Die Sorge für die Person des Kindes umfaßt das Recht, die Herausgabe des Kindes von jedem zu verlangen, der es den Eltern widerrechtlich vorenthält.«

2. *Die Strapaze der familiären Affektlage*

Die Merkmale Kontinuität und Affektzufuhr sind selbst keine positiven Werte, sie müssen erst mit solchen gefüllt werden, wie im Beispiel der Eltern L., die Geist und Geschlecht ihres Kindes gegen gesellschaftliche Gängelungsmuster und Verbotsnormen nach allen Seiten hin freiließen. Die Merkmale sind nur ein Gefäß, in das Honig oder Gifte geschüttet werden können. Nach dem zu urteilen, wie der Mensch in seinen Elternhäusern zum Bösen dressiert wird, ist in den noch so funkelnd beständigen Gefäßen böses Material enthalten.

Es kommt darauf an, unter welche Affekte das Kind gesetzt und in welcher Kontinuität es leben muß. Es kann wie in Richters Beispiel eines Mädchens genau umgekehrt sein. Die Affekte, die das Kind kontinuierlich zu Hause erfuhr, machten es böse, und die Affekte, die ihm in einem modernen Heim entgegengebracht wurden, besänftigten es wieder.

Gisela B. ist die Tochter einer Querulantin, die überall anecken will. Sie wünscht von ihrer Tochter, daß auch sie der Umwelt ans Schienbein tritt. Die Tochter kam den Wünschen der Mutter erst nach ihrem dritten Lebensjahre nach, weil sie, irritiert durch die Geburt einer Schwester, die Mutter weiter für sich behalten wollte. Bis zu ihrem dritten Lebensjahr war Gisela ein »phlegmatisches, gutmütiges« Kind[57] (Seite 162). Erst vom Zeitpunkt der Geburt ihrer Schwester wurde sie aggressiv. Jetzt mußte sie die Mutter imitieren, wollte sie weiter in ihrer Gunst stehen. Die Imitation des Kindes wirkte sich für es katastrophal aus, als es sich im Kollektiv gleichaltriger Kinder verhalten wollte. Drückte sich die Mutter nur mit allgemeiner Muffigkeit und wörtlicher Patzigkeit gegen ihre Umwelt aus, so nahmen die zwanghaften Verhaltensweisen der Tochter vorkriminelle Äußerungen an. »Als Gisela mit sieben Jahren wegen einer Hilus-Tbc in eine Klinik kam, war sie hier bald der Schrecken der Schwestern und der anderen Kinder ... Sie aß anderen Kindern Lebensmittel weg, zerstörte ohne greifbaren Anlaß fremdes Spielzeug oder drehte Knöpfe von den Kitteln ab. Sie entwendete den Krankenschwestern Streichhölzer, veranstaltete im Krankenzimmer Feuerwerk und urinierte gänzlich ungeniert auf der Liegeterrasse in die Regenrinne«[57] (Seite 163).

Jedes Kind ist noch naiv. Es kopiert Tendenzen der Eltern und gestaltet daraus sein eigenes *ganzes* Benehmen. In Giselas Verhalten geschah eine erneute Wandlung, als sie zwischen ihrem siebenten und ihrem achten Lebensjahr von der Mutter getrennt ein Jahr in einer Lungen-Kinderheilstätte verbringen mußte. »Dort gab es erwartungsgemäß zunächst erneut Einordnungsschwierigkeiten. Allmählich begann das Mädchen indessen, unter einer sehr verständnisvollen ärztlichen und pflegerischen Betreuung, ihre negativistische Resistenz abzubauen. Sie fing an, in einem Eckchen für sich zu spielen und zu basteln. Es wurde dabei sorgsam darauf geachtet, daß die kleinen Mitpatienten Rücksicht auf ihre besonders reizbare Art nahmen. Im Laufe der Zeit lockerte sich ihre Kontaktstörung sogar so weit auf, daß sie in die Kindergemeinschaft Eingang fand ... Sie wurde innerhalb der Gruppe eine beliebte Spielgefährtin. Wenn sie auch lieber allein bastelte, so gewöhnte sie sich allmählich daran, auch den anderen beim Basteln zu helfen. Nach einem Jahr Trennung von den Eltern hatte sich ihre dissoziale Verhaltensstörung jedenfalls fast völlig zurückgebildet«[57] (Seite 164).

Wie sehr Gisela die Einübung ihres Verhaltens in der Balance mit dem Verhalten des Kollektivs Gleichaltriger genoß, sieht man daran, daß sie im »Sanatorium nie Heimweh gezeigt hatte«. Aus diesem Beispiel ergibt sich, daß die Gleichsetzung von Affektzufuhr und Kontinuität mit positiver Stimmung im Elternhaus falsch ist. Sogar umgekehrt erwies sich, daß Gisela die kontinuierliche Affektlage des Sanatoriumkollektivs gut bekam, während zu Hause die alte Beeinflussung wieder auflebte, die Mutter sich über das »susige« Betragen ihrer Tochter ärgerte und an ihr erneut herumzunörgeln begann.

Es kommt nicht darauf an, nach diesem Beispiel die Gleichung umkehren zu wollen: Elternhaus = schlecht und Heim = gut. Es geht um die Schäden, die im Elternhaus zugefügt werden, vor allem um die Korrektur von Idyllevorstellungen, die sich mit diesem Wort verbinden. Die Begriffe »Familie« und »Elternhaus« sind in der patriarchalischen Gesellschaft für sich genommen schon gleichbedeutend mit dem Wort »gut«. Das Schlechte, das aus Häusern und Wohnungen dringt, entschuldigt sich immer nur als Ausnahme. Es erweist sich bei näherem Hinsehen, daß sogar die Begründungen für die Pauschalgleichung »Familie = gut« Entdeckungen freilegen, die das Umgekehrte als Regel zutage fördern, so sehr auch alle überkommenen Vorstellungen dem zu widersprechen scheinen.

Daß die elterlichen Affekte ein Bündel unkontrollierter Gefühle sind, die auf das Kind blind einherwirken, ist schon an vielen Stellen hier besprochen worden.

Die Eltern sind heimliche Partner des Kindes. Welche Perspektive man auch wählt, die sexuelle oder die »allgemein menschliche«, so sind alle Affekte von Eltern, die meinen – oder es wollen –, das Kind sei ihr Partner, dem Kinde unbekömmlich. Partnerschaft setzt Gegenseitigkeit im Geben und Nehmen voraus. Das Kind kann aber den Eltern nichts geben. Eltern haben unter dieser offenen oder heimlichen Voraussetzung der Partnerschaft zwischen sich und ihrem Kinde immer unrecht. Die Affekte, die sie dem Kinde geben, sind die falschen.

Erziehung bedeutet Einübung des neuen Lebens. Wie es das Sanatoriumbeispiel gezeigt hat, ist dazu für das Kind die Erkenntnis der Wechselwirksamkeit seines eigenen Verhaltens mit dem des Kollektivs Gleichaltriger notwendig. Und dafür dürfen Kinder weder als Gewährende und Gebende noch als Fordernde und Nehmende ausgebildet werden. Das Kind bedarf nur des Bewußtseins seiner Relativität. Niemals erhält es das, wenn es sein anfängliches Leben als Partner der Eltern üben muß. Denn diese Partnerschaft ist nicht offiziell. Bewußt wird das Verhältnis als ein von den Eltern her einseitig gebendes dargestellt. Unbewußt fordern die Eltern vom Kinde aber Partnerschaft. Das Kind muß eine Rolle spielen, für die es keine Zeit bekommt, sie richtig zu lernen. Indem die Eltern von dem Kinde heimlich Partnerschaft verlangen, hetzen sie es in eine Ernsthaftigkeit des Lebens, als ob ein Schauspieler eine Aufführung bestehen soll, für die er nicht einmal den Text seines Parts kennt. Partnerschaft setzt immer Erwachsenheit voraus, und die muß lange ohne Ernst eines Aufführungsstreß' geübt werden dürfen. Kollektivbewußtsein und Gerechtigkeitssinn hat schon das Kind[46]. Wenn man Kinderfreundschaften betrachtet, so leben sie unter diesen Gesetzen, noch nicht unter dem der Partnerschaft, das die Verantwortung der

Gegenseitigkeit kennt. Der Mensch verhält sich in seinem späteren Leben, besonders in seinen Liebesverhältnissen, prinzipiell verantwortungslos, wenn er nicht gerade unter die Kontrolle einer Gegenseitigkeit wie in Ehe und Arbeitsverhältnis gestellt wird. Er kennt die Gegenleistung nur als Zwang und unter Kontrolle seiner Eltern und wächst dadurch nie in eine freiwillige, erwachsene Verantwortlichkeit gegenüber dem Leben hinein. Eltern bringen dem Kinde keine Verantwortung für es selbst und keine für andere Menschen bei, weil sie es ständig nur unter den Druck einer viel zu frühen Verantwortung der Gegenleistung für *sie* stellen.

Das Kind übersieht niemals genau die Gefühlssituation der Eltern. Es kann nicht wissen, wie es die Gegenseitigkeit gestalten soll. Es kann es daher den Eltern nie recht machen, die immer mit einem Rest Forderung an Gegenseitigkeit einen Flunsch auf die Lippen ziehen können, ohne daß das Kind existenziell begreift, worin es nicht genügend gegengeleistet hat. Wie in der Hase-und-Igel-Geschichte hetzt es als Hase zwischen seinen Eltern hin und her, die mit ihrer Liebe, ihren Gaben, ihrer Güte, ihrer Pflege, ihrer Sorge, ihrer Verantwortung, ihrer Hingabe, ihrer Mühe, ihrer Aufopferung, ihrer Arbeit immer schon vorleistend da sind. Das Kind kommt mit seinen Leistungen nie nach und bricht oft unter der Hetze der Schuldgefühle zusammen, die ihm aus den Blicken der vorleistenden Eltern nachgejagt werden.

Daß Eltern ihr Verhältnis zu Kindern als ein partnerschaftliches mit Leistungs-Gegenleistungszwang ansehen, kommt nicht täglich und nicht in allen Verhältnissen deutlich zum Ausdruck. In sogenannten kritischen Augenblicken verraten sich Eltern aber zwangsläufig mit Sätzen: »Was wir für dich getan haben!« »Das Haus haben wir nur für unseren Sohn gebaut«, sagte die Fleischersfrau im Lehrlingsfall, dem Anfangsbeispiel in Teil A. Das heißt für diese Eltern ganz einfach: Dafür soll der Sohn auch Fleischer werden! Im Falle Bartschs wurde das Kind zu diesem Zwecke adoptiert.

In Millionen Fällen werden Kinder dafür gezeugt und geboren, daß sie etwas Bestimmtes sollen. Es beginnt schon ganz einfach mit der Geschlechtswünscherei: »Was soll es denn werden?« »Ein Junge oder ein Mädchen?« Wie viele Menschen quälen sich in einem zwanghaften Hermaphroditismus: sie sind geboren als ein Geschlecht, als das sie nicht gewünscht waren und werden aus Enttäuschung der Eltern oder auch aus Rache unbewußt weiter als das Geschlecht vorausgesetzt, das sie sein sollten, aber das sie nicht geworden sind. Diese Situation ist nicht zu verwechseln mit einer freien Entfaltung zur Bisexualität. Die Menschen leiden darunter, daß sie in zwei Rollen gleichzeitig gepreßt werden. Bewußt wird ihnen die Rolle beigebracht, die zu ihrem Körper paßt, unbewußt flößen die Eltern ihnen aber zugleich die Rolle ein, die zu dem Geschlecht gehört hätte, das sie sich für das Kind gewünscht haben: »Weibischer Mann«, »Tunte«, »Mannweib«, »kesser Vater« sind dann Abqualifizierungen von Menschen, denen man nicht ansieht, daß sie durch Albernheiten ihrer Eltern von einem Identitätskollaps zum anderen gehetzt werden. Für alles, was nach Zwitter riecht, hat das Patriarchat nichts übrig. Wieder zeigt sich, daß Eltern etwas an ihren Kindern hervorrufen, womit diese, in die Gesellschaft geschickt, ständig existenziell bedroht werden. Niemals werden Eltern für das zur Rechenschaft gezogen, was sie produzieren. In den Stuben können sie mit ihren Kindern machen, was sie wollen. Ob sie Mörder oder psychische Zwitter oder was sonst noch produzieren, ist der Gesellschaft ganz egal. Sie schlägt immer erst auf die Opfer des Bösen ein. Mörder kommen in Anstalten, auf alles sonst Abweichende wird mit dem Finger gezeigt.

Das kindliche Leben ist überhaupt nicht davon wegzudenken, daß es etwas *soll*. Es muß nicht immer etwas so Handfestes sein wie die Nachfolge in einem elterlichen Betriebe. Die ideellen Sollensbestimmungen sind für das Kind noch schlimmer, weil es dabei nur verschwommen weiß, womit es gegenzuleisten hat. Der Vater von Gerda S., der Schauspielerin, wollte seine Tochter als Krankenschwester sehen. Adelheid Z. wollte in den qualvollen Jahren ihren Sohn Anton als strahlenden Herrensohn aufwachsen lassen, der kräftiger, schöner, klüger als der Student werden sollte, damit sie heimlich sagen konnte: »Ich bin nicht mehr auf dich angewiesen. Ich habe einen viel besseren Jungen als dich und der gehört mir ewig.« Und der Oberst in dem Roman »Die Parade« wollte seinen Sohn Ferdinand kernig – mannhaft haben.

Generell sollen Kinder mit Abhängigkeit und Gefügigkeit für ihre Ernährung und Aufzucht gegenleisten wie der Arbeiter mit seiner Arbeitskraft für den Lohn. Wie er sich verkaufen muß mit seiner ganzen Existenz – denn sie wird von seinem Arbeitsalltag vollständig geprägt –, so muß auch das Kind mit seinem ganzen Leben zahlen. Mit Familienfortsetzungs-, Ähnlichkeits- und Stammbaumschwülstigkeiten wird die existenzielle Bedrohung garniert: »Werde, wie wir es wollen!«

Die Eltern brauchen auf niemanden Rücksicht zu nehmen. Das Kind hat keine Gewerkschaften. Irren- und Strafanstalten haben Hausordnungen und kennen Beschwerdewege. Die Insassen haben spärliche Möglichkeiten, ihre Leiden in die Öffentlichkeit dringen zu lassen. Das Kind hat nichts. Kein Nachbar, keine Vormundschaftsgerichtsperson und keine Fürsorgefrau kann ihm helfen, sofern es nicht vor aller Öffentlichkeit zum Krüppel geschlagen wird. Wenn das Kind nicht zu Hause wohnen will, wenn ihm die physische Nähe der Eltern unerträglich wird, weil es zwischen ihm und ihnen keine seelische Verbindung gibt, wenn sich Affekte kübelweise über es stürzen, die keine Schramme hinterlassen, aber die die kindliche Seele so bedrohen, daß die Qualen des Wachsens furchtbar werden, gibt es keine Möglichkeit für das Kind, frei zu entscheiden: »Ich will nicht mehr dort, sondern woanders sein.« Wachsen muß es. Wenn das Musterverhalten der Eltern es einbetonieren soll, kann es nicht ausweichen.

Eltern sind mit den Abrechnungen meist nicht zimperlich, wenn das Kind mit seiner Gegenleistung der Abhängigkeit und Auslieferung in Verzug ist. Sie führen nicht immer so genau Buch wie es die Eltern im Falle des Rudi K. taten. Als Rudi ähnlich wie der Fleischerlehrling sich mit neunzehn Jahren eine Freundin nahm, »was die Eltern gar nicht gerne sehen«, er mit der Freundin Fahrten machte und nachts wegblieb und zu allem noch dazu etwas anderes studieren wollte, als die Eltern »für ihn« für sich ausgedacht hatten, gab es schließlich einen Termin. Der Vater ist medizinischer Professor, hat drei Häuser und rechnete während der Aussprache dem Rudi vor, daß er 10 000 DM für ihn im Laufe seines Lebens an Sonderausgaben bezahlt hätte. Die 300 DM, die Rudi zu Weihnachten für eine Reise bekommen sollte, müßten ihm nun wegen seines ungehörigen Verhaltens verweigert werden. Das Studium des Sohnes werde der Vater nicht bezahlen. Als Grund gab er dafür an: Rudi wollte nicht mehr bei den Eltern wohnen, sondern zu seiner Freundin in eine Wohngemeinschaft ziehen. Die Eltern drohten, ihn aus dieser Wohnung mit Polizeigewalt wieder zurückzuholen. Rudi kündigte an, daß er heimlich verschwinden würde, wenn sie ihm Scherereien machten und ihm die Polizei nachschickten. Gegen den Willen und ohne die Spenden der Eltern fuhr er über Weihnachten nach Italien.

Der Sohn hatte protestiert, sich durchgesetzt und nicht klein beigegeben. Stark und stolz fuhr er mit seiner Freundin und noch einem Paar nach Italien. Aber seine innere Balance war erschüttert. Sein Leben von klein auf war auf Gegenleistungen mit Gefügigkeit eingestellt. Wenn er sich auch plötzlich als stark gab und protzte, daß es für ihn keine Schuld gegen seine Eltern gäbe, so kalkulierte er die Prozesse in seiner Seele nicht mit ein. Die Gegenleistungsforderungen verlegten sich nach innen. Die Stirnesrunzeln, Zornesaugen, Fingerzeige betätigte jetzt sein Über-Ich und setzte zum Strafgericht ein. Die Freundin fuhr das Auto nach einem Gasthausaufenthalt in einen Unfall, an dem sie wegen Trunkenheit am Steuer schuld war. Rudi wurde von allen Insassen am schwersten verletzt. Ein Auge wurde ihm um Millimeterabstand fast herausgeschlagen. Knochenbrüche, Gehirnerschütterung, Krankenhaus, Auto kaputt, Italienreise geplatzt. Die Eltern hatten es gleich gesagt, die Freundin brächte ihren Sohn noch an den Rand des Grabes. Eltern haben immer recht!

Diese Folge von Selbstschädigungen wegen nicht vollbrachter Gegenleistung an die Eltern ist bei Kindern besonders häufig. Aus der verweigerten Schuld, weiterhin mit Abhängigkeitshandlungen zu zahlen, verlebendigt sich das Schuld*gefühl*, das andere Zahlungen verlangt. Sie sind nicht immer so eklatante Selbstschädigungen wie ein Unfall. Es gibt die zahllosen unblutigen, wenn Kindern nicht gelingt, was sie gegen den Willen ihrer Eltern für sich durchsetzen wollten. »Aha, ätsch und siehste!« – brauchen Eltern nicht mal mehr zu sagen oder zu blicken. »Die Strafe folgt auf dem Fuße«, denken sie nur noch bei sich.

Kinder können wohl noch manchmal gegen die Eltern rebellieren, nicht aber gegen das in sie hineingewachsene Über-Ich, die lebenslängliche Repräsentanz der Eltern *im* Kinde.

Die Freudsche Konstruktion der seelischen Zusammensetzung des Menschen aus Ich, Es und Über-Ich ist eine geniale Entdeckung. Dieses Muster hat ununterbrochene Gültigkeit, solange der Mensch in Familien aufwächst. Mit diesem Muster wird seit Jahrzehnten in vollkommener Selbstverständlichkeit wissenschaftlich gearbeitet. Der Sachverhalt, der ihm unterliegt, wird – wie so oft – naturgesetzlich hingenommen, wobei in Wirklichkeit nur gesellschaftswillkürliche Geschehnisse kritiklos nachgelebt und fortgesetzt werden. Freud verbildlichte mit der Konstruktion, daß das Innere eines Menschen ein

Kriegsschauplatz ist, ohne zugleich diese Ungeheuerlichkeit selbst aufs schärfste anzugreifen. Das Innere der Menschen als ein Gegeneinander der Kräfte zu denken, war sogar ein Fortschritt. Es reichte nicht mehr, wie es seit Jahrhunderten philosophiert wurde, daß die Menschen wie angeblich die Wölfe einander feindlich seien: »Homo homini lupus.« (Der Mensch ist des anderen Menschen Wolf.) Wie aus neuen Verhaltensstudien unter Wölfen festgestellt wurde, sind Wölfe ganz besonders zärtlich und liebenswürdig zueinander und verantwortungsbewußt gegenüber dem Kollektiv.
Freud sah den Menschen – unter dem Begriff des »Ich« – kämpfen gegen seine Natur, seinen Körper, seine Triebe – zusammengefaßt unter dem Begriff des »Es« – und gegen seine Eltern – vertreten im »Über-Ich«. Zwischen Eltern- (und durch sie vermittelten Gesellschafts-)forderungen und Natur müßte der Mensch sich ständig hin- und herreißen. »Zwei Seelen wohnen ach in meiner Brust«, würde Lorenz dieses Gegeneinander mit Goethe abstützen. Eltern in Gestalt des Über-Ichs setzen den Menschen zeitlebens unter Zwang und Kontrolle.
Daß der Mensch in seinem Inneren von einem Gegeneinander der Kräfte zerrieben wird, daß ihm seine Eltern in der Brust oder im Gehirn oder wo auch immer einsitzen, sie dort ihre Befehle, Affekte und Verbote weiterwirken lassen, auch wenn sie schon längst tot sind – jedenfalls verhält sich der Mensch danach –, ist ein konkretes Schreckensergebnis der Eltern-Kind-Beziehung. Solange die Aufzucht noch in dieser Weise erzwungen wird, daß nach ihrem Ergebnis im Inneren eines Menschen Kampf und Krieg herrschen, ist es töricht, von ihm nach außen hin zu verlangen, friedlich und voller Schonung mit seinen Mitmenschen umzugehen. Wenn in seinem Inneren niemals Schonung herrscht, sondern ewige Belästigungen, Traktierungen und Verfolgungen durch seine zur Instanz erhobenen Eltern geschehen, wird er auch sein Leben lang andere belästigen, traktieren und verfolgen. Das äußere Gewaltverhältnis zwischen Eltern und Kind ist zum inneren Gewaltverhältnis zwischen Über-Ich und Ich des Menschen geworden, der es wieder nach außen überträgt, und etwas von der Welt unter seine Gewalt bekommen möchte: Personen oder Dinge, so ausschnitthaft auch immer sein nach außen umgesetztes Gewaltverhältnis wirken soll. Alle Menschen verbindet und trennt dadurch die Gewalt. Es bedeutet für sie eine Katastrophe, daß die Umgangsformen immer zivilisierter werden. Die Gewalt bekommt

nach außen hin immer weniger Platz, vollzogen zu werden. Die Menschen müssen sie in die Intimbeziehungen verlegen oder wieder in sich selber toben lassen. Sie dürfen im Alltag nicht mehr ohne weiteres ungestraft äußerlich gegeneinander vorgehen. Sie gehen dafür innerlich gegeneinander vor. Richter spricht in »Patient Familie« von »Duellen mit Symptomen«[59] (Seite 194). Die Psychosomatik – die Entstehung körperlicher Krankheiten durch seelische Leiden – ist heute die unblutige Schlachtbank, auf der sich die Menschen selbst oder gegenseitig zu Fall bringen. Was die Rüstungsindustrie für die blutigen äußeren Schlachtfelder produzierte, bedeutet entsprechend die chemische Industrie für die unblutigen inneren Kampfplätze. Das Medikament liefert das Material, damit auch diese modernen Kämpfe ausgetragen werden können.

3. Der Fluch der elterlichen Gegenwärtigkeit

Daß der Mensch in Kräfte verteilt wird, die sein Inneres zu einem ständigen Feindeslager machen, ihn zumindest unter dauernde Spannungen setzen, verdankt er der Kontinuität elterlicher Einwirkung. Die Ich-Aufbau-Hemmung durch das geringe Personenangebot in der Familie, die Nachahmung der nach außen verborgenen, vom Kinde aber erfühlten bösen Verhaltensweisen der Eltern und schließlich die Verinnerlichung der Elternautorität und ihre Verkörperung im sogenannten Über-Ich sind Prozesse, die sich nur bei kontinuierlichem Einfluß der Eltern auf das Kind im Menschen abspielen können. Die jammervollen, noch durch den latenten Inzest getrübten Affekte, das Einerlei des immer gleichen Bezugsschemas und jede Gewalteinwirkung entfesselter Autorität bewirkten im Kinde nichts oder wenig, wenn es ihnen nur von kurzer Dauer ausgesetzt wäre. Wie in dem Richter-Beispiel der Gisela B. wuchsen sich die aus scheinbarem Selbstlauf entzündeten Aggressionen des Mädchens, die sich seit seinem dritten Lebensjahr eingestellt hatten, in seinem achten Jahre wieder aus, als es in der behutsamen, freundlichen Sanatoriumatmosphäre lebte.

Das Merkmal der Kontinuität ist im Zusammenhang mit elterlicher Aufzucht nicht nur neutral, sondern unter den Bedingungen, wie Erziehung gehandhabt wird, eindeutig negativ. Die Dressur zum Bösen gelingt erst durch ihre Unaufhörlichkeit. Ist das beschränkte

Vater-Mutter-Kind-Verhältnis die Voraussetzung bei der Entstehung des Bösen, verkleistert der latente Inzest das Verhältnis unzerreißbar, so garantiert seine Kontinuität, daß das Böse sich auch wirklich in die Verhaltensstruktur des Kindes einwächst. Denn das Böse als Dauererscheinung muß eingewachsen sein, um blindwütend nicht mehr auf Sonderdruckverhältnisse oder auf Reize angewiesen zu sein. Zum Ein-, An- oder Festwachsen des Bösen braucht es Zeit und die garantiert die im Prinzip zehn bis zwanzig Jahre andauernde Eltern-Kind-Beziehung. Kontinuität heißt für das Kind nichts anderes, als achtzehn bis einundzwanzig Jahre andauerndes absolutes Ausgeliefertsein an ein bis zwei Personen.

Es beginnt mit dem heimeligen Begriff »Urvertrauen«, den Erikson eingeführt hat[13]. So gut gewählt er war, um zu umschreiben, wie das Kleinkind Ruhe, Sicherheit, Geborgenheit, Freude und Zärtlichkeit bekommen sollte, so hat Erikson ihn doch nicht präzise genug umzirkelt, daß er nicht zur Verteidigung der patriarchalischen Mütterlichkeit unbefreiter Frauen benutzt wird, wie es geschieht. Sofort ist er zum Spitzendeckchen gemacht worden, das das früheste Gewaltverhältnis zwischen Mutter und Kind noch immer erfolgreich bedeckt. Erikson meint, aus dem geregelten, jahrelangen Mutter-Kind-Beisammensein ergebe sich ein Vertrauen, das der Mensch in die Welt umsetzen, zu der er dann ebenfalls Vertrauen haben könnte, und die rückbezogen ihm vertraute. Aber in der Welt geschieht das Umgekehrte. Wenn eine Grundstimmung das zivilisierte Leben der Erwachsenen kennzeichnet, so ist es ein tiefes Urmißtrauen, das jeder Mensch spontan jedem Fremden entgegenbringt, ehe der sich erkenntlich macht, ob er es verdient oder nicht. Das Urmißtrauen, das die Menschen einander entrückt und entfremdet, ist der Stimmungsboden für die Verhaltensweisen des Hasses, der Feindschaft, der Beschränkung und der Tendenz zur gegenseitigen Vernichtung. Eriksons eigene Erklärungen werden pastoral, wenn er den angeblichen Muttervertrauensboden anschwärmt: »Hier formt sich die Grundlage des Identitätsgefühls, das später zu dem komplexen Gefühl wird, daß man ›in Ordnung‹ ist, daß man ein Selbst besitzt und daß man das Vertrauen der Umwelt rechtfertigt, indem man so wird, wie sie es von einem erwartet.«[13] (Seite 243.) Das also bedeutet Urvertrauen: sich in eine Ordnung fügen, die will, daß »man so wird, wie sie es von einem erwartet«. Urvertrauen ist ein Schutzbegriff für Ur-abhängigkeit, aus der es kein Entrinnen gibt. Und dann heißt es auch gleich schon bei Erikson: »Feste Prägung dauerhafter Verhaltensformen... ist die vornehmste pflegerische Aufgabe der Mutter«[13] (Seite 243). Mit dem Begriff »Urvertrauen« soll der Horror des »zweiten Uterus« wissenschaftlich besänftigt werden. Die Beziehung, die sich für das Kind nach der Geburt eröffnet, hat für es Ewigkeitscharakter. Nach der Allerweltsweisheit: »Je älter man wird, um so schneller vergeht die Zeit!« wirkt das Leben desto länger, je jünger der Mensch ist. Das Zeitgefühl steht in engem Zusammenhang zur Ich-Herstellung und später zur Ich-Beeinflussung. Die Ich-Zusammensetzung ist ein so bedeutungsvoller Vorgang, daß die Zeit dieses Geschehens als unendlich lang empfunden wird. Das Kind muß sich also auf seine »Bezugspersonen« einlassen, weil es sich von denen in totaler, ewiger Abhängigkeit erlebt. »Abhängigsein bedeutet, in der Macht dessen zu stehen, von dem wir abhängen. Und da die Abhängigkeit des Kleinkindes nicht nur körperlicher, sondern auch seelischer und sozialer Natur ist, ist es einer anderen Person in allen Belangen ausgeliefert.«[2] (Seite 73) Aus dieser Abhängigkeit führt kein Weg in Selbst- und Weltvertrauen. Die Ich-Komposition wird gehindert und die sozialen Impulse werden gebremst. Durch die Macht der Prägung muß sich ein Kind so sehen lernen, wie es von den Eltern gesehen wird[57] (siehe dazu Seite 251). Es muß in welcher verzerrten Form auch immer Verhaltensspiegel, Verhaltensgegenteil oder Verhaltenskomplementär der Eltern werden. Mit solcher Ich-Schwäche gnadenlos in die Welt geschickt, kann es nicht annehmen, daß die es in Ordnung finden wird, wo es doch nichts an sich selber in Ordnung finden kann. Und da es kein Selbstvertrauen hat, kann es auch von der Welt nicht annehmen, daß sie in es Vertrauen setzt. Umgekehrt ist dem Menschen durch diese Abhängigkeit Vertrauen für andere als ein Gemeinschaftssinn und ein Solidaritätsgefühl ebenso nicht entwickelt worden. Das soziale Mißgefühl entsteht direkt aus der Erfahrung des Kindes mit seinen Eltern. Trotz der Demütigung der Abhängigkeit und der totalen Auslieferung wird dem Kinde eingeredet, die Eltern seien die Besten und täten auf ewig das Beste. Eltern stellen sich als Leit- und Idealbilder vor, als gut, tugendhaft, selbstlos und moralisch einwandfrei. Darunter erspüren die Kinder aber alle Unebenheiten, sehen verleugnete Schwächen und erleben mit Moralbegriffen übertünchte Schroffheiten. Wenn solch ein Durcheinander als das Beste ausgegeben wird, das sie als das Schlimmste fühlen, so muß die Welt, die schon von den Eltern als böse und ärgerlich beschrieben wird, überwältigend schlimm sein. Das gleichbleibende Personenmuster und die eingeschliffene Verhaltenswillkür prägen den autoritären Charakter des Menschen, wie ihn Fromm-Horkheimer beschrieben haben[23]. Das Ich, das in totaler Abhängigkeit von ewig mächtigen Personen aufwächst, möchte immer wieder sich an mächtige Autoritäten halten. Ein Ich, das sich in Urmißtrauen in der Welt herumtasten muß, fliegt wie magnetisch auf Führer, die ihm Vertrauen suggerieren. Der Faszination tut das Gefühl keinen Abbruch, die Führerpersönlichkeit habe auch etwas Verführerisches an sich, von dem man nicht weiß, wohin es einen führt. Diese Auslieferung an das Ungewisse ist dem Menschen in der Kindheit so antrainiert worden, daß er beglückt ist, wenn er sie als Erwachsener noch einmal wiederholen darf. Denn eben diese Auslieferung an die vollkommene Ungewißheit ist das Urerlebnis eines jeden Menschen. Er kann für sich nichts garantieren, sondern nur hoffen, daß seine Eltern ihn leben und vor allem wachsen lassen. Und das unausweichliche Urerlebnis des Menschen ist es, daß seine Eltern ihn in dieser Hoffnung täuschen und betrügen. Die Auslieferung des Erwachsenen an das Unausweichliche muß sich nicht immer Führern und Einzelvernichtern wie Hitler und anderen Personen der Zeitgeschichte gegenüber äußern. Der Mensch liefert sich auch Ideen, Bewegungen, Trends oder heute Konsumzwängen aus. Die Kontinuität der Totalität, die das Kind durch seine Eltern über sich ergehen lassen muß, entwickelt dem Menschen den philosophisch schon gemeinplätzig gewordenen »Hang zum Untergang«, der ihn sich blindlings und immer von neuem an Zerstörungsunternehmungen ausliefern läßt. Die Dauer des Gewaltverhältnisses zwischen Eltern und Kindern raubt dem Menschen den entscheidendsten Teil seiner Willenskraft, den Willen für sich selbst und damit den Willen für den anderen Menschen, das heißt noch präziser den Willen für das Leben. Denn wer nicht für sich und für andere ist, es durch künstlich eingesetztes Mißtrauen nicht sein kann, hat das Leben als Wille zu schöpfen, zu erhalten und zu erneuern, ausgetrieben bekommen.

Wenn in diesem allgemeinen Vernichtungschaos aus der Idee Konrad Lorenz' vom angeborenen Bösen ein Funken Humanität herausblitzt, so ist es die Schlußfolgerung, der einzelne Mensch könne nichts für sein Böses. Der kaputte, zum Bösen dressierte Mensch kann es nicht aushalten, wenn man ihn nach seiner Festlegung auch noch mit dem »freien Willen« drangsaliert und seinen Geist von Schul-, Parlaments-, Kanzel- und Gerichtspulten herab beschwört. Der einzelne Mensch ist heillos dem Bösen ausgeliefert, wie er von Anfang an seinen Eltern ausgeliefert war. Aber Lorenz unterscheidet sich in seiner Humanität kaum vom katholischen Ablaß. »Tue Buße, und du bist frei von Sünde!« heißt bei Lorenz: Reagiere fleißig irgendwo unschädlich ab, dann hast du für eine Weile deinen Aggressionsdrang besänftigt. Lorenz' Humanität nützt nichts, denn sie bemäntelt nur seine Hilflosigkeit wegen seiner einmal aufgestellten These, den Menschen dauernd in eine falsche Richtung weisen zu müssen. Der Mensch ist nicht einem Naturkreislauf, der außer seiner Einwirkung abläuft, unterworfen, sondern er ist in einem Gesellschaftsmechanismus gefangen, *der* nicht sein müßte. Auf diese kleine Denkwendung kommt es an. Der Trost bliebe erhalten, wenn man das Böse als aus der Eltern-Kind-Beziehung entstanden begreift. Er gibt den Gedanken frei, das Böse hätte nicht sein müssen, in einem anderen Aufzuchtsmodell wäre es nicht eingetreten. Der Mensch ist nur gefangengenommen. Und die, die er am meisten ehren und hochhalten soll, seine Eltern, haben ihm am meisten geschadet. In allen Göttergestalten haben sie sich verewigt, um noch in allen Himmeln die Anmaßung der Verfügung über andere zu besitzen.

Die Empfänglichkeit für Totales hat der Mensch behalten, auch wenn er nicht mehr an Götter glaubt, er glaubt an das Außer- und Überihm-Seiende, das jeweils stärker ist als er. So gibt er sich wollüstig masochistisch den Unausweichlichkeitsspuks in den Romanen des Johannes Mario Simmel hin. Und er macht auch gerne den Faschingsschwank des Erich von Däniken mit, die Götter seien Astronauten gewesen und hätten mit Affen die Menschen gezeugt. Es ist Balsam zu denken, wenn nichts vom Menschen selber kommen und nichts sich zu ihm allmählich hinentwickelt haben würde, sondern wenn alles von hinten, von oben und von außen auf einmal für immer gemacht worden wäre. Aber die Mächte sind keine unveränderbare Natur, kein unbegreifliches Schicksal, keine unfaßbaren Götter oder Astronauten, sondern sie sind Spiegelbild faßbarer Eltern. Und das zu begreifen, strengt an, weil es Schuldgefühle verursacht. Die sind beim Glauben an das innerlich angeborene oder von außen und oben kommende Böse nicht möglich. So ist der Trost der Lorenz, Simmel und Däniken total, nicht verbotenes, sondern gesellschaftlich geschütztes L.S.D. für den kindisch gebliebenen, zeitlebens sich vor seinen Eltern unbewußt ängstigenden Bürger.

Der Bayerische Rundfunk brachte in einer Sendung des Kinderfernsehens am 14. 2. 1974 ein Beispiel nach einer originalen Begebenheit. Kinder im Studio und Kinder zu Hause vor dem Bildschirm sollten die einzelnen Verhaltensweisen der Kinder in dem Film beurteilen. Die Episode zeigt musterhaft, wie böses Verhalten aus dem Beziehungsfeld Eltern-Kinder entsteht und sich in das Beziehungsfeld der Kinder untereinander überträgt, das eine Vorform der Gesellschaft unter Erwachsenen darstellt. Ein Junge – Thomas – (im Original hatten die Akteure keine Namen) verdient sich nach der Schule mit Besorgungen für Nachbarsleute Geld. Er bekommt für einen Botengang von einer Frau 1,– DM. An ihm vorbei fährt ein Auto, aus dem durch das hintere Seitenfenster Thomas' Freund Ulli herauswinkt. Thomas winkt nicht zurück, sondern guckt dem Auto traurig nach. Etwas später kommt derselbe Junge mit einem neuen Fahrrad auf Thomas zugefahren und protzt damit: »Hab' ich von meinem Vater!« Thomas erwidert: »Ich krieg auch eins von meinem Vater, wenn er kommt!« Ulli entgegnet schnippisch und geringschätzig: »Tja, *wenn* er kommt!« (1. Schädigung: Ulli spielt auf die Familienverhältnisse des Thomas an, die offenbar ungeordnet oder ärmlich sind und hält ihm unter die Nase, daß es ihm nicht so leicht sein wird, ein Fahrrad zu bekommen.)
In der nächsten Szene spielt Ulli mit drei Jungen, die alle ein Fahrrad haben, sie kreisen auf der Straße und knacken danach Nüsse. Thomas steht abseits. Er kommt in den Kreis der ein Fahrrad besitzenden Jungen nicht hinein. Ulli und die anderen knacken heftig Nüsse. Schließlich winkt Ulli Thomas heran. Herablassend überreicht er ihm eine halbe Nuß. (2. Schädigung: Ulli läßt Thomas fühlen, daß er von seiner Gunst abhängt, daß er in der Gemeinschaft weniger gilt als die anderen, weil er weder ein Rad besitzt noch mit Nüssen aufwarten kann.)
Ulli erlaubt Thomas, mit seinem Rad eine Runde zu drehen. Thomas fährt in eine andere Straße. Als er außer Sichtweite der anderen Jungen ist, hält er an und sticht ein Loch in den Vorderreifen des Rades. Er fährt zurück, stellt das Rad wieder an seinen Platz und verabschiedet sich. Als Ulli damit losfahren will, bemerkt er, daß sein Rad einen Platten hat. (3. Schädigung: Thomas läßt seine Wut über die zwei vorangegangenen Demütigungen an dem Fahrrad aus. Er schädigt bewußt damit den Ulli, der das Rad nach Hause schieben, es allein flicken muß und sicher vom Vater noch Hohn erntet, daß es

»so neu und schon kaputt ist«. Diese Schädigung würde man in echten Lebenszusammenhängen erst als bösen Akt betrachten. Alles an ihm scheint Lorenz' Selbstlauftheorie der Aggression zu entsprechen. Scheinbar geschieht die Handlung von selber und steht in keinen Zusammenhängen zu anderen Handlungen, löst sich aus sich heraus, wie durch einen selbständig wirkenden Trieb hervorgerufen. Alle Zerstörungshandlungen von Jugendlichen, die man nicht mehr auf ihre Ursachen zurückverfolgen kann, lastet man ihnen als grundlos an und wirft ihnen vor, sie hätten es aus bösem Willen heraus getan. Was sie in Wirklichkeit preßt und wogegen sie sich wehren wollen, wenn sie zerstören, wissen sie selbst nicht. In diesem Beispiel steht das Fahrrad als Sache, die beschädigt wird, noch in Zusammenhang mit der Person, die die Tat ausgelöst hat. Im konkreten Leben entfremden sich die Taten oft vollkommen aus den Zusammenhängen mit ihren Ursachen. Nur selten gelingt es in Gerichtsverfahren, auf diese Ursachen zu stoßen, weil man immer noch nicht generell von der Dressur zum Bösen durch die Familie überzeugt ist. Als ein junger Mann sich wegen Totschlags vor einem Frankfurter Gericht verantworten mußte, kam es in der Sitzung durch Zufall heraus, daß der getötete Fremde in der Kneipe denselben demütigenden Satz gesagt hatte, den der Täter jahrelang von seinem Vater hatte hören müssen. Nicht mehr gebremst durch die Autorität des Vaters, wehrte sich der Mann endlich, traf damit aber einen Unschuldigen, dem nur eine Grobheit entfuhr, und mußte außerdem den Satz des Vorsitzenden hören: »Das ist noch lange kein Grund, so auf jemanden Fremden einzuschlagen, und außerdem hatten Sie Ihren Vater doch ein halbes Jahr nicht mehr gesehen. Wie kann da ein Satz von ihm Sie noch so reizen!« Dasselbe wird wahrscheinlich der Fleischerlehrling aus dem Anfangsbeispiel im Teil A hören müssen, wenn man ihm das Böse noch einmal mit Paragraphen um die Ohren hauen wird.)

Im Modell des Kinderfilms bekommt Thomas, als er nach Hause geht, Wut auf sein 1-DM-Stück. Er verachtet es. Er resigniert. Seine Mühe von heute nachmittag wird ihm angesichts der Übermacht der anderen Jungen unwert, die alles schon haben, was er sich durch eigene Anstrengungen erst erwerben will. Er wirft das Geldstück auf die Erde, trampelt auf ihm herum und schiebt es unter das Laub. (4. Schädigung: Im Verhalten Thomas' wird lebhaft die Doppeltendenz des Bösen als Fremd- und als Selbstschädigung sichtbar. Ein Teil des von Ulli in ihm provozierten Zerstörungs- und Rachedranges richtet sich gegen sich selbst. Er verleugnet sich. Er übernimmt die Verachtung des Kollektivs gegen ihn und verachtet sich selbst. Jedoch bevor er nach Hause geht, überlegt er es sich noch einmal und gräbt die Mark wieder aus.) In Thomas' Wohnung wird die Spannung zwischen ihm und den anderen Jungen aufgeschlüsselt. Thomas' Eltern sind seit kurzem geschieden. Der Vater ist auf und davon. Er wird weder wiederkommen noch Thomas Geld für ein Fahrrad schenken. Am nächsten Morgen läuft Thomas zu Ulli an den Gartenzaun, gibt ihm sein gestern erarbeitetes 1-DM-Stück als Beitrag für die Reparaturkosten. Als sich Ulli wundert, woher Thomas das Geld hat, antwortet der: »Mein Vater war da und hat mir Geld gegeben.« Als die elf- bis dreizehnjährigen Kinder, die im Studio aufgerundet um die Moderatorin Erika Saucke saßen, zu den bösen Verhaltensweisen der Jungen etwas sagen sollten, schnellten ihre Antworten auf das Kernproblem zu: das Verhalten der Eltern, besonders derjenigen, die man in der Geschichte nicht zu sehen bekam, die aber nach Ansicht der Kinder das Böse ausgelöst hatten. Die Dressur zum Bösen äußerte sich hier als Dressur zur Norm. Die Eltern Ullis haben offenbar ihrem Sohn vorgeredet, wie schadhaft es sei, wenn ein Kind geschiedene Eltern hat. Ein Mädchen erzählte sofort, daß ihm Ähnliches passiert sei, was Thomas erfahren mußte. Ehemalige Freundinnen verstießen es, als deren Eltern erfuhren, daß seine Mutter sich hatte scheiden lassen. Die feindlichen Reaktionen kamen noch nicht, als die Freundinnen vor ihren Eltern von der Scheidung erfahren hatten. Es wird kaum so gewesen sein, daß die Eltern dem Ulli regelrecht verboten haben, weiter mit Thomas zu spielen, aber sie werden kontinuierlich abfällige Bemerkungen über Verhältnisse gemacht haben, die von den ihren abweichen. Und besonders werden sie ihr Mißfallen über Thomas' spezielle Verhältnisse geäußert haben: billige Wohnung, alleinstehende Mutter, wenig Geld, Vater durchgebrannt. Das sind Unwertsvorstellungen, von denen keine einzige für Ulli persönlich entscheidend war und keine mit seinem Spiel-, Schul- und Kameradschaftsverhältnis zu Thomas etwas zu tun hatte. Zum einen wiederholte Ulli, was seine Eltern ihm vormachten, zum anderen wußte er Thomas geschwächt, makelbelastet und sozial mindergestellt. Er konnte zu ihm einen Ablaßkanal für seine häuslich aufgestauten Spannungen ziehen, denn niemand würde ihn für diese Schädigungshandlungen gegenüber dem im Verhältnis zu ihm schwächeren Thomas verantwortlich machen. Seine Eltern hatten ihm

durch ihre Mißfallensäußerungen einen Weg gewiesen, seine Spannungen schadlos aufzuheben.
Man spürte dem Film an, daß er ganz auf das Problem »Sünde und Reue des Thomas« aufgebaut war. Und Frau Saucke lenkte auch schließlich das Gespräch auf dessen Aktionen: Die böse Tat und ihre Wiedergutmachung. Aber die Kinder ließen sich nicht beirren und blieben bei dem das Geschehen auslösenden kurzsichtigen egoistischen Verhalten der Eltern.

4. Die Ehe ist kein Platz für Kinder

Janusz Korczak beschreibt das Idealklima, das Kinder für ihren Gedeih benötigten: »Alles für die Kinder ... sie wachsen an Wissen, Erfahrung und moralischer Einsicht; sie sammeln Vorräte – ich verschwende sie ... ganz der einen heiligen Sache der Erziehung hingegeben, muß (man) Reichtümer an Gefühl besitzen.«[27] (Seite 175, 176)
In Wirklichkeit ist es umgekehrt: Aufs äußerste gefühlsverarmt, ichgeschwächt und nicht zu sich gekommen, holt der erwachsene Mensch von seinen Kindern heraus, was er herausholen kann. Der Mensch schleppt nicht nur Spannungen und Unerlöstheiten aus seiner eigenen Kindheit mit sich herum, sondern er steht als Erwachsener unter einem akuten Druck, den er sich mit Hilfe des Kindes zu entlasten trachtet.

1. Eheschäden für Erwachsene

Das Druckverhältnis des Erwachsenen ist die Ehe. Die Ehe ist das Nachspiel des Beschränkungsdramas, das in der Kindheit des Menschen tobte und das zugleich die Fortsetzung des Dramas für die nächste Kindergeneration sichert. Der Unterschied zwischen Elternhaus und Ehe besteht zunächst darin, daß der personelle Druck zunimmt. Lebte der Mensch in seiner Kindheit regelmäßig in einem Beziehungsfeld von drei Personen, so schrumpft ihm als Erwachsener das Verhältnis, das seine Verhaltensweisen beeinflussen soll, auf zwei Personen.
Die Ich-Bildung ist mit dem Eintritt in das Erwachsenenalter zwar grundsätzlich abgeschlossen, ähnlich wie der Körper des Menschen nach dem zwanzigsten Lebensjahr nicht mehr längen- und größen-

mäßig wächst. Aber so wie der Körper lebt, indem er sich innerhalb seiner Struktur bewegt, will sich auch die Psyche bewegen. Außer den Nervenzellen haben alle anderen Zellen des Körpers die Fähigkeit, sich zu regenerieren. Sie erneuern sich in ganz unterschiedlichen Zeitabständen. Sterben bedeutet, daß dieser ständig anhaltende Erneuerungsprozeß sich wie ein Uhrwerk ausschaltet.

So wie der Körper sich regeneriert, ist es auch für die Verhaltensstruktur des Menschen notwendig, daß sie sich ständig erneuert. Was für die Ich-Bildung des Menschen in der Kindheit aufbauend wirken soll – das reichhaltige Angebot von Verhaltensweisen –, dient dem Erwachsenen zur »Ernährung« seines Ichs. Das Kollektiv vieler Menschen ist für die lebensnotwendige Verhaltenserneuerung des Erwachsenen genauso gedacht wie für das Verhaltenserlernen des Kindes. »Der Mensch lernt nie aus«, heißt es mit dem Sprichwort.

In dem Bezugssystem der Ehe, das zwei Menschen für das ganze Leben zum Zusammensein verpflichtet, stagniert sehr bald die Verhaltenserneuerung. Das Schema selbst ist ein tödliches. Es zwingt zum Stillstand menschlicher Entwicklung. Nicht mehr erneuern heißt allmählich sterben. Als Jugendliche sich noch wie zwei Apfelhälften denkend, die sich zu einem Ganzen pressen und somit innigen Austausch und Durchdringung hoffend, erstaunen Menschen, wenn sie bei ihren Scheidungen nach Jahren wie zwei taube Nußschalen entleert voneinander abfallen.

Das Bezugssystem von zwei Personen ist an der Aufrechterhaltung des Bösen wesentlich beteiligt. Das Familiensystem von drei Personen schleift das Böse ein, die Ehe schleift es nach. Wenn Unfälle, Fehlentwicklungen, Stagnationen bei dem einen Partner passieren, werden sie auf den anderen übertragen, denn wie die Familie ist die Ehe hermetisch nach außen abgeriegelt. Nichts weiß der Nachbar, was über, unter und neben ihm geschieht. Er kann etwas hören und hinterher vielleicht am Verzweiflungsausdruck im Gesicht, an Krankheiten, Unfällen und am Tod etwas sehen.

Ist das Ich in der Familie kaum richtig aufgebaut worden, so wird es in der Ehe wieder abgebaut. Nicht mehr erneuern heißt allmählich sterben; »abbauen« sagt man von Menschen physisch, wenn sie zu siechen beginnen. Die Ehe ist ein Vertrag mit dem Bestattungsinstitut. Der Mensch verpflichtet sich mit ihm unweigerlich zu seinem allmählichen gesellschaftlichen Tod. Eine einzige Person ist grundsätzlich unfähig, eine andere Person über längere Zeit fruchtbar zu beeinflussen. Sogar schon die zeitweise anhaltende Ich-Ernährung ist in den meisten Ehen ausgeschlossen. Der Mensch soll sich in der Ehe ein Leben lang mit einer Person desjenigen Geschlechts beschäftigen, das er bei seinem Ich-Kompositionsprozeß identifikatorisch abweisen mußte. Der Junge darf z. B. beim Aufwachsen keinen Aspekt seiner Mutter in seiner Verhaltensstruktur entwickeln lassen. Er muß zur Mutter in einer Identifikationsfeindschaft verharren, bis er »großer, starker Mann« geworden ist mit Mauern gegen alles Weibliche, Gefühlsbetonte, Spontane, Weiche und Zärtliche. Nun wird ihm eingeredet, weil er selbst nichts davon hat, könnte er das alles besonders gut bei seiner zukünftigen Ehefrau lieben. Aber die Identifikationsfeindschaft gegenüber allem Weiblichen ist ihm in sein Verhalten mit hineingewachsen. Er überträgt sie auf seine Ehepartnerin. Nicht so verschärft verläuft die Entwicklung umgekehrt auch bei der Frau. Zwischen beiden Geschlechtern kann keine identifizierende Durchdringung zum Zwecke zweier sich in Bewegung haltender Psychen geschehen. Das Geheimnis wirklich gut verlaufender Ehen oder Lebensgemeinschaften liegt in dieser sich gegenseitig identifizierenden Annahme der Partner. Im allgemeinen geschieht sie nicht, sondern die Eheleute leben in einer schwebenden gegenseitigen Ablehnung, die nicht den einzelnen Partner betrifft, sondern dem Geschlecht gebührt, dem er angehört und das sie bei ihrer Zurichtung in ihre Rolle abweisen mußten. Liebe kann nur von ähnlichen Erfahrungen und durchdringendem Verständnis her entstehen, alles andere ist Illusion. Da aber Jungen und Mädchen andere Identifikationswege gehen müssen, können sie gefühlsmäßig nicht in echter Harmonie beieinander bleiben. Wenn sie es wegen eines Ehevertrages doch lebenslänglich müssen, treibt es Männer emotional immer wieder in Männerclans und läßt es Frauen in Kaffeekranzlächerlichkeiten oder in seelischer Vereinsamung verkümmern.

Lange Zeit wurden die Menschen von ihren Eltern als körperliche Ware behandelt und zwangsverheiratet. Liebe mußte zur Tragödie werden. Im 20. Jahrhundert ist es wohl eine der glücklichsten Errungenschaften der Menschen, daß sie in der Lage sind, ihre Partner zu wählen, ohne dabei von ihren Eltern in die ökonomische Verzweiflung oder sogar in den Tod gestoßen zu werden, wenn sie sich ihnen bei der Partnerwahl nicht unterordneten. Eltern können heute untereinander Jugendliche nicht mehr handeln; provinzielles Hinterwäldlertum nicht mitgerechnet. Aber ähnlich dem politischen Wahlrecht nützt diese Freilassung dem Menschen wenig. Durch »freie Wahl« kann er die politischen Verhältnisse nicht wirklich beeinflussen, weil er sie nicht richtig kennt, er wird heute durch Informationsentzug beherrscht. Die gegebene Freiheit zerstäubt sich ins Nichts, weil er sie nicht gebrauchen kann. Auch die freie Wahl der Partner hat sich noch lange nicht als Befreiung der Menschen von ihren Eltern erwiesen. Die Eltern sind über ihre Kinder vom einundzwanzigsten Lebensjahr an zwar nicht mehr gesellschaftlich-physisch mächtig. Aber sie haben sich durch ihren Einfluß auf die Kindheit eines jeden in sein Inneres hineingewirkt. Sie sind psychisch mächtig geblieben. Die Menschen meinen, frei zu lieben, selbst zu wählen und müssen bald feststellen, daß sie voller Fremdbestimmungen daherlaufen. »Fixierungen«, »Bindungen«, »Internalisationen«, »Übertragungen« sind die Werkzeugbegriffe des Psychoanalytikers, um die Gefangenschaft des Menschen in den Zellen seines Elternhauses auszudrücken. Auch die Wahl der Partner ist nicht wirklich frei. In »Anlehnung«, unter »Wiederholungszwang« oder mit »Konträrwirkung« »berücksichtigen« Menschen schon bei der Partnerfindung elterliche Prägungen. »Man ist enttäuscht«, »hatte etwas anderes erwartet«, »fällt aus allen Wolken« werden alsbald die Kummersätze – Schatten auch der großen Lieben – voreinander hingeworfen. Die sogenannten großen Lieben zerbrechen erst recht, weil sie aus dem Unbewußten blindlings auf Personen stoßen, die nicht konkret betrachtete Menschen sind, sondern Projektionsgestalten des gemarterten Ichs. Romeo und Julia sind noch immer aktuell, die Tragödie spielt sich heute jedoch in dem Inneren der Menschen ab, die greifbar voreinander stehen, das Leben lang beieinander sein können und doch unüberwindbarer als durch den äußeren Familienzwist des originalen Dramas gehemmt, getrennt und voneinander entfernt sind und die im Gegensatz zu dem historischen Paar noch nicht einmal wissen, warum.

Wenn sich die sinnliche Faszination verflüchtigt, tritt das Elend der Fremdbestimmtheit hervor, und die Eheleute können sich meist nicht helfen, ganz ausgeschlossen haben sie Möglichkeiten der gegenseitigen fruchtbaren Durchdringung.

Ohne Einwirkungsmöglichkeit im starren Bezugsmuster der Dauerzweisamkeit leben zu müssen, versetzt die Menschen in ununterbrochene Spannungen. Was sie nun aushalten müssen und wie sie

diese Spannungen bewältigen, ist dem Kapitel kindlicher Düsternis unter den elterlichen Druckverhältnissen ebenbürtig. Das eheliche Druckverhältnis hat zunächst für die Erwachsenen drei böse Folgen:
1. die Menschen schädigen sich in der Ehe gegenseitig,
2. die Ehepartner wälzen Spannungen auf Dritte in der Gesellschaft ab und
3. die kasernierte Dauerzweisamkeit macht die Menschen unsozial.

Die Innenschäden
Die Zeitungen sind täglich voll von Ehegattenmorden, die zu den allgemeinen Totschlägen in ähnlichem Verhältnis stehen wie Kindestötungen durch Eltern zu Kindestötungen durch Sexualverbrecher. Die Verzweiflung über dieses personelle Druckverhältnis kann der Mensch jetzt ausleben, weil er erwachsen und seinem Partner nicht so ausgeliefert ist wie er es als Kind seinen Eltern gegenüber war. Seine Wut schießt aus ihm bei den kleinsten Reizungen: »Asche auf Teppich: Erstochen«, heißt es am 19. 4. aus Hannover. Die Ehefrau hatte frühjahrsgeputzt. Der Ehemann kam angeheitert nach Hause und ließ Asche auf den gereinigten Teppich fallen. Die Ehefrau erstach ihn mit dem Brotmesser. Am selben Tag vergiftete eine Ehefrau in Neustadt/Aisch ihren Ehemann mit einem Pflanzenschutzmittel. »Er wollte im Bett Kaffee: vergiftet.« Der Ehemann war betrunken nachts nach Hause gekommen und hatte von der Frau einen Kaffee verlangt, den sie ihm mit dem Gift kredenzte. Am 22. 4. 1974 erstach in München ein Ehemann seine Frau und warf sich anschließend vom Balkon.
Töten ist das äußerste, zu dem nicht jeder Ehepartner aufgelegt ist. Wie viele Autounfälle auf sich zankende oder sich gerade gezankt habende oder sonst allgemein in unausgetragener Unstimmigkeit lebende Ehepaare zurückzuführen sind, kann nicht ermittelt werden. Jedenfalls ist der Straßenverkehr ein Ventil, ehelichen Druck mit den verheerendsten Folgen abzulassen. Durch die Unfälle wird oft einer der Partner erheblich, manchmal sogar lebenslänglich geschädigt, so daß das Abhängigkeitsverhältnis, das vorher nur seelisch gefühlt werden konnte, nun körperlich ansichtbar geworden ist. Hinzu kommt der Strick des Schuldgefühls, den Unfall ganz oder teilweise selbstverschuldet zu haben, und die Ehe hat ihre lebenslange Dauer, die heute sonst kein Gesetz mehr garantieren kann.
Noch aus den Unterlagen über die Auflösung einer Ehe heraus kön-

nen die Bilder ihres gewesenen Zustandes projiziert werden. Allen Scheidungsgründen voran liegt die Ehegattenschlägerei in Deutschland. Frauen reizen Männer bis aufs Blut. Die können dann meistens nicht anders, als anzufangen, »ihre besseren Hälften« zu verprügeln. Von Ohrfeigen bis zu körperlichen Mißhandlungen reicht das Ausdrucksmaterial der Partner. Saufen, Prügeln, Krankheiten, Süchte und Abhängigkeiten aller Art entspringen den infernalischen Ehedruckverhältnissen. Meist sind ihnen Frauen noch härter ausgeliefert als Männer. Auf die Sendung des Senders Freies Berlin »Beitrag zum dressierten Mann« am 2. 2. 1972 schrieben Hunderte Frauen und schilderten horrendes Eheleid. Diese Frauen äußerten sich über ihre Ehe aus eigenem Antrieb heraus und täuschten nicht über ihr Elend hinweg, wie es die Frauen machten, die für Helge Pross' »Hausfrauenreport« antworteten[52]. Die Soziologin wertete nur Gespräche aus und hatte offenbar die dabei wirkenden Mechanismen der Verdrängung, Rationalisierung und Beschönigung nicht vorhergesehen. Eva Windmöller beschreibt in ihrem Buch »Ehen in Deutschland«[72], wie schwer es ist, Haus- und Ehefrauen praktisch an der Tür zu authentischen Aussagen über ihre Verhältnisse zu bringen. Die mehreren hundert Frauen, die an den Berliner Sender schrieben, waren nicht von einer freundlichen Interviewerin gebeten worden zu sagen, ob sie zufrieden sind. Sie waren umgekehrt mit dem »dressierten Mann« verhöhnt und an ihrem eigenen Elend noch als Schuldige hingestellt worden. Sie reagierten wie angeschossene Tiere und vergaßen allen Selbstschutz der Beschönigung. Es ist bedauerlich, daß Pross dieses Material für ihre Studien nicht verwendet hat, das ihre Ergebnisse korrigieren würde.

Aber auch Männer winden sich unter dem Druck des einen Partners. Weil die Ehe als Zwangsdauermonogamie eine patriarchalische Einrichtung ist, wird meist darüber hinweggesehen, daß der einzelne in ihr lebende Mann von ihr auch geschädigt wird. Das Prostataleiden wird als chronische Altmännerkrankheit festgesetzt, ohne zu berücksichtigen, woher es kommen kann, daß die Orgasmusdrüse sich nicht mehr richtig spannt. Geschlechtsakte unter langjährigen Eheumständen sind für beide Eheleute ein Kuriosum. Wollustlose Umarmungen lassen nicht nur Frauen kalt, sondern niesen auch Männern nur eine zwanghafte Unterleibserschütterung ab. Mechanische Akte und flache Orgasmen krampfen die wichtige Drüse nur, anstatt sie dramatisch zu pulsen. Nicht mehr oder ohne echten Reiz benutzt, be-

schädlich vom Partner abgebogen werden könne. Auf die menschliche Ehe geht Lorenz mit keinem Detail näher ein. Er schließt die im einzelnen sehr überzeugenden und differenzierten Tierbeispiele diesmal sogar nicht mehr über Polar- und Tantenungefährheiten auf den Menschen zurück, sondern er beschreibt Fische und Gänse selbst mit menschlichem Vokabular, als erläuterte er menschliche Zusammenhänge. Es beginnt mit dem plötzlichen Umschlag von dem Wort »Weibchen«, der im Tierbereich üblich ist, auf das Wort »Frau«, das unter Menschen benutzt wird. Er führt dann noch die Faust an, die auf den Tisch statt in das Gesicht des anderen Menschen trifft.

Als ich das las, veranlaßte es mich, dieses Buch zu schreiben, um darzustellen, daß es bei Menschen im Falle der Ehe umgekehrt ist, als es Lorenz auf sie aus dem Fischebeispiel übertragen möchte. Es gibt für Fische keine Ich-Geschichte und bei Tieren allgemein keine Identifikationsfeindschaften zwischen den Geschlechtern, die aus gesellschaftlichen Rollenzwängen herrühren. Wie unsorgfältig Lorenz bei den Übertragungen seiner Tierbeobachtungen auf menschliche Verhältnisse vorgeht, zeigt in dem Kapitel »Das Band« schon die Auswahl des Mottos: »Ich fürchte nichts mehr – Arm in Arm mit dir, so fordr' ich mein Jahrhundert in die Schranken.« Der Lapsus ist pikant. Dieser Satz wird in einer Männerbeziehung gesprochen. Karl sagt ihn zu seinem Freund Marquis Posa in Schillers »Don Carlos« (I 9). Männerfreundschaften leiden zunächst nicht unter ehelichen Druckverhältnissen und sollten Männer doch in Dauerzweisamkeit zusammenleben, haben sie nicht die Strapazen der Identifikationsfeindschaft von Mann und Frau zu ertragen.

Wenn Lorenz ein ehrlicher aufrecher »deutscher« Mann wäre, wie er es durch alle Zeilen seiner Schriften hindurchscheinen läßt, würde er zum Thema Aggression seinem ersten Bande der Verhaltensforschung unter Tieren endlich einen zweiten Band mit Verhaltensforschung unter Menschen folgen lassen, in dem er sich nun nicht mehr mit Aquarienspielchen an dem Sieg des Bösen in der bösen Gesellschaft des Menschen vorbeimogelt.

Die soziale Lähmung

Die dritte und schlimmste Wirkung der Ehe als dauerhafter Zweierzwang ist die Sozialapathie. Die Menschen werden gesellschaftlich gefühllos. Ihre Verzweiflung darüber, daß sie auf ewig veränderungslos bleiben müssen, wälzen sie nicht nur in einzelnen Schädigungsakten gegeneinander in der Ehe oder nach außen gegen Fremde ab, sondern sie läßt sie allgemein allen gesellschaftlichen Belangen gegenüber ermatten. Ihr Sozialbewußtsein bricht zusammen. Nicht ihre Aggressionen werden von der Ehe aufgesogen, sehr wohl aber wird ihr Gefühl für Mitmenschen zerstört. Die Idee vom Apfel, zu dem der Mensch aus Mann- und Frau-Hälften werden müßte, nimmt satanische Realität an, wenn durch diesen Zusammenschluß alle sozialen Impulse aufeinander gerichtet und nur für die Partner verzehrt werden. Die Menschen in der Ehe absorbiert, kümmern sich nicht mehr um Dinge außerhalb dieses Bezugssystems und drehen sich nur noch um sich selbst. Wenn dem Menschen all seine Verhaltensvielfalt blockiert und seine Veränderungsfähigkeit abgewürgt ist, wird er stumpf und gleichgültig dagegen, ob anderen Menschen in der Gesellschaft das Schlechteste geschieht. Diese Gleichgültigkeit als allgemeine Stimmung ist viel gefährlicher als jeder einzelne gewalttätige Akt. Das Böse ist mit ihr zum Klima geworden, das alle Menschen umgibt, und das durch den Stoffwechsel ihres gesamten alltäglichen Verhaltens zieht. Friedensbeschwörungen im allgemeinen und Verurteilungen von Einzeltaten im besonderen täuschen immer wieder über die vorangeschrittene Entwicklung des Bösen hinweg, weil sie vorgeben, es noch am Menschen selbst mahnen zu können. Das Böse ist sogar dabei, seine Schlagzeilenstimulanz zu verlieren. Die Toten, die sich schichten, die Leiber, die zerstückelt werden, die Existenzen, die zusammenbrechen, beschleunigen keinen Atem und lassen keinen Mundwinkel sich mehr herabziehen. Der Teufel reizt nicht mehr. Was Bergman seinen Teufel im »Teufelsauge« noch sagen läßt: »Nichts reizt die Menschen so sehr, wie die Offenbarung des Bösen«, gehört der Geschichte an. Das Böse ist keine Offenbarung mehr, nicht mehr »ein Teil von jener Kraft, die stets das Böse will und stets das Gute schafft«. Das Böse ist keine Negation mehr, sondern das Ganze. Die Antisozialität und die Unsolidarität der Menschen ist total geworden, so wie die Verhältnisse es sind, in denen ihr Verhalten geschmiedet wird.

2. *Die bösen Folgen für die Kinder*

Das eheliche Druckverhältnis hat auch für die Kinder, die unter ihm leben müssen, drei böse Folgen: 1. auf die Kinder wird ein Teil der in der Ehe ausgetragenen Aggressionen gezielt; 2. die Kinder müssen die verschiedensten Bedürfnisse ihrer Eltern erfüllen; 3. die Kinder empfinden die unbewußte Feindschaft zwischen den Eltern und erleben sie als Feinde beliebiger Menschen in der Gesellschaft.

Die Aggression der Eltern

Von 1. und 2. war in den vergangenen Kapiteln schon ausgiebig die Rede. Ehegatten strapazieren sich untereinander gegenseitig so sehr, daß sie die Kinder als willkommenen zusätzlichen Abladeplatz ihrer Spannungen benutzen. Wenn einer der beiden Partner sich gegen den anderen nicht so gut durchsetzen kann, hat er immer noch das Kind als sein eigenes Abreaktionsobjekt. Die Kindesmißhandlungen, die nicht erst jetzt auftreten, sondern erst allmählich erkannt werden, sind dafür tödlich tausendfaches und verletzend hunderttausendfaches Zeugnis. Früher hieß es nur einfach: »Hohe Kindersterblichkeit« durch schlechte Ernährung und ansteckende Krankheiten. Der Prozentsatz zerschlagener Kinder bleibt unaufklärbar.

Die Bedürfnisse der Eltern

Nicht weniger höllisch wirken sich die auf das Kind gerichteten Bedürfnisse der Eltern aus. Aus der Struktur der Ehe selbst ergibt sich, daß die Eltern die Kinder als Teilpartner hinzuziehen müssen, besonders benötigen sie die Beziehung zum gleichgeschlechtlichen Kind, um die Identifikationsfeindschaft zum Gatten in die Balance zu bekommen. Eltern identifizieren sich mit ihren Kindern und können dadurch ertragen, daß sie sich mit ihren Ehepartnern nicht identifizieren. Die soziale Lähmung – schlimmste Folge des ehelichen Zwangsverhältnisses – hat vor allem für die Kinder verelendende Auswirkungen. Keineswegs gilt sie nur äußeren gesellschaftlichen Vorgängen gegenüber. Eltern sind taub. Sie hören nicht auf ihre Kinder, lauschen nicht danach, was sie ihnen täglich mit einem noch unzensierten Ausdrucksschatz sagen wollen und wofür sie die Eltern wirklich brauchen. Eltern kennen nur den umgekehrten Satz: »Hörst du nicht?«, was heißt: kommst du nicht unseren Bedürfnissen nach?!

Mit seinem nicht erfüllten, sich nicht ständig durch erneuernde Prozesse wiederbelebenden Ich rudimentiert der Mensch zum Nur-Körper, der um sich selber kreist. Der Satz: wer nicht für sich ist, kann auch nicht für andere sein, gilt auch und vor allem gegenüber den Kindern, die zuallererst die »anderen« sind. Aus diesem ehelichen Desaster heraus können Eltern nicht für Kinder sein. Was sie auch scheinbar für sie tun, hat noch immer die Wirkung einer Benutzung, weil Eltern ihre Kinder als Stütze für ihre Unvollkommenheit benötigen.

Die Einübung der Falschheit

Am traurigsten ist die dritte Folge des ehelichen Druckverhältnisses für Kinder. Kinder wachsen in dem Klima einer den Ehegatten entweder verborgenen oder zwischen ihnen ausgetragenen oder zu Dritten aktualisierten Feindschaft auf. Feindschaft hat immer etwas Unlogisches, Unwürdiges und Falsches an sich. Auch der Mensch ist von diesen Attributen betroffen, der sich im Recht fühlt und weiß. Das Gegeneinandersein ist das falsche Leben und demütigt um Spuren noch die lautersten Heldenstirnen, die Ideen und Taten zur Bekämpfung von irgend etwas ersinnen. Jedoch niemand kann in einer Gesellschaftsordnung, die sich aus dem Gegeneinander der Einzelnen und der Gruppen trägt und fortführt, auf die Bekämpfung von etwas und jemanden verzichten.

Ein Kind vorsichtig in diese Feindstrukturen einzuführen, ist wohl für die Erziehungspersonen das schwerste Unterfangen. Es setzt beim Erwachsenen eine klare Übersicht über seine eigenen Feind- und Gegnerschaften voraus. Dabei wird die sichere Unterscheidung von Feindschaft, Verschiedenheit und teilweiser oder vollkommener Unübereinstimmung wichtig sein, am allerwichtigsten aber die Reinigung der Atmosphäre von Feindschaft gegenüber dem Kinde selbst und gegenüber den Menschen, mit denen der Erwachsene vor ihm lebt. Sind die Aggressionen auf das Kind und seine Benutzung für eigene Bedürfnisse der Erwachsenen, gegen die es sich nicht wehren kann, der Ausdruck offener oder verborgener Feindschaft gegen es, so erlebt das Kind in den Ungeklärtheiten seiner Eltern zwischeneinander zwei Menschen vor sich in Feindschaft. Diese Feindschaft wird meist nicht ausgesprochen oder gar begründet, sondern noch mit den Ausschmückungen höchster Liebe, engster Verknüpfung, innigster Gemeinsamkeit in ihr Gegenteil stilisiert. Das Aufwachsen in der Atmosphäre der Feindschaft wäre eine Härte, die keinem Menschen in der patriarchalischen Gesellschaft erspart bleiben kann. Aber das Aufwachsen im Nebel der Verschleierung vor dieser vom Kinde gefühlten Feindschaft krümmt den Menschen zur Lüge. Das

Kind wächst Feindschaft und Falschheit in sich ein. Es kopiert das verlogene Verhalten, bis es in seiner Struktur zu neuer Lüge festgewachsen ist.

Einem Freunde aus meiner Kindheit passierte mit seinem Sohn etwas Befremdliches. Peter H. war mitten im Studium, als sein Sohn Otto ungefähr um das dritte Lebensjahr eine die Eltern enorm quälende Marotte entwickelte. Von heute auf morgen zwang er sie, neben ihm im Bett einzuschlafen und auch die Nacht über bei ihm zu bleiben. Ausnahmsweise bequemte er sich, auch einmal zwischen den Eltern sich zum Schlafen einzurichten. Dort machte er aber ein solches Einschlafgewurstel, daß es sehr lange dauerte, ehe alle zur Ruhe kamen. Otto wachte auf, sowie einer der Eltern das Bett verlassen wollte. Sie durften sich nicht aus dem Zimmer begeben. Ließen sie ihn nicht bei sich schlafen oder hatten sie sich nach der Einschlafzeremonie in seinem Zimmer von seinem Bette weggestohlen und bemerkte er das, kam er zum Elternschlafzimmer, pochte die Eltern wach und begehrte eine neue Szene. Wenn die Eltern sie verweigerten, legte er sich vor die Schwelle des Schlafzimmers, um dort einzuschlafen. Schon vor diesen Sonderfolterungen der Eltern war Otto jemand, den man ein »teuflisches Kind« nannte. Nachbarn nahmen den Mund voll und empörten sich, das Kind gehörte in den Gulli! Diese seine Hysterien waren aufgebrochen, als der Junge entdeckte, daß die Eltern, obwohl sie versprochen hatten, zu Hause zu bleiben, doch weggegangen waren. Otto war an diesem Abend unter dem Alptraum aufgewacht, ein Flugzeug käme in sein Zimmer geflogen. Er behauptete, er hätte das Flugzeug auf sein Bett zukommen gesehen. Er war schreiend zur Nachbarin gelaufen, die ihn umsonst wieder in Schlaf versetzen wollte.
Otto hatte seine Eltern bei einer Lüge ertappt, die nicht nur in ihrem Verhältnis zu ihm, sondern auch unter den Eheleuten selbst bestand. Ottos Vater hatte damals vor vier Jahren gedacht, seine Freundin Pauline heiraten zu müssen, als sie mit Otto schwanger war. Peter war mit ihr im Anfang seines Studiums ein bis zwei Jahre befreundet, »was seine Mutter gar nicht gerne sah«. Sie war gegen das Mädchen, das sie als zu dumm für ihren Sohn entschied. Als aber das Kind unterwegs war, drängte die Mutter auf eine Heirat und verpflichtete sich, dem Sohn eine Wohnung für »das junge Glück« einzurichten, daß es den »frisch gebackenen« Eheleuten an nichts man-

geln sollte. Es mangelte Peter jedoch am Geschlecht, das sich seit der Hochzeitsnacht für seine Frau nicht mehr regte, so daß es ihm über Jahre so erging, wie Goethe es in »Das Tagebuch« für eine Nacht bei sich selbst beschrieb, als »Meister Iste« plötzlich geschwiegen hatte. Außer zwei Übereinkünften in betrunkenem Zustande »gab es nichts mehr zwischen ihnen«, wie man die Summe unter ehelich weggetretenes Geschlecht geläufig zieht. Beide Partner sahen zwar blühend aus und schliefen doch jede Nacht ohne Geschlecht im von der Mutter tüllgarnierten Hafen. Unter der Patina siedete die Hölle. In der ganzen Wohnung war die Mutter in allen Dingen gegenwärtig. Sie hatte alles eingerichtet und dadurch das Paar wie in einem Käfig verschlossen. Die eigene Frau war Peter zum Nippes, zum Inventar seiner Mutter geworden, vor dem sein Geschlecht sich weigerte. Dirigiert von Eltern und Gesetzen, fielen um ihn alle Eheklappen zu. Das Kind kam an und erlebte nichts anderes als Verkettung und verborgene Feindschaft, enorme Spannungen, Verzweiflungen und kein Entrinnen. Die H.'s waren feine Leute, so daß sie noch nicht einmal entspannend streiten konnten. Über die Lüge der Eltern, entgegen ihrer Versprechung weggegangen zu sein, tappte Otto tiefer in die Unstimmigkeit der ganzen Beziehung. Er hatte endlich etwas entdeckt, woran er sich halten konnte, daß er in seinen noch unsicheren Gefühlen, alles ist um ihn falsch, nicht fehlte. Er klammerte sich nun an dieses Ereignis und ribbelte von ihm her die ganze Feindseligkeit des Verhältnisses auf. Die Eltern drehten durch. Pauline wurde krank. Man würde sich trennen müssen, aber Pauline hatte ihren Beruf für die Ehe aufgegeben, und Peter stand mitten im Examen ... Das »teuflische Kind«, das seine Eltern lange gequält, bis es sie zur Explosion gebracht hatte, war in Wirklichkeit nur ein Spiegel vor ihnen. Immer wieder tritt an solchen Ereignissen die kindliche Fähigkeit des Durch-die-Wände- und des Durch-die-Häute-Fühlens lebhaft in Erscheinung. Alle Umwelt glaubte diesem Paar die scheinbar gutgebettete Süße jungen Eheglücks. Die Ehegatten waren schön wie Prinz und Prinzessin, die Wohnung war eine komfortable Schale für alle ihre materiellen Wünsche. Das Muster selbst war exakt. Er war Student, noch von Hause aus versorgt und dermaleinst von guten Positionen, da verlängerten die Eltern ihre Gaben gern. Sie war Hausfrau und Mutter, hatte sich ganz auf ihr eines Frauensoll konzentriert: Mann und Kind. Und die Pest wütet unter solchen normgesteppten Decken, bis das Kind beinahe schon mit Wahnsinnsanfällen auf sie hinweisen muß. Die Ehe macht auch blind. Eltern können nicht sehen, wenn das Kind mit kruden Verhaltensweisen nicht Natur oder Erbanlagen ausliefert, sondern ihre eigene, ihnen selbst unaufgedeckte Grausamkeit eingeübt hat. Kehrseite elterlicher Sozialblindheit ist ihre Selbstblindheit. Sie können sich nicht in ihrer Deformierung und in ihren ehelichen Deformationsvorgängen erkennen. Wenn dann ihr Kind in eigener Regie das Spiel begonnen hat, an sich selbst zu zeigen, was es an ihnen schon früh erlebt hat, sind die wenigsten Eltern mit ihren Kindern so paradiesisch sanft, wie es Peter und Pauline waren, die das Beklemmende der Situation erahnten, Analytiker zu Rate zogen und Entflechtungen und Veränderungen probierten. In der Regel schlagen Eltern nun auf ihre böse gewordenen Kinder ein. Das Benehmen der Kinder käme von denen selber, meinen sie, wie das Böse von unten.

IV Kultur ohne Gewalt

1. *»Eine Welt voller Eltern«*

Wenn wir die Eltern nicht abschaffen, müssen wir das Leben mit Sicherheit für den Menschen als verloren ansehen. Es geht darum, die Institution der Eltern-Ehe aus einer Mutter und einem Vater abzuschaffen, in der verklammert ein Kind aufwachsen muß. Zugleich müssen die Eltern als Instanz, als das Über-Ich im Inneren eines Menschen aufgehoben werden. Die Elternehe ist ein Gewaltverhältnis, das auch die innere Struktur des Menschen zu einem Schauplatz der Gewalt herrichtet. Das Böse kann nur dann gebannt werden, wenn dieses für alle anderen Gewaltverfahren verantwortliche Gewaltverhältnis aufgehoben wird. Eltern tun ihren Kindern Gewalt an, weil ihr Verhältnis zum Kinde total ist, weil sie autoritär sind und weil sie lügen. Sie sind vor dem Kinde unaufrichtig über ihre eigene Person, über ihr Verhalten zum Ehepartner und zu Dritten und über ihre Beziehung zum Kinde selbst.

Es gibt nun Beispiele, in denen es Eltern gelingt, die drei Merkmale, die ihr Verhältnis zum Kinde gewalttätig machen, aufzuheben oder sie für das Kind unschädlich einzuschränken. Ein Beispiel gibt die Familie Ritter, die Neills freie Kindererziehung im herkömmlichen

Eherahmen praktizierte[60]. Das Ehepaar Paul und Jean Ritter war nicht verlogen, sondern in seiner eigenen Beziehung geklärt, sexuell erfüllt und geistig im Austausch begriffen. Jeder hatte neben der Familie seine eigene sachliche Konzentration innerhalb seines Berufes. Vater und Mutter benahmen sich gegenüber ihren Kindern nicht autoritär und sie wirkten nicht total, weil sechs Kinder – später kam ein siebentes hinzu – für die Vielfalt der emotionalen Beziehungen der Familienmitglieder untereinander sorgten. Die Eltern stellten sich vor den Kindern weder heraus, noch schlossen sie den Beziehungsrahmen nach außen hin ab. Auch herrschten im Inneren der Familie keine Rivalität, Eifersucht und sexuelle Feindschaft. Wenn Freuds Dogma stimmte – der Mensch sei erotisch ausschließlich und müßte mit dem Angehörigen des gleichen Geschlechts um die Gunst der Familienmitglieder vom verschiedenen Geschlecht kämpfen –, hätte auch die Familie Ritter ein Schauplatz von Kämpfen und Spannungen sein müssen. Fünf Töchter hätten die Mutter zum Abschußziel machen und ein Sohn hätte den Vater ausstechen wollen, gar nicht zu denken an die Feindseligkeiten der Schwestern untereinander. Aber Freuds Behauptung von der Veranlagung des Menschen zur sexuellen Ausschließlichkeit stimmt nicht. Der Mensch ist erotisch nicht alternativ, sondern kumulativ (anhäufend), das heißt, er häuft die positiven Gefühlsstimmungen in sich, die andere ihm entgegenbringen. Und er kann sie ebenso mehrfach positiv auf viele Personen verströmen. Er wird erst dann sexuell ausschließlich, eifersüchtig, wegdrängend und feindlich, wenn er im herkömmlichen Vater-Mutter-Schema aus der Lust ausgeschlossen, von einem Elternteil weggedrängt wird, wenn man eifersüchtig auf ihn ist und seinen Gefühlsausbrüchen feindlich begegnet.

Die älteste Tochter, Leonora Ritter, hatte sogar nicht die üblichen feindlichen Regungen gegen ihre jüngere Schwester, von denen Freud überzeugt war, daß sie den älteren Geschwistern eigentümlich seien, weil die sich durch die jüngeren in ihrer Position bei der Mutter verdrängt fühlten. Aber diese Wut, die bei älteren Kindern gegenüber jüngeren bemerkt werden kann, geschieht nur dann, wenn Mütter den älteren eine absolute Position vorgegaukelt haben, aus der sie sie bei der Geburt des nächsten Kindes roh herauswerfen. Das älteste Ritter-Kind sagte sogar, daß es das nächstgeborene noch lieber habe als die Mutter[60] (Seite 187).

In einem Beispiel aus meiner eigenen Familie ist es einer Mutter

gelungen, die Aufzuchtsbedingungen für ihren Sohn nicht zum Gewaltverhältnis einzurichten.
Auch das Leben der Sarah P. verlief wie das tausender deutscher Frauen. Sie verlor ihren Mann im Kriege und blieb kinderlos zurück. Sie wollte gern ein Kind haben. Da ihr aber kein Mann noch einmal begegnete, der ihr so gefiel, daß sie mit ihm in Dauerzweierbeziehung leben wollte, machte sie die beiden Vorgänge: eigene Sexualität und Aufzucht eines Kindes voneinander unabhängig. Sie »holte« sich von einem Mann ein Kind, ohne daß er wußte, daß sie durch ihn schwanger wurde. Dieser Mann spielte in ihrem weiteren Leben keine Rolle mehr. Um das Kind nicht an sich zu fixieren und um sich nicht auf es zu stürzen, versuchte sie zweierlei: sie bat eine Freundin, dem Kinde sogenannte Tagesmutter zu sein. Sie selbst hatte sich ein Goldschmiedeatelier eingerichtet, das es ihr ermöglichte, in den ersten Jahren neben der Freundin auch noch selbst beim Kinde anwesend zu sein. Außerdem nahm sie einen Studenten in ihre Wohnung zur freien Untermiete und freien Verpflegung und verlangte von ihm, daß er sich ebenfalls mit ihrem Sohn beschäftigte. Zugleich hatte sie einen großen Freundeskreis. Ihr Kind, Siegfried, gewöhnte sich von klein auf an das Ein- und Ausströmen vieler Menschen. Als Sarah sich in ihrer Tätigkeit als Goldschmiedin unbefriedigt fühlte, aktualisierte sie ihre zweite Ausbildung als Heilgymnastikerin und arbeitete für einige Jahre in einem Heim für körperbehinderte Kinder. Nach wieder einigen Jahren wurde sie in einer Schule als Kunsterzieherin tätig. Sie benutzte ihre Goldschmiederei nur noch als Hobby und Nebenverdienst. Ihr Berufsleben unterschied sich von dem Normalleben der Frauen und der Männer. Entgegen anderen Müttern, die sich einreden lassen, ihr menschliches Interesse sei ihr Kind, konzentrierte sich Sarah rigoros auf Sachbeschäftigungen, die sie so erfüllten, daß sie sich uneigennützig ihrem Kinde hingeben konnte, ohne von *dem* eine Ausfüllung ihrer Leere unbewußt zu begehren. Entgegen den Männern wechselte sie den Beruf, wenn sie fühlte, daß ihre Entwicklung zu stagnieren begann. Als ihr Sohn sechs Jahre alt war und zur Schule ging, probierte sie den ersten Berufswechsel. Das Kinderheim war nicht weit von ihrer Wohnung entfernt, so daß es ihr möglich war, sich für einen Sprung um ihren Sohn zu kümmern. Siegfried konnte das Mittagessen mit ihr zusammen im Heim einnehmen. Der Student, den Sarah zur Geburt von Siegfried aufgenommen hatte, wohnte jetzt nicht mehr bei ihr.

Siegfried verschmerzte es sich damit, daß er einen Klassenkameraden bei sich wohnen lassen durfte, der Fürsorgezögling war und den Sarah wie einen zweiten Sohn aufnahm. Siegfried durfte alles nur Mögliche. Er durfte abends so lange aufbleiben, wie er es wollte, wenn ihn zum Beispiel ein Fernsehprogramm interessierte. Er durfte am Wochenende Feste feiern, und er durfte an den Festen der Mutter teilnehmen. Er durfte mit zwölf Jahren eine Radtour nach Dänemark unternehmen. Er war der Jüngste in der Gruppe, und doch ließ Sarah ihn mit. Sie fand die sogenannte Sorge, die auch sie überfiel, lächerlich. Sie konnte nur alles tun, daß das Kind sich selber schützen lernte. Überfahren werden konnte Siegfried auf der Straße um die Ecke eine Minute von ihrer Wohnung entfernt. Sarah hatte Vertrauen zu ihrem Sohn, daß er sich nicht verunstalten würde. Siegfried war aufgeschlossen, in der Schule gut, brauchte keine Nachhilfe, machte seine Schularbeiten allein. Das Erziehungsmittel der Strafe kannte Sarah nicht. Sie verheimlichte dem Sohn nichts, erklärte ihm, wie er entstanden war. Und alles konnte Siegfried aushalten. Die von der Norm abweichenden Bedingungen seines Aufwachsens erwiesen sich sogar als für ihn nicht belastend, sondern befreiend. Er hatte keine sexuellen Schwierigkeiten, keine Schwierigkeiten, Freundinnen zu bekommen. Er erhielt sehr früh ein Verständnis für seine nähere und weitere Umwelt. Nie beschwerte und belästigte er seine Mutter mit Dingen, die ihr das Leben kompliziert gemacht hätten. Er war selten krank, größere Verletzungen ereigneten sich nicht. Er war nicht aggressiv, er schädigte weder sich noch andere.

Sarah tat zwei Dinge, die das Erziehungsklima für Siegfried günstig beeinflußten. Sie befriedigte ihre eigenen sachlichen Bedürfnisse nach einer sie ausfüllenden Tätigkeit, und sie befriedigte ihre Bedürfnisse nach vielfältigen Beziehungen zu Personen, ohne daß sie die eine oder andere Beziehung zur Grundlage oder zum Rahmen der Aufzucht ihres Sohnes machte. Das waren zwei ganz verschiedene Dinge, die nebeneinander herliefen, einander zwar befruchteten, sich aber einander nicht bedingten. Sie gewährleistete ihrem Sohn die drei Grunderfordernisse menschlichen guten Gedeihens. Der Mensch braucht bei seinem Aufwachsen: 1. ein reichhaltiges Angebot von Personen und Verhaltensweisen. Angebot heißt nicht maschinelles Vorüberziehen verschiedener Personen, wie es in Heimen geschieht. 2. Der Mensch braucht einen Affektaustausch. Die Erwachsenen müssen sich dem Kinde zur emotionalen Wechselwirkung bereithalten.

3. Die beiden Vorgänge haben nur dann einen Einfluß auf die Entwicklung, wenn sie nicht nur vorübergehend sind. Das Kind braucht für die Allmählichkeit seines Wachsens die Kontinuität der Vielfalt und der Wechselwirkung.
Sarah P. lebte weder in einer abgeschlossenen Zweierbeziehung, noch umschloß sie die Beziehung zu ihrem Sohn zur Totalität. Sie skizzierte ihrem Sohn Bedingungen, die in anderen Gesellschaften das allgemeine Maß der Erziehung zum guten Menschen sind. Das Attribut »primitiv«, das einigen Gesellschaften angeheftet wird, ist nicht nur ein Kennzeichen für technisch unterentwickelt. Der Begriff »primitive Gesellschaften« wird auch benutzt, damit die die Erde beherrschende patriarchalische Gesellschaft nicht einsehen muß, daß es Formen des Zusammenlebens gibt, die nicht nur den ihren weit überlegen, sondern die überhaupt den Höhepunkt menschlichen, friedlichen und glücklichen Beieinanders erreicht haben, von dem sie noch erschütternd weit entfernt ist. Es kommt jetzt nicht darauf an, diese Beispiele zum verlorenen Paradies, zur sonderbaren Abweichung oder zur unerreichbaren Utopie zu machen. Es gibt Gesellschaften, die auf das Problem des bösen Verhaltens des Menschen, sich selbst oder (und) anderen dauerhaft Schaden zu bereiten, eine Antwort gefunden haben. Es ist unmöglich, diese Antworten als ganze auf unsere Gesellschaft zu übertragen, aber es ist umgekehrt möglich, aus dem Aufbau und dem Ablauf des dortigen Sozialgeschehens Rückschlüsse auf das unsere zu ziehen und Hinweise zu geben, in welche Richtung die Entwicklung gehen muß.

Von den Ifaluk, einem kleinen Inselvolk von Fischern im Pazifischen Ozean berichtet Renggli, daß sie »auf alle Ethologen einen ausgesprochen fröhlichen und friedfertigen Eindruck gemacht haben. Die Männer und Frauen führen alle Arbeiten gemeinsam aus, wobei große Heiterkeit herrscht . . . Streitgespräche oder andere Auseinandersetzungen gibt es in einem Tagesablauf nicht«[55] (Seite 117). Das Volk ist auf ein äußerstes Maß an Einvernehmen seiner Mitglieder, ein ständig ausbalanciertes Kollektiv angewiesen. Und dazu braucht es gute Menschen, keine schädigenden, keine eifersüchtigen, keine machtstrebenden und keine privatbesitzenwollenden Menschen. Solche Menschen stellen sich die Ifaluk durch ihre Kinderbehandlung her. Zunächst werden Kinder rückhaltlos bejaht. »Sie werden geküßt und gestreichelt, oder man spielt und beschäftigt sich ununterbrochen in einer anderen zärtlichen Weise mit ihnen ... Das Kind ist Zentrum der Aufmerksamkeit aller ... Einem Kind ist es unmöglich, längere Zeit in den Armen einer Person zu bleiben ..., weil der nächste Besucher sein Recht geltend macht, sich mit dem Kinde beschäftigen und es liebkosen zu dürfen. So kann das Kind bis zu zehnmal pro halbe Stunde die Arme bzw. die Kontaktperson wechseln ... Das Kind wird während seines ganzen ersten Lebensjahres nie alleingelassen. Immer bleibt es in der Obhut einer erwachsenen Person ... In der Zeit des ›Wochenbettes‹ wird das Kleinkind von zwei Frauen verpflegt, nämlich von seiner Mutter und seiner Großmutter ... Die Bedürfnisse eines Neugeborenen sollen sofort befriedigt werden, sobald es erwacht oder unruhig wird ... Beginnt ein Kind unruhig zu werden oder zu weinen, wird es nicht nur von der Mutter, sondern von allen erwachsenen Personen unterschiedslos beruhigt ... Es besitzt volle Bewegungsfreiheit und kann seinen Körper ungehindert erforschen, es darf völlig nackt auf dem Boden herumkriechen, wobei ihm keinerlei Grenzen gesetzt werden, es darf alle Objekte seiner gesamten Umwelt untersuchen«[55] (Seite 120, 121). »Während ihrer Arbeitszeit überläßt die Mutter das Kind einer anderen Person zur Pflege, die es auch ernährt ... Bei dieser Pflegeperson handelt es sich nie um dieselbe Person. Einmal übergibt die Mutter das Kind ihrer Schwester, ein andermal der Großmutter des Kindes, dann wieder einer Nachbarsfrau oder einer anderen Schwester ... Die Ifaluk leben in Großfamilien, (so daß) einer Mutter ... eine ganze Reihe verschiedener Frauen als Hilfskräfte zur Verfügung (stehen) ... Die Mutter selber kümmert sich allmählich immer weniger um das Kind, so daß sie schließlich gegen Ende des ersten Lebensjahres nur noch eine von vielen Pflegepersonen für das Kind darstellt[55] (Seite 126). Zu diesem Zeitpunkt wird das Kind meistens der Pflege eines älteren Geschwisters oder eines anderen Mädchens der Nachbarschaft übergeben ... Diese Mutter-Ersatzfigur wird wohl auch in den meisten Fällen dafür sorgen, daß sich das Kind im zweiten und vermehrt im dritten Lebensjahr einer Kinderspielgruppe anschließt, in der alle Kinder eines Distriktes vom zweiten bis achten Lebensjahr zusammengefaßt sind ... vierzig Prozent der Kinder auf Ifaluk werden (am Ende des ersten Lebensjahres) adoptiert, was bedeutet, daß sie ihr Elternhaus wechseln und mit dieser Trennung meistens ihre Mutter für eine gewisse Zeit nicht mehr sehen«[55] (Seite 127). Die drei großen Voraussetzungen menschlichen Wachsens, die Vielfalt des Angebotes, die Wechselwirkung zwischen Erwachsenen und Kind und die Dauerhaftigkeit der Situation werden bei den Ifaluk im Übermaße garantiert. Darüber hinaus werden alle körperlichen Bedürfnisse des Kindes sofort befriedigt, und es kann seine Entdeckungslust gegenüber seiner sachlichen Umwelt ohne Gefahr seiner zufälligen Schädigung stillen. Die körperlichen, die sachlichen und die personellen Bedürfnisse werden reichlich befriedigt. Das allerwichtigste für das Problem der Verhaltenseinübung ist jedoch, daß das Kind sich nicht als Besitz seiner Mutter erfährt. Es ist niemandem ausgeliefert. Keine Person wirkt ihm gegenüber total. Diese für die Sanftmut unschätzbar wichtige Relativitätserfahrung enthebt das Kind jedweden Druckes, der es böse machen könnte.

Auch die durch Margaret Mead bekannt gewordene Arapeshgesellschaft erzieht ihre Mitglieder zu freundlichem Beieinander. »Es ist eine Kultur, in der nicht erwartet wird, daß Männer aus ganz anderen Motiven handeln als Frauen, und in der dem Mann nur dann mehr Autorität zugestanden wird, wenn sie ein notwendiges Übel ist, das jemand, und zwar der freiere Teil, auf sich nehmen muß ... Nur zu gern gibt der Mann die ihm auferlegten lästigen Pflichten – wie Verantwortung, Führertum, öffentliches Auftreten – im mittleren Alter an seinen ältesten Sohn ab, wenn dieser das Pubertätsalter erreicht hat.« Undenkbar für unsere Verhältnisse – »eine Gesellschaftsordnung, in der anstelle von Aggressivität, Initiative, Konkurrenz und Besitzgier Aufgeschlossenheit für die Interessen und Bedürfnisse der Mitmenschen herrscht«[40] (Seite 31).
Die Arapesh denken das Kind schon vor der Geburt nicht als eine Sache, die die Frau produziert und dann der Gesellschaft abliefert, wie es mit peinlicher Primitivität noch immer bei uns vorausgesetzt und unausgesprochen gehandhabt wird. Es ist dort genau umgekehrt. Das zivilisierte Patriarchat überträgt die Mutterleibssituation auf die frühe Erziehung des Kindes, indem es ihm einen »zweiten Uterus« zudiktiert. Die Arapesh übertragen die Prozesse der seelischen Reifung in die Zeit des embryonalen Wachstums im Mutterleib. »Für sie ist das Kind nicht das Produkt eines leidenschaftlichen Augenblickes, sondern es wird allmählich und sorgsam von Vater und Mutter ›gemacht‹ ... Dabei ist die Aufgabe des Vaters der der Mutter gleich (Seite 45). Der Ausdruck ›ein Kind gebären‹ wird

unterschiedslos auf den Mann wie auf die Frau angewandt« (Seite 46). Wenn die Frau sich nach der Geburt, die aus verschiedenen Gründen außerhalb des Dorfes stattfinden muß, in ihr Bett begibt, legt sich der Mann zu ihr. »Er ist jetzt, wie die Eingeborenen es ausdrücken, im Kindbett. Das neue Leben ist ebenso mit dem seinen verbunden wie mit dem der Frau.«[40] (Seite 47) »Während der ersten fünf Tage bleibt der junge Vater in völliger Abgeschlossenheit bei seiner Frau (Seite 48). Das Leben des Säuglings hängt ... von der besonderen Wartung durch beide Elternteile ab. Der Vater muß jede Nacht bei Frau und Kind schlafen. Aller Geschlechtsverkehr ist für ihn tabu.« (Seite 49) Auch die Kinderpflege, die Säuberung und Ernährung teilen sich die Eltern. Aber auch bei den Arapesh ist das wichtigste Erziehungsprinzip die frühe Einbettung des Kindes in ein zärtliches, für es aufmerksames Kollektiv. »Tröstende menschliche Haut und menschliche Stimmen sind immer in der Nähe. Mädchen wie Jungen lieben kleine Kinder und sind immer bereit, sie auf den Armen zu halten.«[40] (Seite 54) Die Mutter gibt das Kind in die Obhut von größeren Kindern, in die des Vaters oder eines anderen Verwandten, wenn sie ihren hauptsächlichen Arbeiten nachgeht.

Das sogenannte Urvertrauen entsteht nicht, wie Erikson es sich vorstellt, allein durch eine geschlossene Mutter-Kind-Beziehung, dadurch, daß die Mutter nur *sich* als vertrauenswert anbietet, was dem Kinde im späteren Leben wenig nützt, sondern die Mutter pflanzt »dem Kinde den Keim des Vertrauens und der freundlichen Aufgeschlossenheit ein gegenüber der Welt, der Nahrung, den Tieren, den Menschen« (Seite 56). Die Mutter macht das Kind gut, nicht weil sie ihm einflößt, *sie* ist gut, sondern weil sie ihm die *Welt* als gute vorstellt und öffnet. Sie weckt dem Kinde »das Vertrauen zu den Verwandten und erfüllt die verwandtschaftlichen Beziehungen mit freundlichem Inhalt«. Und sie selbst hebt sich in ihrer Sonderstellung auf. Es heißt nicht: »Siehe, das ist deine Mutter!«, sondern: »Ehe das Kind ihre Worte verstehen kann, stellt die Mutter ihm die Verwandten vor und flüstert ihm ins Ohr: ›Das ist deine andere Mutter ... sieh sie dir an, sie ist gut ...‹«[40] (Seite 56). Das Kind lernt »allen zu vertrauen und alle zu lieben, denen es begegnet. Jeder Bewohner des Dorfes ist für das Kind ›Onkel‹, ›Bruder‹, ›Vetter‹ oder ›Tante‹« (Seite 57). »Wenn das Kind älter wird, ist seine Betreuung nicht mehr so ausschließlich auf seine Eltern beschränkt. Kinder werden ›ausgeliehen‹. Eine Tante kommt zu Besuch und nimmt das Vier-

mit denen in einer herkömmlichen Ehe, die sie auf die Kinder übertragen. Die meisten von Neills Schülern führten später ein glückliches, erfülltes und schöpferisches Leben[44] (Seite 46 . . .). Wenn Neill die Kinder um ihr zehntes Lebensjahr in seinem Internat aufnahm, konnten sie sich durch die völlige Befreiung aus allen Druckverhältnissen in Ruhe auswachsen.

2. *Das Kind zwischen Angebot und Nachfrage*

Das Kind hat keinen Sinn für das »Blut«, die originale Ableitung von seinen Erzeugern. Wer seine Eltern sind, ist ihm ganz egal. Es gedeiht glücklich und wächst zum Guten, wenn es mehrere friedliche freundliche erwachsene Gestalten um sich hat, die sich ihm widmen, und wenn es sich in ein Verhaltensgleichgewicht im Kollektiv mit Gleichaltrigen einpendeln kann.

Der Mensch will Geschichte machen, nicht Weltgeschichte im politischen Sinne, sondern Individualgeschichte und Sozialgeschichte, die ihm beide nur gelingen, wenn er in freier Kommunikation zwischen sich und anderen aufwachsen darf. Seine Individualgeschichte verläuft zwischen den allgemeinen Entwicklungsgesetzen des Angebotes und der Nachfrage, unter denen sich jeder Mensch zu einer eigentümlichen, von allen anderen Menschen sich unterscheidenden Person herausbildet. Das Prinzip des Angebotes betrifft die Erwachsenen, die mit dem Kinde umgehen, das der Nachfrage betrifft das Kind. Es gilt, beim Angebot passive von aktiven Verhaltensweisen zu unterscheiden. Im passiven Teil des Angebotes stellt der Erwachsene dem Kinde seine Persönlichkeit vor. Er äußert Verhaltensweisen, die das Kind beobachten soll, aus denen es Teile oder vollständige Aktionen zur Übernahme in sein eigenes Verhaltensrepertoire auswählen kann. Dieser Teil des Angebotes ist der allgemeine, der sich nicht speziell auf das Kind bezieht. Ihn leisten nicht nur Eltern und Erzieher, sondern auch Bekannte oder dem Kind nur einmalig begegnende Fremde. Ein solches passives Angebot geht auch von den Gestalten eines Buches, eines Filmes, einer Sport- oder einer Musikveranstaltung, eines Theaterstückes oder von Personen der Zeitgeschichte aus. Alle Aktionen, die durch leibhaftige oder fiktive Gestalten auf das Kind wirken, geben Material für die Personbildung des neuen Menschen ab.

Der aktive Teil des Angebotes bezieht sich speziell auf das Kind. Ihn können nur die Personen leisten, die direkt mit dem Kinde umgehen. Er setzt ein näheres Verhältnis zwischen Erwachsenem und Kind voraus. Der Erwachsene regt an, lockt hervor, bildet aus.

Das Kind korrespondiert zu den beiden Formen des Angebotes verschieden. Aus den passiven Angeboten sucht es sich etwas heraus. Es wählt aus der Vielfalt der angebotenen Verhaltensweisen einige für seine Struktur aus, und es sondert andere ab. Dem aktiven Angebot gegenüber muß es sich viel direkter verhalten. Es geht auf die Anregungen des Erwachsenen ein, nimmt sie an oder verwirft sie. Es tritt in aktive Beziehungen zu dem Verhalten des Erwachsenen. Es bietet seinerseits dem Erwachsenen an, äußert Interesse, Konzentration, läßt Talent und Begabungen deutlich werden, die den Erwachsenen beflügeln, mit seiner Einwirkung fortzufahren. Oder das Kind wehrt ab, sträubt sich, verneint, schlägt das Angebot aus.

Aus dieser Wechselwirkung entsteht die neue Person. Der Prozeß ist ein Geheimnis menschlicher Kommunikation. Auch wenn Geschwister oder sogar Zwillinge denselben Einflüssen ausgesetzt sind, bilden sie sich, wenn auch ähnlich, so doch immer nachweisbar, individuell verschieden aus. Neill beschreibt dieses Phänomen für die sachliche Entwicklung seiner Schüler, die sich zu ganz unterschiedlichen Interessen und Befähigungen herauswuchsen.

Der aktive Teil des Angebotes, die Hervorlockung, setzt höchste Konzentration und Verantwortlichkeit des Erwachsenen voraus. Es müßte soweit kommen, daß Eltern auch das Genie ihrer Kinder hervorlocken. Da der Mensch um vieles mehr Kapazitäten hat als sie bei ihm zum Vorschein kommen, müßten in ihrer Hervorlockung alle Erzieher ihre vornehmste Aufgabe sehen. Sicher wäre es in unzähligen Fällen möglich, daß es für viele Menschen so geschehen könnte, wie es der Wiener Maler Kobierski ganz schlicht von sich erzählt. Nichts war da bei ihm von einer Berufung schon früh in seiner Brust, keine kindliche Ahnung, von den Musen sondergeküßt und danach ausgewählt und mit Genie schon von Anfang an begnadet zu sein. Er wurde mit vierzehn Jahren Anstreicher. Als er mit siebzehn einmal krank war, malte er zum Zeitvertreib im Bett mit minuziöser Genauigkeit Porträts von Elvis und anderen Stars nach Fotos ab. Er hatte nie zuvor in der Schule im Malunterricht aufsehenerregendes Talent gezeigt. Sein Vater staunte über diesen plötzlichen Ausbruch einer Begabung und meldete den Sohn auf der Wiener

Kunstakademie an, auf die er ohne Prüfungsschwierigkeiten angenommen wurde. Durch die Ausbildung blühte das Talent zur Meisterschaft auf. Er kopierte Hieronymus Bosch, daß die Familie vor Entzücken ihren Verstand aufgeben wollte. Aber nicht nur das Handwerk präzisierte sich, der Maler entwickelte einen eigenen Stil und entfaltete seinen Geist zu schöpferischer Durchdringungskraft. Er wuchs in die Freiheit seiner Person hinein, die ihn zu der Schönheit souveräner Werke befähigte. Das ausgedrückte Genie des Sohnes kam nicht von den Sternen, sondern entstand durch eine Wechselwirkung von Talent des Kindes und Hervorlockung und Freilassung des Vaters, der alles tat, um die aufgebrochene Quelle bis zur Flußbettung einer schöpferischen Existenz zu leiten.
Die Malerin und Pädagogin Katharina Dreyer ist davon überzeugt, daß jedes Kind malen kann. Generationen von oftmals schon sehr kleinen Kindern entlockte sie ein kreatives Bewußtsein. Quängelten die Eltern der Kinder über deren Ungezogenheiten, so erlebte die Malerin nie, daß Kinder und Jugendliche in ihren Unterrichtsstunden gegeneinander vorgingen, zu ihr frech waren oder auf Sachen einschlugen. Die Eltern sahen das Malen der Kinder jedoch nur als Spielereien an. Sie werden meistens das Umgekehrte gesagt haben, als es der Vater Kobierskis tat: »Das ist brotlose Kunst, damit kannst du nichts verdienen, lern lieber etwas Richtiges!« In Tausenden von Fällen bringen Eltern die Quellen ihrer Kinder zum versiegen. Einem Freunde von mir geschah wie den meisten Kindern das Gegenteil, das Kobierski erlebte. Er spürte besondere theoretische Begabungen und wollte Philosophie studieren. Der Vater zwang den Sohn, eine Malerlehre durchzumachen. Nach deren Abschluß studierte der Sohn doch noch Philosophie. Seine Erkenntniskraft, seine präzise Sprache und seine Formulierungsgabe ließen die namhaftesten deutschen Philosophieprofessoren in Erstaunen geraten, von denen mehrere ihm Doktorarbeiten anboten. Aber die Identität dieses Mannes schwankte zwischen den väterlichen Sollensmaximen und den eigenen Begabungen ständig hin und her. In ihm rumorten Schuldgefühle, daß er sich dem Vater nun doch noch widersetzt hatte, den Beruf des Anstreichers auch ein Leben lang auszuüben, was der Vater gehofft hatte. Er brach schließlich alle angefangenen Arbeiten bei den Professoren wieder ab, zerstritt sich mit ihnen, entzog sich den Examina und schnitt sich damit selbst jede weitere schöpferische Tätigkeit im Rahmen der Universität ab.

Maria Montessori ging von der schöpferischen Begabung des Kindes aus, die nur noch gefördert, hervorgelockt und um sie die Ruhe der Ausformung gebreitet werden muß[41, 42]. Das Kind ist von selber konzentriert. Um eine Tätigkeit zu üben, wiederholt es sie viele Male. Es braucht für diese Übungen einen eigenen Rhythmus, in den die Erwachsenen mit ihren anderen Zeitgefühlen und -handhabungen nicht eindringen dürfen. Das Kind hat einen eigenen Sinn für Ordnung. Es wählt seine Tätigkeiten frei aus. Das Kind gibt sich Beschäftigungen, wie Erwachsene einer Arbeit, kontinuierlich hin, ohne dazu gezwungen werden zu müssen. Ausdauer und Inständigkeit können weder durch Belohnungen erreicht noch durch Strafen gefördert werden. »In späteren Montessori-Schulen machte man (immer wieder) die Erfahrung: die Kinder wurden von selbst gut und ordentlich, wenn sie selbständig arbeiten gelernt hatten. Fast immer erwies sich Ungezogenheit als ... Manifestation einer in Unordnung geratenen Persönlichkeit und schien darauf zu beruhen, daß die konstruktiven Energien im Inneren des Kindes nicht in den richtigen Kanälen strömen konnten ... Wenn sich die persönlichkeitsbildenden Kräfte des Kindes durch spontan gewählte Arbeit neu ordneten, neu orientierten, dann verschwanden die Abwegigkeiten von selbst.«[69] (Seite 44) Die wilden, verwahrlosten, ungezogenen, bösen Kinder wurden unter der Betreuung, unter den Angeboten und Hervorlockungen der Montessori wieder gut. »Sie waren nicht mehr ungebärdig ..., sie wirkten, als ob sich in ihren Seelen eine neue Art von Gutsein entwickelt habe, das nach und nach ihr ungeordnetes Wesen von ihnen abfallen ließ ... Ganz spontan begannen sie, ein ungewöhnliches Maß von Selbstdisziplin zu zeigen und zugleich geistige Heiterkeit und große Achtung vor dem Recht des anderen.«[69] (Seite 51)
Diese Entdeckungen betreffen nicht nur die Ausbildung der sachlichen Fähigkeiten des Kindes, sondern noch viel mehr die Heranzüchtung seines Verhaltens, wobei sachliche Einübung und personelle Veränderung in engem Zusammenhange stehen.
Freie Entwicklung zur Person und Respektierung der Entwicklung der anderen schließen sich nicht aus, sondern bedingen einander. Auch Montessori umgab das Kind mit den für es einzig segensreichen Bedingungen für sein Gutwerden: Erwachsene als Vorbilder und das Kollektiv Gleichaltriger für die Verhaltensbalance.
Diese Bedingungen, die für alle Menschen eingerichtet werden müßten, sind nur in verschwindend kleinen Ausnahmen anzutreffen: in

den glücklichen Gemeinschaften »Primitiver«, in der ländlichen Kommune des Kibbuz und unter Erziehern wie Montessori und Neill. Das normale Kind hat weder viele Vorbilder für die freie Auswahl noch eine Gemeinschaft Gleichaltriger, in die es eingebettet ist. Das Gesetz des Angebotes und der Nachfrage, das eine freie Ich-Geschichte des Menschen garantiert, wird unter normalen Bedingungen umgeworfen. Im Kinderzimmer herrscht kein freier Entwicklungsmarkt; das passive Angebot wird äußerst eingeschränkt, weil die Eltern, so wie sie selber in ihren Kinderzimmern zurechtgehauen worden sind, sich nicht zu Persönlichkeiten entwickeln durften, die sie ihren Kindern vorstellen könnten. Am allerwenigsten ist die in die Rolle der Nur-Mutter- und -Hausfrau eingestampfte Frau eine Persönlichkeit, aus der sich das Kind einiges entnehmen könnte. Die ein bis zwei Personen, die mit dem Kinde umgehen, sind von katastrophaler Einspurigkeit, so daß das Kind nicht einmal auf ein reiches Verhaltensspektrum seiner Bezugspersonen zurückgreifen kann. Dazu wirkt sich schädlich aus, daß die Familien hermetisch voneinander abgeschlossen sind. Totalität der Eltern heißt, daß sie das passive Angebot anderer Personen nicht dulden. Sie finden Wege, die Aufnahme fremder Einflüsse für den Aufbau der Kinderseele zu verhindern. Die aktive Seite des Angebotes spottet dem Wort selbst Hohn. Von Angebot kann keine Rede sein, sondern nur von Befehlen. Die Kinder müssen etwas tun, etwas werden, etwas sein, je nachdem wie es die Eltern wollen. Aktive Angebote anderer Personen, sollten sie überhaupt an das Kind herankommen und sollte es die Kraft haben, sie anzunehmen, führen zu schwersten Konflikten zwischen ihm und seinen Eltern.

Auch das Kollektiv Gleichaltriger ist als ständige Entwicklungsbegleitung fast jedem modernen Kinde heute ausgeschaltet. Es gibt kaum noch eine Familie, die mehr als drei Kinder hat. Alles, was darunter ist, kann nicht mehr mit der Verhaltensvielfalt eines Kollektivs verglichen werden. Der Mensch hat dadurch zweierlei verloren, den Weg zum glücklichen, guten, befriedigten Ich und die beseligende Verbindung zum Kollektiv. Erst dadurch ist der Irrweg in das Phänomen der Masse einschlagbar geworden. Viele Menschen als zahlenmäßige Anhäufung wären noch keine Masse. Erst viele ich-enthobene, in unvermitteltem Nebeneinander agierende Menschen werden zur Masse, in der es weder die Verantwortung der

Person für sich selbst gibt, noch die verbindende Durchwirkung zu den anderen Agierenden. Statt Ich-Ekstase und Gruppeneinklang kennt der Mensch nur noch Massenhysterie.

Der Nationalsozialismus ist den Deutschen mit verschiedenen Mitteln um die Ohren gehauen worden. Er wurde deutsch-traditionell, ökonomisch-marxistisch und psychoanalytisch erklärt. Umsonst werden noch immer die Zeitgenossen geschüttelt, ob sie die Ereignisse nicht hätten abwenden, ob sie sich nicht dem Ärgsten, dem Kriege und den Minderheitenvernichtungen mit Erfolg hätten entgegenstemmen können. Der deutsche Faschismus wird als der Kulminationspunkt des Bösen betrachtet und geistert in den Hirnen vieler Teilnehmer doch uneingestanden als Leistung herum. Er war ein Leiden, das jede Spekulation auf Schuld, auf Pauschalverantwortlichkeit des einzelnen und des Volkes zunichte macht. »Der gesellschaftliche Druck lastet weiter, trotz aller Unsichtbarkeit der Not heute. Er treibt die Menschen zu dem Unsäglichen, das in Auschwitz nach weltgeschichtlichem Maß kulminierte« (Seite 92), schreibt Adorno in »Erziehung nach Auschwitz«[1].

Die Menschen wurden zum Faschismus nicht nur getrieben, sondern von ihm auch angelockt. In den Augen der Zeitgenossen – linke Theoretiker ausgenommen – glimmen noch immer Funken der Begeisterung, wenn sie von dem Dritten Reich erzählen, die alles endgültige Wissen über Auschwitz nicht ausblasen können. »Die Gemeinschaft damals war etwas anderes als heute!«, »der Zusammenhalt!«, »das Ganze!«, »die Volksgemeinschaft!«, »Ich war für Hitler, weil er für das Soziale war . . .« Solche Aussprüche wiederholen sich noch immer. Das verfänglichste Lockmittel des Nationalsozialismus war »die Volksgemeinschaft«. Der von klein auf an seinem Bedürfnis für das Kollektiv betrogene Mensch, der vereinzelte, einzeln zugerichtete und durch starke Elternmächte von aller Gemeinschaftsharmonie ausgeschlossene Mensch bekam nun späte Möglichkeiten der Einbettung in den großen Zusammenhang der sogenannten Volksgemeinschaft. Mit unwiderstehlicher Faszination lockten die Faschisten jeden einzelnen zur Befriedigung seiner Gemeinschaftsbedürfnisse ins Kollektiv. In Wirklichkeit waren sie so unsolidarisch wie es das Kapital selber ist, für das sie agierten. Aber sie trafen auf eine Entbehrung, die im kapitalistischen Patriarchat zum Prinzip geworden ist, auf den Mangel an Solidarität. Solidarität gibt es nur im Kampf gegen den Kapitalismus. Der ist dem Volke verboten.

Durch den Nationalsozialismus schienen Solidarität, Gemeinschaft und kollektive Aktion ohne die gefürchtete Revolution möglich. Wenn der Mensch in seiner Kindheit um das Kollektiv gebracht wird, verwirrt sich sein Gemeinschaftssinn, der dann in seinem späteren Leben nur noch betrogen und verführt werden kann. Der Mensch bekommt eine schmerzliche, schwärmerische Vorstellung von Gemeinschaft. Er kann sie aber nicht als Person, von Person zu Person bilden, er kann sich nur noch als ein Teil zur Masse pressen lassen. Besonders Männer werden mit Hilfe dieser Entbehrung in alles Soldatische gelockt. So sehr ihr Körper geschunden worden sein kann, kehren sie aus Kriegen mit seligen Erlebnissen männlicher Gemeinsamkeit zurück. Sie sind außerstande, diese Seligkeit durch die dort erlebten Entsetzen verwischen zu lassen.

Die abgebrochene, verstümmelte Individualgeschichte schafft dem Menschen die Bereitschaft, fremd- und selbstschädigend zu agieren. Die verhinderte Sozialgeschichte schafft dem Menschen die Bereitschaft zur Massenhysterie, über die das System das einzelne böse Verhalten von Zeit zu Zeit für größere Zusammenhänge benutzen kann. Vereinzelung des Kindes vom anderen Kind und Totalität der Wirkung des Erwachsenen lassen das Böse im individuellen und im kollektiven Bereich absolut wirksam werden. Das Buch Alexander Neills »Theorie und Praxis der antiautoritären Erziehung« ist voll von praktischen Hinweisen, wie ein Mensch vor seiner Entwicklung zum Bösen bewahrt werden kann. Nach der Millionenauflage seines Buches in Deutschland zu urteilen, müßten es allein hier mehrere Millionen gelesen haben. Wenn die Gesellschaft ein Bewußtsein für das Kind und einen Willen gegen das Böse hätte, würden die Erziehungsstätten nach dem Muster Summerhill aus dem Boden schießen. Und Eltern würden die psychischen Nabelschnüre um ihre Kinder zerreißen, die Mauern der Familie zusammenbrechen lassen, sie würden, ehe sie sich »eigene Kinder anschafften«, die 130 000 Heimkinder adoptieren ...

Wenn Zustände gescholten und beklagt werden, erhebt sich immer der Ruf nach »positiven Gegenvorschlägen«. Das Buch Neills ist ein einziger positiver Vorschlag und enthält unzählige Details, wie Kinder an ihre Geschichte herangelassen werden können, und ihnen dadurch der Un-Weg in das Böse erspart bleibt. Das positive Beispiel hat eine schlechte Wirkung. Es schließt ab und schafft Ruhe, raubt

den Lesern eben jene Unruhe, mit der sie selbst das Bessere als den beschriebenen Zustand suchen könnten. Außerdem bedeutet es eine Geringschätzung der schöpferischen Kraft des Menschen, sich selber auf den Weg der Besserung zu begeben. Trotz dieser Einsicht will ich auf einige Dinge hinweisen, wie der Weg begonnen werden könnte. Auf pädagogische Genies wie Montessori und Neill für den Alltag zu bauen, ist utopisch. Wenn antiautoritäre Experimente in der Bundesrepublik mißlungen sind, so hat das nichts mit der Beseitigung des totalitären und autoritären Erziehungsmusters zu tun. Im Kibbuz und bei Neill sind die Merkmale Totalität und Autorität ebenso abgeschafft. Die Kinderläden haben aber das für das Aufwachsen notwendige Merkmal der Kontinuität beseitigt, den Kindern betreuerisches Hin und Her und willkürlichen Personenwechsel zugemutet und sie damit in die Nähe des anderen Extrems falscher Erziehung unter Heimbedingungen gebracht.
Die Kibbuzerziehung übertreibt das Kollektiv, setzt immer noch auf die Gemeinschaft, wenn der Jugendliche sich längst auf den einzelnen und auf sich selbst konzentrieren will. Diese Verzerrung ist überflüssig und sollte nicht als Modell für eigene Veränderungen stehen. Die Familie Ritter kann kein Vorbild mehr sein, weil sieben Kinder in die Welt zu setzen heute bedeutet, an dem Zusammenbruch des menschlichen Lebens auf der Erde mitzuarbeiten. Eine Großfamilie als Viel-Kinder-Familie ermöglicht zwar eine Befriedigung des Gemeinschaftssinnes, die Eltern bleiben aber total, können sich jedes einzelnen Kindes bemächtigen, die Struktur bleibt hierarchisch, die Ich-Geschichten der Kinder sind verunstaltbar wie in Kleinfamilien.
Zur Kindergemeinschaft muß die Elterngemeinschaft kommen. Das setzt voraus, daß monogame Sexualität und Kinderaufzucht einander nicht mehr bedingen. Kindergemeinschaft darf heute nicht mehr bedeuten Geschwistergemeinschaft durch Blutsverwandtschaft, wenn wir nicht durch Überbevölkerung zugrunde gehen wollen. Da ein ständiges Kollektiv Gleichaltriger beim Aufwachsen des Menschen für die Vermeidung des Bösen unbedingt notwendig ist, müssen Eltern mit Kindern zusammenleben, die sie nicht biologisch hervorgebracht haben. Elterngemeinschaft setzt voraus, daß nicht nur Menschen in einer Lebensgemeinschaft organisiert sind, die sexuell aneinander gebunden sind und daß die Sexualität nicht mehr monogam zensiert wird. Für die Freiheit von Angebot und Nachfrage ist am allerwichtigsten die Auflösung der Elternehe und die Bildung

einer Elterngemeinschaft. Wie selbstverständlich haben seit Jahrtausenden Eltern mehrere Kinder. Aber wenn Kinder nach mehreren Eltern begehren, wird dieser Wunsch als Verirrung abgetan. Die Kindergemeinschaft kann sich das Kind auch selbst mit Hilfe von Schulkameraden und Freunden nachschaffen. Die Elterngemeinschaft muß ihm eingerichtet werden.

3. Trennung von Sexualität und Aufzucht

Das größte Unglück, das für die Entstehung des Bösen am meisten verantwortlich ist, liegt in der Zusammenschweißung von monogamer Sexualität und Kinderaufzucht. Diese Verknüpfung gibt es erst seit Bestehen des Patriarchats, das selbst die entscheidendste Voraussetzung für die Entwicklung des Bösen geschaffen hat. Liebe und Sexualität unterstehen ganz anderen Gesetzen als Kinderaufzucht und menschliche Entwicklung. Die persönliche Liebe ist das Ergreifendste, das Menschen miteinander erleben können. Die Fähigkeit zur Zweisamkeit, zur echten persönlichen Durchdringung setzt alle anderen Gefühle in den Schatten und bedeutet den Höhepunkt menschlicher Empfindungsfähigkeit. Dieses absolute Gefühl ist der Gemeinschaft und der Zeit gegenüber unempfindlich. L'amore fa passare il tempo, il tempo fa passare l'amore (die Liebe läßt die Zeit vergehen, die Zeit läßt die Liebe vergehen), drückt es ein italienisches Sprichwort aus. Zeitliche Kontinuität und gemeinschaftlicher Gleichklang sind nicht Gesetze, denen Liebe und Sexualität gegenüber verpflichtet sind, von denen aber das Aufwachsen des Kindes existenziell abhängt. In der Liebe drückt sich das Ich aus, wenn es erwachsen geworden ist, wenn es selbst Kontinuität und das feste Bezugsmuster einer Gemeinschaft nicht mehr für seine Zusammensetzung braucht. Die Liebe ist ein Höhepunkt und steht damit im Gegensatz zu Dauer und Balance. In ihrer Konzentration auf zwei Personen ist sie gemeinschaftsfeindlich und in ihren Schwankungen, ihren Ekstaseausbrüchen ist sie kontinuitätsfeindlich. Ergreifen wechselt mit Loslassen ab, der Höhepunkt braucht seinen Anlauf, er bedingt seinen Abfall. Spannungen und Entspannungen folgen aufeinander. Das Kind belästigt die Erwachsenen in den Zeiten der Entspannungen und die Erwachsenen belästigen das Kind in der Phase der unerlösten Spannungen.

Sexualität ist schon bei den Tieren ein gemeinschaftsfeindliches Verhalten. Vitus B. Dröscher zitiert aus Hubert Marks »Vom Eigennutz des Uneigennützigen«, »daß sich höheres soziales Verhalten offenbar im Tierreich nie aus dem sexuellen Beziehungssystem entwickelt ..., daß Sexualität ... vom Ursprung her nicht sozialisierend wirkt ... Zwei sind zwar mehr als einer, aber weniger als drei«[10] (Seite 358). Dröscher nennt die Sexualität »in ihrem wahren Charakter eine janusgesichtige sozial-asoziale Macht ... Wie die Sexualität ungeeignet ist, der Menge nach mehr als zwei Individuen zusammenzuführen, so ist sie auch untauglich, der Zeit nach Männchen und Weibchen, Mann und Frau länger beieinanderzuhalten, als das unmittelbare Bedürfnis nach sexueller Befriedigung anhält«[10] (Seite 358).

Das Tier ist auf keine jahrelange Kindheit angewiesen, weil es keine Ich-Geschichte zurücklegen muß. Wenn das Jungtier ernährt wird, ist es für seine Entwicklung belanglos, ob seine Eltern zusammenleben, ob sie sich trennen, ob sie allein oder in Gemeinschaft von Gruppen leben.

Beim Menschen ist alles ganz anders. Vollends zum Schaden wirkt es sich für ihn aus, wenn seine Eltern, die sich in ihrer Zweisamkeit nicht mehr ertragen können, sich scheiden lassen und einer der Partner aus dem Gesichtskreis des Kindes verschwindet. Mit der verbreiteten Pauschale, Trennung sei für das Kind besser als die vor ihm ausgetragenen Spannungen der Eltern, setzen sich Erwachsene über Bedürfnisse ihrer Kinder hinweg. Hunderttausend Scheidungen werden laut »Spiegel« 18/74 für 1974 erwartet. Wenn man rechnet, daß die Ehe in der Regel 1 bis 3 Kinder hervorbringt, sind mindestens 150 000 bis 200 000 Kinder einem Hin und Her ausgeliefert, mehr eheliche Kinder leiden in der Bundesrepublik unter dem Mangel an Kontinuität als Heimkinder.

Das Leiden des ehelichen Kindes an dem Abbruch der Beziehung zu einem Elternteil oder dem Hin-und-hergerissen-Werden entsteht aber nur, weil ihm das Beziehungsmuster Vater–Mutter–Kind als eine räumliche und zeitliche Totalität vorausgesetzt worden ist, man es sogar gezwungen hat, sich an diese Totalität zu gewöhnen. Hätte das Kind diese und jene Erwachsenen zur Betreuung und Entwicklungshilfe, könnte es in der Erfahrung der Relativität aller Personen aufwachsen und brauchte sich nicht daran zu verwunden, daß ihm als total vorgestellte Personen plötzlich relativ werden oder sogar aus

Das Bundesministerium für Familie wollte zur Entlastung von den ungefähr 700 000 berufstätigen Müttern sogenannte »Tagesmütter« einstellen. Das Modell kommt aus Schweden. Die Tagesmutter versorgt im eigenen Haushalt neben ihren eigenen Kindern auch Kinder von anderen Frauen und ist Angestellte der Gemeinde mit allen Sozialabsicherungen. In Deutschland gibt es Theater, aber keine angestellten Tagesmütter. Frauen greifen oftmals zur Selbsthilfe. »Brigitte« druckte Adressen von Frauen ab, die zur Tageskinderpflege bereit waren. Aber das Projekt lebt noch längst nicht allgemein. Es eckt an allen Säulen des Patriarchats an. Das Gehalt sollten lieber die originalen Mütter bekommen, die dann nicht zu arbeiten brauchten, empfiehlt der Kinderneurologe Johannes Pechstein[45] und geht damit an den drei Problemen vorbei, die die Tagesmutter beheben helfen sollte:

1. Die Wirtschaft kann ohne Frauenarbeit nicht mehr sein.
2. Die Frau soll nicht mehr von der Gesellschaft und vom Mann dazu bestimmt werden, ihre Erfüllung in der Beschäftigung mit Kindern zu finden.
3. Das Kind darf nicht mehr von einer Mutter besessen werden.

Selbstverständlich wäre erstes Zeichen für eine kinderfreundliche Einstellung der Gesellschaft, wenn sie Müttern für die Tätigkeit der Kinderaufzucht, des elementarsten Berufes, den es gibt, ein Gehalt zahlen würde, wenn sie die Frau mit dem Kind nicht mehr unter die Abhängigkeit des Ehemannes zwingt und ihr auch noch die Doppelbelastung von Haushalt und Beruf aufbürdet. Das Pflegerische ist nicht identisch mit dem Weiblichen. Eine Tagesmutter wird zur Kinderpflege mehr begabt sein als eine Frau, die sich in der Beschäftigung mit Dingen, in der Ausübung eines Berufes verwirklichen will.

Für das freie Wechselspiel von Angebot und Nachfrage wäre die Tagesmutter ein Segen. Aber der soll nicht sein. Der Ein-Personen-Druck auf das Kleinkind soll bleiben. Pechstein bemüht das Abendland, dessen Untergang, Konrad Lorenz und – es muß ein Versehen sein – Max Horkheimers »Krise der Humanität«[45] und hält mit Männerphilosophie, -psychologie und -medizin dicke, große, breite Warnschilder vor das erbärmlichste aller patriarchalischen Kapitel, das Gewaltverhältnis »Mutter und Kind«. Wer heute den Mund in Sachen Kindererziehung auftut und die Familie, die Ehe und die Mutter-Kind-Beziehung verteidigen will und nicht vor seinen ersten

Sätzen die Ungeheuerlichkeiten der 100 abgeurteilten Fälle von Kindestötungen, der 1000 unaufgeklärten Sterbefälle, die auf Kindesmißhandlungen zurückgeführt werden müssen, und der 100 000 geschätzten Körperverletzungen, die an Kindern durch ihre Eltern begangen werden, vorauserwähnt und sich nicht entschuldigt dafür, daß er es nicht lassen kann, trotzdem an das Gute dieses Aufzuchtsmodells zu glauben, ist ein Verführer und Verfälscher, als Kinderarzt um so mehr, weil es ihm in seiner Praxis vorgekommen sein muß, einen Totenschein für ein von Eltern getötetes Kind auszustellen. »Es gibt keine Kibbuzeltern, die ihre Kinder schlagen, und es ist undenkbar, daß im Kibbuz Kinder so mißhandelt werden, daß sie der Spitalpflege bedürfen.«[2] (Seite 73)

In der Sendung des NDR »Sie – Er – Es« vom 14. 2. 1974 wurde eine Frau gezeigt, die nicht unter dem Begriff »Tagesmutter« vorgestellt wurde, aber in deren Verhalten sich alles zeigte, was wohltuend auf Kinder wirkt. Diese Frau ist mit ihrem Tun eine Antwort auf die Frage, wie es in Zukunft mit Kindern zu halten ist, wenn sie nicht erneut zu bösen Menschen herangezogen werden sollen. Die Frau ist über Sechzig und seit einigen Jahren Witwe. Aus der soziallähmenden Sterilität der ehelichen Zweierbeziehung befreit, öffnete sie sich – für sie selbst überraschend – erzieherischen Aufgaben. Neben ihren fünf Enkelkindern widmete sie sich Arbeiterkindern, die zu ihr nachmittags kamen und bei ihr Schularbeiten machten und dann in ihrem Hause und ihrem Garten spielen durften. Die Kinder wurden seit dem Umgang bei ihrer Ersatzmutter in der Schule gut und sogar sehr gut. Sie wirkten nun umgekehrt auf ihre eigenen Mütter, die manchmal an den Nachmittagen mitkamen, um selbst zu lernen. Sie lernten Lernen und Spielen, Dinge, die sie in ihrer eigenen Kindheit nicht gelernt hatten. Und was das Wichtigste war, sie lernten, entspannt mit ihren Kindern zu leben.
Die Frau stellte keine Unterschiede zwischen ihren eigenen Enkelkindern aus »feiner Herkunft« und den Arbeiterkindern aus den untersten Schichten fest. Das Leben der fremden Kinder stand nur unter der Entbehrung einer genügenden Ansprache. Die Kinder hatten vorher in ihren Familien keine allgemeinen Anregungen, keine besonderen Angebote bekommen, die die Frau ihnen nun reichlich eröffnete. Sie ließ die Kinder an alle Gegenstände ihrer kostbaren Wohnung heran. Keine Keksschachtel war verschlossen. Überall

durften die Kinder kramen und kosten. Schon die ersten Anzeichen des Bösen, das wilde, rigorose Umgehen mit den Dingen, blieb bei diesen Kindern unter der Obhut der Frau aus. Sie sagte: »Nie ist etwas kaputt gegangen; sonst in der Schule und in ihrer eigenen Umgebung sind die Kinder sehr aggressiv!«

Das Böse kann verschwinden, wenn der Druck der Ehe von den Erwachsenen und der Druck der Eltern von den Kindern genommen wird. All das nützt nichts, wenn Personen nur ausgewechselt werden, der Druck der Verhältnisse aber bleibt und besonders, wenn die Sexualität die Aufzucht beschattet. Geschlechtliches Hin und Her fesselt Erwachsene in Unmündigkeit und impft Kindern das Böse ein. Das simple Beispiel zum Schluß sollte Erwachsene in Scham versetzen, daß sie sich nicht zusammennehmen können, und dadurch die neue Kindergeneration immer wieder auf den schweren Weg in das Böse schicken.

Frau X. ist verheiratet mit Herrn X., den sie sich geangelt hat, indem sie die Pille absichtlich einmal ausließ. Ein zweites Kind, das innerhalb der Ehe gezeugt wurde, hat sie abgetrieben. Der Sohn Z. lebt sieben Jahre unter den totalitären Familienbedingungen einer Mutter und eines Vaters. Seit einiger Zeit wundert er sich, daß der Vater öfter weg ist. Eines Tages tritt er am Sonntagmorgen in das elterliche Schlafzimmer und sieht bei seiner Mutter Herrn Y. liegen, den er bisher nur als freundlich grüßenden Nachbarn von gegenüber kannte. Die Mutter ruft: »Das ist jetzt dein neuer Papa!« Z. dreht durch! Heimlich kontrolliert er in der nächsten Zeit fortlaufend den Schreibtisch der Mutter und entdeckt, daß seine Eltern in Scheidung leben. Er spielt verrückt und beginnt, die Mutter zu terrorisieren. Er zieht in das eheliche Schlafzimmer ein und benutzt das Bett neben der Mutter, »verbietet« ihr, mit Herrn Y. in der Wohnung X. zusammenzukommen. Frau X. trifft sich mit Herrn Y., der seinerseits in Scheidung lebt, in einem gemieteten Hotelzimmer. Z. legt sich vor die Wohnungstür und schläft dort ein, wenn die Mutter abends wegbleibt. Den Vater sieht er nicht wieder. Die Eltern werden geschieden. Herr Y. versöhnt sich offenbar mit seiner Frau. Frau X. legt sich an den Gashahn. Z. findet seine bewußtlose Mutter. Frau X. gibt Z. in eine andere Stadt zu ihrer Mutter und reißt ihn aus der Schule heraus. Die Großmutter wird mit dem Kind auch nicht fertig und gibt es weiter an ein Internat.

Die auf solche Weise tausendfach geschehenen Auflösungen von Ehen und Eltern-Kind-Beziehungen heben in Wirklichkeit die Strukturen dieser Verhältnisse nicht auf. Das herumgeschubste, das abgestellte Kind ist keine Alternative zum gefangenen. Daran, wie sich die Nachbarn XY. verhalten, kann gesehen werden, wie ihnen ihr Sinn für das Zusammensein verlorengegangen ist. Anstatt in ihren Sozialbezügen zu bleiben und sich verschiedentlich zu lieben – alle Beteiligten lebten hier sogar in unmittelbarer Nähe –, können sie ihr Geschlecht nur zum Ausdruck bringen, wenn sie alle sonstigen sozialen Verhältnisse, in denen sie bisher organisiert waren, zerreißen. Da aber die sozialen Verhältnisse zu den seelischen Verhältnissen des Kindes werden, zerreißen Eltern ihr Kind. Hätten die X.s ihr Kind eingeweiht, sich selbst schon früh relativiert, andere Personen für das Aufwachsen des Kindes hinzugezogen, dann hätte das Kind sich an den Veränderungen nicht zu stoßen brauchen. Aber Eltern sind nicht nur lahm, taub, blind, sondern auch noch stumm.
Es muß umgekehrt heißen: Auch noch die schlechteste Gemeinschaftserziehung – wenn sie im Prinzip nach den Montessorischen, Neillschen und Kibbuzpraktiken eingerichtet wäre – ist besser als die Individualerziehung in einer herkömmlichen Elternehe.

4. Aggression und gesellschaftliches Gleichgewicht

Das Böse als Fremd- und als Selbstschädigung ist abschaffbar, weil es nicht angeboren, sondern über falsche Verhältnisse in den Menschen hineingezwungen wird. Heißt das, daß damit jede Reibung zwischen den Individuen, daß Schmerzzufügungen, Ablehnungen und Verneinungen ebenfalls abgeschafft werden?
Aus den Studien der Verhaltensforscher, auch besonders denen Konrad Lorenz' ist immer wieder deutlich geworden, daß je höher eine Tiergemeinschaft entwickelt ist, sie um so mehr zur Regelung ihres Kollektivs »verneinende« Verhaltensäußerungen braucht. Höherentwickelt heißt hier in dem Sinne, daß sich die Exemplare individuell aufeinander beziehen können. Lorenz nennt nun die vielfältigen verneinenden Aktionen unter den Exemplaren »Aggressionen«. Man muß diesen Begriff der Aggression einschränken. Sie ist nur ein Teil einer negativen Verhaltensvielfalt. Die Entwicklung der Unverwechselbarkeit der Exemplare ließ zunächst einen reichen Katalog

positiver Verhaltensformen entstehen, beschrieben von Lorenz in seinem Kapitel »Das Band«[32]. Aber der Entwicklungsgang zum Individuum bedeutete nicht nur einen Zugewinn an positiven Verhaltensweisen, sondern auch einen Zuwachs an negativen. Wenn das Leben zur »Auswahl« wird, wie Tucholsky es sagt, muß es auch zum »Ausschluß« werden. Schon im Tierbereich gehen so verschiedene Phänomene, wie Paarbildung, Rangordnung, Inzestvermeidung, mit negativen Verhaltensweisen gegen einzelne Exemplare einher. Liebe entsteht nicht immer gegenseitig, sondern geschieht oft unter den Schmerzen der Einseitigkeit. Nicht jedes Tier ist stark genug, eine Gruppe anzuführen, und die Jungtiere werden mit ihren geschlechtlichen Bedürfnissen in ihrem Herkunftsverband unbefriedigt gelassen.
Die menschliche Gesellschaft, die in der Entwicklung der Exemplare zur Individualität am weitesten vorangeschritten ist, kennt die kompliziertesten persönlichen Beziehungen. Der Mensch ist auf dem Gipfel der Persönlichkeit angelangt. Er braucht für die Abgrenzung der einen Person von der anderen die verneinende Verhaltensweise noch viel dringender als das Tier. Unter diesen negativen Äußerungen wird auch immer die aggressive zu finden sein. Aggression ist aber nur gedacht als Mittel, ein aus der Balance gekommenes Gleichgewicht zwischen Personen wiederherzustellen. Wenn man sich auch eine Gemeinschaft als Organismus vorstellt, dann übernimmt die Aggression die Funktion des Schmerzes. Sie soll alarmieren, daß etwas in Unordnung geraten ist. Sie ist wie der Schmerz im Körper ein Ausnahmezustand des natürlichen Befindens, die Kehrseite des Wohlergehens. Der Schmerz wird erst in Krankheiten zum Tode wie dem Krebs zur Regel. Die Krankheit zum Tode, die die Gesellschaft allmählich zerstört, ist das als Dauererscheinung eingerichtete Böse. Schmerz und Aggression unter normalen Umständen sollen gerade nicht zerstören, sondern als Alarmzeichen für eine akute Bedrohung des Lebens es selbst vor der Zerstörung bewahren. Die Aggression ist ein Mittel zur Wiedereinrichtung des Gemeinschaftsfriedens, zur Aufrechterhaltung des Einklangs der Gruppenmitglieder. Wenn einem Individuum in seine Kreise eingegriffen wird, wenn es sich in seinen Lebensrhythmen gestört fühlt, wird es aggressiv.

Die Aggression als reine Gleichgewichtsmaßnahme zwischen Individuum und Individuum bewies sich an Menschen, die man die »wilden Kinder« nennt. Diese Menschen sind in einer Weise aufgewachsen, die man ihnen niemals als Experiment hätte zumuten dürfen, und doch ist ihr Leben das kühnste Experiment für das Problem der Anteile natürlicher Zusammensetzung und gesellschaftlicher Bestimmtheit des Menschen. Diese ausgesetzten Kinder sind Opfer der grausamen Gesetze, die Eltern, besonders Mütter, dazu zwingen, gezeugtes Leben auch aufziehen zu müssen. Die glückliche Gemeinschaft der Arapesh gibt jedem Menschen die Souveränität darüber zu entscheiden, ob er sich dem neuen Leben widmen will und kann[40] (Seite 46). Es kommt unter zivilisatorischen Bedingungen immer wieder vor, daß Eltern, meist uneheliche Mütter, ihre Kinder aussetzen. Wenn solche Babys von Tiermüttern angenommen werden, haben sie die Chance zu überleben. Man hat zwischen 1344 und 1961 53 Kinder entdeckt, die ohne normale menschliche Begleitung aufgewachsen sind. Der in Deutschland berühmt gewordene Fall ist der des Kaspar Hauser, der siebzehn Jahre lang in einem Kellerraum gefangengehalten wurde[15]. Bei ihm gab es wenigstens eine vermummte Person, die das Essen brachte und ihn einige Wörter zu sprechen und zu schreiben lehrte. Völlig in der Wildnis wuchs der französische Junge auf, der später Victor von Aveyron genannt wurde. Dieser Fall ist durch den Pariser Arzt und Taubstummenpädagogen Jean Itard berühmt geworden. Itard hatte in Victor einen Menschen im »Null«-Zustand vor sich, dem viele Quellen seiner Voraussetzungen schon versiegt waren, weil er ungefähr zehn Jahre ohne jeglichen menschlichen Einfluß gelebt hatte. Bei Itards Versuchen, die versäumten Zeiten etwas nachzuholen, wird bei dem sich nun entwickelnden Verhalten auch deutlich, wie die Aggression entsteht und was sie ist. Victor kannte keine Artgenossen, er kannte auch keinen »Aggressionstrieb«. Er wehrte sich, wenn er angegriffen wurde. Er quälte keine Tiere, er haute nicht auf Sachen ein. Wenn man ihn ergreifen wollte, biß er. Erst wenn die Personen sich als wohltätige Betreuer gezeigt hatten, ängstigte er sich nicht mehr vor ihnen. Als er in das Pariser Taubstummeninstitut gebracht wurde, schlug er nicht auf seine Mitinsassen ein, wurde aber umgekehrt von den zivilisierten, unter Menschen aufgewachsenen Kindern mißhandelt. Aggression kannte er nur als Wehr und Reaktion. Von einer Spontaneität, von einem Triebbedürfnis, auf Menschen aggressiv einzuwirken oder notgedrungen auf Sachen sich abzureagieren, konnte bei Victor nichts beobachtet werden.

Itard entdeckte »unschätzbare Tatsachen für die Naturgeschichte des Menschen«[37] (Seite 115), vor denen sich die deutsche Pädagogik, Philosophie und Psychologie schon an der Grenze der wissenschaftlichen Redlichkeit enthalten hat. Daß die Theologie an diesen Tatsachen vorbeisehen mußte, wollte sie nicht in ihr eigenes Loch fallen, ist nicht zu verwundern, denn Moral, Seele und auch Gott blieben ohne menschliche Einwirkung in den »Wolfskindern« aus. Aber Konrad Lorenz hätte bei so viel Natur um den Menschen, bei der ausschließlichen Nur-Natur *in* dem Menschen, der als »Wolfskind« gereinigt von allen gesellschaftlichen Einflüssen gefunden wurde, zugreifen müssen. Aber das ließ Lorenz lieber bleiben, weil Itard – er schrieb seine Erkenntnisse schon 1801 nieder – mit Naturgeschichte bewies, wie der Mensch vom *Menschen* gemacht wird. Einhundertsechzig Jahre vor Lorenz' Spekulationen entdeckte Itard mit unumstößlichem Beweismaterial, daß im menschlichen Verhalten, das wir in der Gesellschaft an ihm beobachten, keine Natur (mehr) anzutreffen ist. Was Lorenz die Biologie des Menschen nennt, ist nicht Natur, sondern eine die Wissenschaft in die Sackgasse führende Metabiologie, die vom Vorurteil des angeborenen sozialen Verhaltens gekennzeichnet ist. »Der Mensch, ohne Körperkräfte und ohne eingeborene Ideen auf diesen Erdball geworfen und außerstande, aus eigener Kraft den in ihm angelegten Gesetzen seiner Organisation zu gehorchen, ... wäre ohne die Zivilisation eines der schwächsten und unverständigsten Tiere«, schreibt Itard, »in der umherschweifendsten wilden Horde wie in der zivilisiertesten Nation Europas ist der Mensch nur das, was man ihn werden läßt, notwendig von Seinesgleichen aufgezogen, hat er deren Gewohnheiten und Bedürfnisse übernommen.«[37] (Seite 114)

Malson, der Itards Bericht wiederentdeckte und herausgab, schließt seine eigene Analyse der Fälle wilder Kinder damit, daß der Mensch, was er ist, erst wird »durch die Magie der Beziehungen zu sich selbst und zu anderen, durch die Magie der Beispiele und Lektionen, die einzig die menschliche Umwelt ihm zu bieten vermag. Die Wahrheit, die letztlich durch all dies verkündet wird, lautet, daß der Mensch als Mensch vor seiner Erziehung nichts weiter ist als eine Eventualität, und sogar noch weniger: nur eine Hoffnung«[37] (Seite 93).

Was an Victor in Anbetracht der Instinktreste des Menschen zu beobachten war, zeigte, daß sich die Natur behilft, wenn eines ihrer Mittel ausfällt. Um eine größtmögliche Prägbarkeit des Menschen zu garantieren, hat die Natur seine Instinkte immer mehr verkümmern und den Einfluß der Gemeinschaft vollkommen in den Vordergrund treten lassen. Wenn das Aufzuchtprinzip des Lernens durch die Gemeinschaft wie bei Victor plötzlich wegfällt, aktualisiert die Natur die alte, im Menschen noch rudimentär vorhandene Instinktstruktur. Victor hörte, sah, roch und witterte ganz anders, als es in der Gemeinschaft aufgewachsene Menschen tun. Auch die anderen Wolfskinder waren wieder *wie* Tiere geworden. Sie ähnelten in ihren Gebräuchen jeweils den Tieren, bei denen sie aufgewachsen waren: die einen konnten zum Beispiel nur rohes Fleisch, die anderen nur Pflanzen als Nahrung genießen. Victor nahm einmal einen tot gefundenen Vogel aus, beroch ihn und stellte sofort fest, daß er nicht mehr eßbar war.

Wenn auch die Aggression ein Instinkt wäre, müßte sie bei Victor ganz besonders ausgeprägt gewesen sein, weil er keinen – angeblich hemmenden – Erziehungseinwirkungen ausgesetzt war. Niemand hatte ihm sogenannte Abreaktionsritualien beigebracht. Da er allein in der Wildnis gelebt hatte, hätte man ihm nicht einmal Rücksichtnahme auf Tiere beibringen können. Aber außer bei seiner selbstschützenden Wehr, die allen Lebewesen eigentümlich ist, zeigte er keine aggressiven Verhaltensweisen.

Der sogenannte Aggressionstrieb wird immer mit dem Sexualtrieb verglichen, ihm entgegengestellt, aber in seiner Funktionsweise ihm angeglichen. Die bemerkenswerteste Entdeckung an Victor – die an anderen Wolfskindern bestätigt wurde – war, daß auch die Sexualität beim Menschen offenbar kein reiner Trieb (mehr) ist. Sie trat bei Victor nur schemenhaft auf und konnte sich nicht in dem Verlangen, mit anderen Personen und für sich selbst Lust zu haben, profilieren. Dasselbe wird von Kaspar Hauser berichtet[37] (Seite 76). Sogar die Sexualität muß hervorgelockt, muß durch sinnlichen Umgang mit dem Kinde angeboten werden, soll sie dem Menschen später als autonome Kraft zur Verfügung stehen. Drüsen und Hormone hatten die wilden Kinder auch, die ihnen allein ohne menschliche Einflüsse nichts nützten.

Die Sexualität wagte Itard seinem Zögling nicht beizubringen, die Aggression lockte er ihm hervor!

Mit acht Verhaltensweisen übte Itard Victor aggressive Reaktionen ein. Aggressionen wurden bei ihm entfesselt:

1. durch Entbehrungen (Seite 137)

2. durch Folter (Seite 210)
3. durch Zwänge (Seite 131)
4. durch aufgehobene Gewöhnung (Seite 207)
5. durch falsche Erwartungen (Seite 219)
6. durch Erschöpfung (Seite 154, 205)
7. durch Abneigung (Seite 134, 155)
8. durch Ungerechtigkeit (Seite 209)[37]

Aggressionslust, die Lorenz' Vorstellungen zufolge der Mensch sich mit Hilfe seines »Aggressionstriebes« verschaffen wollte, zeigte Victor nicht. Nur bei einer furchtbaren Ungerechtigkeit, die ihm Itard absichtlich antat, äußerte sich Victors Aggression fremdschädigend. Er biß dem Lehrer in die Hand. Itard wollte den Gerechtigkeitssinn des Kindes ausprobieren und zerrte es nach vollbrachten gutgelösten Aufgaben in die dunkle Strafkammer hinter der Treppe des Hauses, als hätte Victor alles falsch gemacht. Er wehrte sich, solange er konnte, mit seiner Körperkraft und biß erst, als er gerade in die Kammer geschleift werden sollte. In allen anderen Fällen äußerte sich Victors Wutanfall als Ausdruck höchster Bestürzung. Das Kind wand sich und zitterte vor existenzieller Bedrohung, warf sich auf den Boden, wälzte sich, als würde es zerrissen, und es zerriß nun auch die Sachen um sich herum.
Aggressionen sind häßlich. Sogar auf Lorenz' kleinen Bildchen, die er von Tieren zeichnen ließ[32], die allmählich aggressiv werden, wird deutlich, wie schmerzvoll die Aggression ist. Wer aggressive Vorgänge ohne sadistische Lust beobachtet, kann sehen, wie Entsetzen in die Individuen hineinfährt, wie ihre Existenz bedroht ist und ihr ganzes Gefüge in Unordnung gerät.

Nachwort für Konrad Lorenz

Die Arbeit spannt sich als Bogen im Zorn gegen Lorenz.
Die Bemerkungen über Feindschaft im Teil C, Kapitel III, Abschnitt 4/2, möchte ich hier gegen mich selbst anwenden. Auch ich fühle mich im Recht, sehe Lorenz' Behauptung vom dem Menschen angeborenen Aggressionsinstinkt eine in theoretischer Form gegen mich gerichtete Aggression, gegen die ich mich wehren will. Lorenz beherzigte den Volksrat nicht: »Schuster, bleib bei deinen Leisten!« Ohne differenzierte Erfahrungen mit Menschen stellte er allein aus seinen Forschungen an Tieren Gesetze auf, die den Menschen betreffen sollen. Schuster und Fleischer haben zum Beispiel mit Häuten zu tun, und doch käme nicht viel dabei heraus, wenn sich ein Schuster als Fleischer betätigen würde. So dachte Lorenz, etwas über den Menschen aussagen zu können, ohne die Erkenntnisse der Gesellschaftswissenschaften – der Soziologie, der Psychoanalyse und der Pädagogik – berücksichtigen zu müssen.
Betrachte ich Lorenz aber bei »seinen Leisten«, bei seinen Erfahrungen unter Tieren, die viel weiter reichen als seine Beobachtungen des aggressiven Verhaltens, so sehe ich Dinge, die zum Schönsten gehören, was über das Lebendige geschrieben worden ist. Das Motiv des persönlichen Beieinanders, das höhere Lebewesen in ihren Geselligkeitsformen auszeichnet, ist eine echte Entdeckung. Hier wird Lorenz nicht mehr putzig, nicht mal nur rührend, er überträgt nicht billig menschliches Verhalten auf das Tier und schließt es als Gesetz wieder zurück auf den Menschen, wie es ihm Plack und andere vorwerfen[48]. Er ist auf ein Lebensprinzip gestoßen, das der Mensch nur bei sich wirksam glaubte. Er entdeckte persönliche Empfindungen beim Tier, die es für das andere Tier haben kann und zu denen es nicht erst fähig wird, wenn es wie ein Hund in der unmittelbaren Nähe eines Menschen lebt. Lorenz entdeckte dadurch, daß es unter Tieren auch so etwas wie Leid gibt. Der Mensch war so anmaßend, sich darin einzigartig in der Schöpfung zu denken. Bis zu Lorenz meinte er, das Tier könnte überhaupt nur laufen, schlafen, fressen, ausscheiden und sich fortpflanzen. Das Tier kann viel mehr, von dem wir längst noch nicht alles wissen. Durch Lorenz wissen wir, es kann unter vielem anderen individuell fühlen. Das zwingt den Menschen, sich einzugestehen, daß er durch jede Jagd und jede Schlachtung

höherer Tiere in ein Sozialgefüge eingreift, wodurch auch unter Tieren so etwas wie Unglück einreißt.
Wer das Böse bei den Menschen für angeboren hält, liebt sie nicht. Lorenz liebt aber Tiere. Es wird zu Unrecht oft darauf hingewiesen, wie viele Menschen für das Tier und wie wenige für den Menschen sind. 800 000 Mitglieder hat der Tierschutzverein, nur ungefähr ein Hundertstel Mitglieder sind im Kinderschutzverein organisiert. An KZ-Wächtern fand man es den Gipfel der Perversion, wenn sie einerseits Menschen folterten und vernichteten und andererseits mit Tieren liebevoll umgingen. Wenn es sich hier um echte Tierliebe handelt und nicht nur um einen maskierten Sadismus, um absolute Willkürherrschaft, die das Tier im Gegensatz zum Menschen widerstandslos hinnehmen muß, so ist dieses gespaltene Verhalten aus dem Charakter des menschlichen Bösen selbst zu erklären. Der Haß auf den Menschen und die Liebe zum Tier zeigt bei diesen Menschen, daß sie die Empfindung für das andere Leben sehr wohl kennen. Sie können dieses positive Gefühl aber nicht Menschen gegenüber ausdrücken, weil sie von klein auf lernen mußten, daß Menschen böse mit ihnen umgingen. Zu Tieren können sie gut sein, weil Tiere zu ihnen nicht böse waren. Denn Tiere sind nicht böse.

Danksagung

Ich danke meinen Eltern, daß sie anders mit mir umgegangen sind, als ich Eltern in diesem Buche beschrieben habe, daß sie mich Menschen und Tiere lieben lehrten, daß sie mich nicht besessen haben, sondern mir viele Möglichkeiten des Lebens angeboten, ohne mich dabei zu ihrer Annahme gezwungen zu haben. Ich danke den vielen Personen meiner Großfamilie, die mein Aufwachsen mit ihrer Zuwendung und Anteilnahme begleitet haben, besonders meinem Bruder, mit dem ich zusammen die Entwicklung zur selbständigen Person zurückgelegt habe.

Ich danke meiner Frau, daß sie mich nicht unter Druck gesetzt, sondern in den Prozeß gegenseitiger identifikatorischer Durchdringung eingewilligt hat. Ich danke meinem Sohn, daß er mir Einblick in die Geheimnisse kindlichen Wachstums verschafft hat.

Freundinnen und Freunden danke ich für Erfahrungen und Erkenntnisse, die sie mir vermittelten und die die Struktur dieses Buches wesentlich beeinflußt haben. Mit einigen führte ich Gespräche und Auseinandersetzungen über dieses Thema, die mich zu Passagen und Details des Buches inspiriert haben. So danke ich besonders Bodo Ahlborn, Jürgen Allmendinger, Gisela Anders, Anni Becker, Gerlach Bommersheim, Christiane van Briessen, Rembert Elbers, Gerhard Fauth, der „Freitagsgruppe", Merite Glue, Helga Goetze, Mute Heller, Ursula Heiland, Anne Rose Katz, Dieter Kobierski, Gerd Köhler, Hanna Lambrette, Gisela Nowka, Ingrid Pfuner, Debra und Wulfing von Rohr, Annelie Runge, Dietmar Schönherr, Feli Sommer, Rainer Strecker, Eva Wallauer, Heidi Wurm und Anna Zaschke.

Allen voran möchte ich Udo Heiland danken, der mir unermüdlich geraten, mich angeregt und angespornt, korrigiert und kritisiert hat. Ohne seine sachliche Betreuung und seine ständige persönliche Aufmunterung wäre die Arbeit in dieser Form nicht denkbar.

Schließlich gebührt mein besonderer Dank Hans Josef Mündl, der mich überhaupt ermutigt hat, dieses Buch zu schreiben, der das Thema präzisiert und mich in Gesprächen zur Konzentration des Stoffes in der vorliegenden Form bewogen hat.

Literaturverzeichnis

1 *Adorno, Theodor, W.:* Erziehung zur Mündigkeit, Frankfurt am Main 1970

2 *Bettelheim, Bruno:* Die Kinder der Zukunft, München 1973

3 *Bettelheim, Bruno:* The empty fortress, New York 1967

4 *Biegert, Claus und Wies, Diethard:* Kinder sind kein Eigentum, München 1973

5 *Bischof, Norbert:* Die biologischen Grundlagen des Inzesttabus, in Reinert, Günther (Hrsg.) Bericht über den 27. Kongreß der Deutschen Gesellschaft für Psychologie in Kiel 1970, Göttingen 1973

6 *Bischof, Norbert:* Inzuchtbarrieren in Säugetiersozietäten, in: „Homo", Zeitschrift für die vergleichende Forschung am Menschen, Band 23, Heft 4 1972

7 *Brückner, Peter:* Kindesmißhandlungen — ein zumeist verschleiertes Delikt / soziale und seelische Ursachen, Abendstudio des Hessischen Rundfunks, 2. 3. 1971

8 *Carrighar, Sally:* Der Mensch ist kein Mörder von Natur aus, in: UNESCO-Kurier 1970 Nr. 8/9

9 *Czerny, Adalbert:* Der Arzt als Erzieher des Kindes, Leipzig 1908

10 *Dröscher, Vitus B.:* Sie töten und sie lieben sich, Hamburg 1974

11 *Duhm, Dieter:* Angst im Kapitalismus, Lampertheim 1972

12 *Eibl-Eibesfeldt, Irenäus:* Der vorprogrammierte Mensch, München 1973

13 *Erikson, Erik H.:* Kindheit und Gesellschaft, Stuttgart 1971

14 *Eschenbach, Wolfram von:* Parzifal, übertragen von Wilhelm Hertz, herausgegeben von Walther Hofstaetter, Stuttgart 1972

15 *Feuerbach, Paul Johann Anselm Ritter von:* Merkwürdige Verbrechen in aktenmäßiger Darstellung, München 1963

16 *Freud, Sigmund:* Das Ich und das Es, gesammelte Werke Band XIII

17 *Freud, Sigmund:* Der Untergang des Ödipuskomplexes, Band XIII

18 *Freud, Sigmund:* Massenpsychologie und Ich-Analyse, Band XIII

19 *Freud, Sigmund:* Psychoanalytische Bemerkungen über einen autobiographisch beschriebenen Fall von Paranoia, Band VIII

20 *Freud, Sigmund:* Über die allgemeinste Erniedrigung des Liebeslebens, Band VIII

21 *Glueck, S. und Glueck, E.:* Family enviroment and deliquency, London 1962

22 *Goetze, Helga:* Hausfrau der Nation, München 1973

23 *Horkheimer, Max (Hrsg.):* Autorität und Familie, Paris 1936

24 *Jungk, Robert:* Der Jahrtausendmensch, München 1973

25 *Key, Ellen:* Das Jahrhundert des Kindes, Berlin 1902

26 *König, René:* Soziologie der Familie, in: Gehlen, A. und Schelsky, H.: Soziologie, Lehr- und Handbuch für die moderne Gesellschaftskunde, Düsseldorf 1955

27 *Korczak, Janusz:* Wie man ein Kind lieben soll, Göttingen 1967

28 *Kottusch, Wilma:* Sterbehilfe – Mord oder Möglichkeit? Sender Freies Berlin, Fernsehdokumentation vom 18. 2. 1974
29 *Laing, Ronald D.:* Phänomenologie der Erfahrung, Frankfurt am Main 1969
30 *Lawick-Goodall, Jane van:* Wilde Schimpansen, Reinbek 1971
30a *Leonard, George B.:* Erziehung durch Faszination, München 1971
31 *Lorenz, Konrad und Leyhausen, Paul:* Antriebe tierischen u. menschlichen Verhaltens, München 1971
32 *Lorenz, Konrad:* Das sogenannte Böse, Wien 1963
33 *Lorenz, Konrad:* Die acht Todsünden der zivilisierten Menschheit, München 1973
34 *Lorenz, Konrad:* Die Rückseite des Spiegels, München 1973
35 *Lorenzer, Alfred:* Zur Begründung einer materialistischen Sozialisationstheorie, Frankfurt am Main 1972
36 *Malinowski, Bronislaw:* Geschlecht und Verdrängung in primitiven Gesellschaften, Reinbek 1970
37 *Malson, Lucien:* Die wilden Kinder, Frankfurt am Main 1972
38 *Markuse, Herbert:* Triebstruktur und Gesellschaft, Frankfurt am Main 1967
39 *Marx, Karl:* Zur Kritik der Nationalökonomie, in: Frühe Schriften, Darmstadt 1962
40 *Mead, Margaret:* Geschlecht und Temperament in drei primitiven Gesellschaften, Band 3, München 1970
41 *Montessori, Maria:* Kinder sind anders, Stuttgart 1958
42 *Montessori, Maria:* Selbsttätige Erziehung im frühen Kindesalter, Stuttgart 1913
43 *Moor, Paul:* Das Selbstporträt des Jürgen Bartsch, Frankfurt am Main 1972
44 *Neill, Alexander:* Theorie und Praxis der autiautoritären Erziehung, Reinbek 1969
45 *Pechstein, Johannes:* Das Projekt Tagesmütter, Süddeutsche Zeitung vom 23./24. 3. 1974
46 *Piaget, Jean:* Das moralische Urteil beim Kinde, Zürich 1954
47 *Pilgrim, Volker Elis:* Der Untergang des Mannes, München 1973
48 *Plack, Arno (Hrsg.):* Der Mythos v. Aggressionstrieb, München 1973
49 *Plack, Arno:* Die Gesellschaft und das Böse, München 1967
50 *Portmann, Adolf:* Die Bedeutung des ersten Lebensjahres in: Monatsschrift für Kinderheilkunde, Band 112, 1964, Heft 11
51 *Portmann, Adolf:* Zoologie und das neue Bild vom Menschen, Hamburg 1956
52 *Pross, Helge:* Hausfrauen in Deutschland, „Brigitte"-Untersuchung, in: „Brigitte" vom 1. 3. 1974
53 *Rattner, Josef:* Aggression und menschliche Natur, Frankfurt am Main 1972
54 *Reich, Wilhelm:* Der Krebs, Köln 1974
55 *Renggli, Franz:* Angst und Geborgenheit, Reinbek 1974
56 *Richter, Horst Eberhard:* Die Gruppe, Reinbek 1972
57 *Richter, Horst Eberhard:* Eltern, Kind und Neurose, Reinbek 1969

58 *Richter, Horst Eberhard:* Lernziel Solidarität, Reinbek 1974
59 *Richter, Horst Erberhard:* Patient Familie, Reinbek 1972
60 *Ritter, Paul und Jean:* Freie Kindererziehung in der Familie, Reinbek 1972
61 *Schatzman, Morton:* Die Angst vor dem Vater, Reinbek 1974
62 Schizophrenie und Familie *(von Bateson, Jackson, Lidz u. a.)*, Frankfurt am Main 1969
63 *Schorsch, Eberhard:* Sexualstraftäter und ihre Erzieher, Radio-Kolleg. Deutschlandfunk 1. 4. 1972, IV: Gestörte Geschlechtlichkeit durch neurotische Eltern-Kind-Beziehung
64 *Schreber, Daniel Paul:* Denkwürdigkeiten eines Nervenkranken, Nachdruck Berlin 1973
65 *Siegfried, Claus Ferdinand:* Sexualmord – Fragen an die Täter, die Opfer und die Gesellschaft, Fernseh-Analyse des Westdeutschen Rundfunks vom 21. 3. 1974
66 *Spitz, René A.:* Die Entstehung der ersten Objektbeziehungen, Beiheft zur Psyche 1957
67 *Spitz, René A.:* Hospitalism: An Inquiry into the Genesis of Psychiatric Conditions in Early Childhood, in: The Psychoanalytic Study of the Child, 1, 1945
68 *Spitz, René A.:* Vom Säugling zum Kleinkind, Stuttgart 1972
69 *Standing, E. Mortimer:* Maria Montessori, Leben und Werk, Stuttgart 1959
70 *Trumler, Eberhard:* Hunde ernst genommen, München 1974
71 *Turnbull, Colin M.:* Das Volk ohne Liebe, Reinbek 1973
72 *Windmöller, Eva:* Ehen in Deutschland, Hamburg 1971
73 *Zweites Deutsches Fernsehen:* Kinder, Kinder – Jeder ist begabt 14. 1. 1974
74 *Zetkin, Clara (Hrsg.):* Die kommunistische Fraueninternationale, Erinnerungen an Lenin, Monatsschrift, Jg. 5, Heft 3/3, Stuttgart 1925

Register